한국의 계급과 불평등

지은이 **신광영**

서울대 문리대와 미네소타대학 대학원을 졸업했으며, 위스콘신대학에서 사회학 박사학위를 취득하
였다. 한림대 교수, 사회조사연구소 소장, 한국사회학회 운영위원 등을 지냈으며, 현재 중앙대학교
사회학과 교수로 재직중이다. 저서로는 『동아시아 산업화와 민주화』, 『계급과 노동운동의 사회학』,
『한국 사회의 계급론적 이해』 등이 있고, 역서로는 『노동의 미래』, 『현대사회학』, 『사적 유물론과 사
회 이론』(공역) 등이 있으며, 논문으로는 「마르크시즘의 위기와 분석적 마르크스주의」, 「생산의 정치
와 80년대 한국의 노동조합」, 「서구 사회사 연구 동향」 등이 있다.

한국의 계급과 불평등

ⓒ 신광영 2004

초판 제1쇄 발행 2004년 12월 30일
초판 제4쇄 발행 2007년 10월 20일

지은이 신광영
펴낸이 정진숙
펴낸곳 (주)을유문화사

창립 1945. 12. 1 | 등록번호 1-292 | 등록날짜 1950. 11. 1
주소 서울시 종로구 수송동 46-1 | 전화 734-3515, 733-8152~3 | 팩스 732-9154
이메일 eulyoo@chollian.net | 인터넷홈페이지 www.eulyoo.co.kr
ISBN 89-324-5230-X 03330 | 값 12,000원

※ 지은이와의 협의하에 인지를 붙이지 않습니다.

한국의
계급과 불평등

신광영 지음

을유문화사

20세기 한국은 한 세기 동안 급격한 변화를 보여주었다. 열전체제의 산물인 식민지 지배를 경험하였고, 냉전체제의 산물인 남북분단과 전쟁도 경험하였으며, 냉전체제하에서 군사쿠데타와 군사정권에 의한 국가주도형 산업화도 경험하였다. 그리고 냉전체제가 해체된 20세기 말 국가주도형 산업화의 폐해를 경제위기라는 이름으로 혹독하게 체험하고 있다.

21세기 한국사회는 이러한 역사적 궤적에서 자유로울 수 없다. 모든 사회들은 제 나름의 역사적 변화 과정을 보여준다. 이것은 경로 의존성(path dependency)이라고 불리는 것으로, 현재의 변화가 과거의 제약과 가능성에 영향을 받아서 이루어지기 때문이다. 그러나 급격한 변화의 경험은 전적으로 경로에 의존한 것이었다기보다는 오히려 서너 차례 역사의 경로가 바뀌는 결정적인 국면(critical juncture)이 있었기 때문에 가능했다. 이러한 전환은 국내적인 요인뿐만 아니라 국제적인 요인들에 의해서 영향을 받았으며, 제국주의와 냉전체제와 같은 국제적인 요인들이 더 큰 영향력을 미치기도 하였다.

이 과정은 정치적인 차원에서 권력관계의 변화를 동반한 것이었다. 일본 제국주의하에서 친일세력과 매판자본이 권력을 행사하였고, 냉전체제하에서 군부가 권력을 장악하였다. 남미, 아프리카, 아시아에서 발생한 군사쿠데타에 의한 정치권력 장악은 냉전체제하에서 흔히 나타났던 정치적 변화였다. 20세기 후반 냉전체제의 해체로 민주화의 물결이 전 세계로 확산되었다. 독재체제에서 민주주의로의 전환은 이제 돌이킬 수 없는 역사의 흐름으로 자리를 잡았다.

이러한 거시적인 변화들은 정치권력의 변화뿐만 아니라 계급관계의 변화를 동반하였다. 일제하에서 시장 자본주의가 본격적으로 도입되었지만, 일제의 토지정책으로 인하여 오히려 봉건적인 지주 – 소작 관계는 더욱 심화되었다. 지주 – 소작 관계의 변화는 해방 이후에 정부가 주도한 농지개혁으로 이루어졌다. 정치권력이 계급관계를 변화시킨 사례였다. 1960년대와 1970년대 국가주도형 산업화에서 군사정권은 재벌을 경제성장의 파트너로 하는 성장전략을 택했다. 대만과는 달리, 기존의 대기업에 의존하는 수출주도형 산업화를 경제정책으로 택하면서, 한편으로 농업경제가 공업경제로 대체되었으며, 다른 한편으로 자본 – 노동을 중심으로 하는 계급관계가 발전하였다. 박정희 유신체제하에서 더욱 강화된 대자본과 권위주의정권과의 유착관계, 국가의 저임금정책과 노동 탄압은 20세기 말까지 계속되었다.

계급관계가 정치권력의 변화를 낳기도 하였다. 역사적으로 노동과 자본의 관계는 정치적 조건에 따라서 대단히 갈등적인 상황으로 전개되기도 하고, 타협적인 상황으로 전개되기도 하였다. 해방 후의 사회갈등은 상당 부분 그 당시 계급관계에 근거를 두고 있다. 또한 유신 말기에 발생한 YH무역 여공들의 파업은 폭압적인 유신체제의 몰락을 가져온 계기가 되었다. 1987년 이후 부패하고 무능한 권위적인 정권에 대해 불만을 갖기 시작한 재벌 총수가 독자적으로 대통령 선거에 출마하는 보기 드문 사건도 발생했다. 이와는 달리, 1980년대 말부터 발전하기 시작한 민주노조 운동은 민주노총의 결성과 민주노동당 창당으로 이어져, 2004년 총선에서 민주노동당의 의회 진출에 결정적인 기여를 하기도 하였다.

이 책은 이러한 정치적 변화의 근저에 놓여 있는 사회구조적 변화를 이해하기 위하여 집필되었다. 먼저 장기지속적 관점에서 한국사회의 계급불평등체제의 변화를 이해하는 것이 필요하다. 장기지속적인 관점이란 계급불평등체제가 일시적이고 무작위적인 것이 아니라 장기간 큰 틀의 변화가 없이 유지되는 구조적인 사회 실체라는 점을 전제로 하는 것이다. 그러므로 역사적 단절과 장기지속이라는 관점에서 한국의 근현대사회를 이해할 수 있다. 다른 한편으로, 우리가 일상적으로 관찰하는 불평등 현상이 어떻게 계급과 연관되어 있는지를 밝히고자 하였다. 사람들이 관찰하는 부와 빈곤은 개별적인 차원에서 인식되고, 그것에 대한 이해도 개인적인 차원에서 이루어지는 경우가 많다. 남다른 행동의 결과로 재벌이 된 입지전적인 사람들이나 운이 따르지 않아 집안이 가난한 사람들이나 모두 이들의 현재 상태를 모두 개인적인 문제로 인식할 수밖에 없다. 그것이 대중적인 수준에서 공유되는 '상식'이다. 많은 일상적인 상식은 누가 그러한 지식을 만들었는지를 알 수 없는 집합적으로 공유된 코드이다. 여기에서 제시된 계급불평등 연구는 이러한 근거를 알 수 없는 '상식'에 대한 비판이기도 하다.

사회학 연구는 상식을 뒤집는 경우가 많다. 현상적인 관찰에 근거한 상식을 보다 구조적인 차원에서 설명하려는 사회학 연구들은 상식의 허실을 과학적으로 밝히는 작업을 필연적으로 포함하게 된다. 사회학은 때로 현재를 규정짓는 과거의 힘과 현상의 배후에 놓여 있는 구조의 힘을 동시에 인식하면서, 현대사회가 어떻게 만들어졌고 어디로 나아가고 있는가를 이해하고자 한다. 그러므로 사회학은 역사학과 유사한 관심을 갖고 있으면서 동시에 자연과학과도 유사한 속성을 지니고 있기도 하다. 그러나 이러한 두 가지 속성은 배타적이거나 대립적인 속성이 아니다. 사회의 속성은 자연계와 같이 내재된 법칙적 관계처럼 불변적인 속성이 아니라 시간적으로 변화를 해왔고 공간적으로 변이를 거듭했다는 점에서 자연과학과 근본적인 차이가 있다.

이 책의 구성은 다음과 같다. 먼저 제1부인 '계급과 역사' 는 역사적으로 한국사회의 계급 변화를 분석하는 두 편의 글과 역사적으로 계급과 계층에 대한 연구를 검토한 한 편의 글을 담았다. "역사적 연구"라는 표현에서 역사적이라는 말은 흔히 과거에 대한 연구라는 인식이 강하지만, 여기에서는 그것뿐만 아니라 시간 변화에 따른 계급관계 변화에 대한 연구라고 보는 것이 더 타당할 것이다. 계급과 계층을 주제로 한 사회학 연구에 대한 역사적 검토는 단순히 메타 이론적인 관점에서 이루어진 것이 아니라 사회학 연구가 어떻게 그 당시 현실을 이해했는가를 검토하고, 어떤 점에서 사회학 연구 자체가 현실과 괴리되었는가를 살펴보기 위한 것이다.

제2부는 '계급과 불평등' 으로 소득과 재산 불평등이 어떻게 계급과 연관되어 있는지를 경험적으로 분석하였다. 이러한 논의는 단순히 이론적인 논의로 다루어질 수 없으며, 구체적인 자료 분석을 통하여 밝히는 작업이 필요하다. 먼저 계급이 소득 결정에 얼마나 핵심적인 요인인가를 통계적으로 밝히고자 하였다. 이것은 전국적인 수준에서 이루어진 표본조사 (sample survey) 자료를 이용한 분석이다. 그 다음 표본조사 분석이 지니고 있는 한계를 극복하기 위하여 관심대상집단(focused group) 분석을 이용하여 한국의 계급불평등체제를 분석하였다. 불평등 실태를 총체적으로 파악하기 위해서는 표본조사에서 빠지는 소수의 부유층 집단을 체계적으로 분석하는 것이 필요하다. 관심대상집단 분석은 이러한 목적에서 표본

조사를 보완할 수 있는 분석이 될 수 있다.

제3부는 '경제위기와 계급구조'로서 경제위기가 계급구조 변화에 미친 영향을 분석하고 있다. 1997년 말 시작된 경제위기는 현대사에서 한국사회의 구조를 바꾸어놓는 결정적 국면으로 작용할 것인가? 이러한 질문에 답하기 위해서 경제위기 전후로 계급구조의 변화가 어느 정도 일어났는가를 분석할 필요가 있다. 경제성장률의 회복과 실업률의 감소는 거시경제적인 차원에서 원상회복을 보여준다. 그러나 사회적인 차원에서 경제위기의 결과는 불평등의 심화와 빈곤층의 증가라는 현실을 낳았다. 또한 "중산층 위기"라는 말이 의미하는 것처럼 지난 30~40년 동안 경제성장을 통하여 형성된 한국 중산층이 위기에 빠져 있다는 인식도 팽배해 있다. 언론매체를 통해서 확산되는 "중산층 위기" 담론은 기존의 중산층으로 하여금 위기의식을 갖게 하고, 중산층이 되려고 하는 사람들에게는 희망을 꺾게 만든다. "중산층 위기"는 얼마나 현실적인 근거를 갖는 담론인가? 그리하여 제3부 마지막 부분에서는 중산층 위기 담론을 경험적으로 분석하면서 그 담론이 지니고 있는 막연한 불안이 지나치게 과장되었음을 밝혔다. 그리고 노동계급 위기를 논하지 않고 중산층 위기만을 논하는 것은 중산층만이 위기라는 인식을 불러일으키는 허구적인 인식을 낳는다는 점에서 중산층 위기 담론을 비판하였다.

이미 1994년 출간한 『계급과 노동운동의 사회학』과 2003년 조돈문 · 조은 교수와 함께 출간한 『한국사회의 계급론적 이해』라는 두 권의 책이 있지만, 이 책은 한국의 불평등에 초점을 맞추고 있다는 점에서 이전의 두 책과 다르다. 이전의 책은 계급이론, 계급구조, 계급형성, 노동운동, 계급이동, 계급의식 등 계급분석에서 다루는 여러 주제들을 포괄하고 있다. 반면에 이 책은 주로 계급과 불평등에 초점을 맞추고 있기 때문에 관련된 다양한 주제들을 다루고 있지는 않다. 여기에서는 불평등이라는 사회적 실제를 계급분석적 관점에서 집중적으로 조명하고자 하였기 때문이다. 또한 이전의 저서들은 다른 여러 사회를 포괄하고 있지만, 이 책은 한국만을 집중적으로 다루고 있다. 한국의 근현대사회 변화를 계급분석적 관점에서 집중적으로 다루고자 하였기 때문이다.

이 책은 처음 발표되는 글뿐만 아니라 이미 기존의 학술지에 실린 두 편의 논문도 포함하고 있다. 학술지에 발표된 글들은 단행본으로 출판하기 위해서 가필과 수정이 가해졌다. 여기에 실린 일부의 글들은 최근 한국산업사회연구회의 『경제와 사회』와 정신문화연구원의 『정신문화연구』에 발표되었다. 제2장 '미군정기 계급'은 한국학술진흥재단의 지원을 받아서 연구가 이루어졌으며, 한림대학교 아시아문화연구소에 의해서 출간된 『미군정기 한국의 사회변동과 사회사 I』에 포함되었다. 제3장 '계급과 계층 연구사'는 이화여대 한국문화연구원에서 야심적으로 계획하고 있는 한국학술사 50년 연속 간행물 가운데 사회학 부분인 『사회학 연구 50년』에 포함되었다. 제6장 '지역과 불평등'은 2003년 시정개발연구원 개원 10주년 기념 심포지엄에서 발표된 논문을 토대로 했다. 제4장의 '계급과 임금'은 오래전 한국사회학회 후기 사회학 대회에서 발표한 글이지만, 파일을 분실하여 학술지에 발표할 기회를 찾지 못하다가, 최근 디스켓을 정리하는 과정에서 다시 파일을 발견하여 햇빛을 볼 수 있게 된 글이다. 나머지 글들은 주로 한국산업사회학회의 정기 학술대회에서 발표한 글들이다. 이들 학회와 학술지 관계자들에게 감사를 드린다.

모든 다른 저술들과 마찬가지로 이 책도 집합적인 지적 산물이다. 연구 풍토와 같은 분위기도, 직접적인 도움도 개인이 만들 수 없는 집합적인 것들이다. 이러한 점에서 중앙대 사회학과 교수들과 학생들에게 감사의 마음을 전한다. 이효선·이병훈·김경희 교수 그리고 백승욱 교수로부터 보이지 않는 자극과 격려를 받았다는 점에서 이들 모두에게 고맙게 생각한다. 자유롭고 활기찬 학과 분위기 속에서 이들과 함께 연구를 하고 있다는 점은 개인적으로 축복받은 일이라고 생각하고 있다. 또한 학생들과의 대화와 토론이 연구에 끊임없는 자극제가 되었다. 타성에 젖은 사고를 깰 수 있는 원천은 강의 시간에 이루어지는 학생들과의 격식 없는 만남이었다. 그리고 이 책을 읽고 또 같이 토론하고 논평해 준 대학원생들에게 감사를 드린다. 학문 후속 세대인 대학원생들과의 토론을 통해서 항상 지적 자극을 받을 수 있다는 점을 고맙게 생각한다. 이 책이 이들 모두에게 받은 혜택에 대한 작은 보답이 되었으면 한다.

2004년 12월
한강이 내려다보이는 연구실에서
신광영

제1부

계급과 역사

한국의 계급과 신분

1. 머리말

이 장의 목적은 거시적인 수준에서 20세기 동안에 이루어진 한국사회의 계급관계와 신분질서의 변화를 살펴보는 것이다. 지난 1세기 동안 한국사회의 변화는 경제적으로 또한 정치적으로 세계체제의 역학에 크게 영향을 받아왔다. 계급관계와 신분질서의 변화도 직접적으로 이런 변화에 영향을 받아 이루어졌다. 지난 1세기 동안 한국사회의 계급구조와 신분질서의 형성·변형·해체를 만들어낸 거시적인 요인들은 봉건왕조의 몰락, 제국주의 지배, 민중봉기와 전쟁뿐만 아니라 국가의 산업화정책, 교육정책, 가족정책 등이었다. 물론 경제주체들인 기업, 가족, 개인의 경제활동 전략도 이런 거시적인 변화에 영향을 미쳤다.

20세기 한국사회는 자본주의 세계체제의 변화에 직접적인 영향을 받아서 극단적인 형태로 불연속적인 사회변동을 겪어왔다. 19세기 말 뒤늦게

열전체제(hot war)인 '제국주의 세계체제'에 편입되면서 봉건사회였던 조선이 일본의 식민지로 전락했고, 제2차 세계대전에서 일본이 패배함으로써 일제의 식민지배가 끝나 곧바로 미국과 소련을 주축으로 하는 냉전체제로 편입되었다. 남한이 동서 이데올로기 대립의 최전선에 놓이게 되면서 한국사회의 기본구조를 무너뜨리는 한국전쟁을 경험했다. 20세기 말 냉전체제가 해체되면서 한국사회는 세계적인 수준에서 경제와 사회와의 관계를 근본적으로 재편시키고 있는 '지구적 자본주의(global capitalism)체제'에 직접 영향을 받게 되었다.

이런 거시적인 변화 속에서 한국사회의 내적인 변화는 봉건적인 농업사회에서 산업자본주의사회로의 이행이었고, 그에 상응해 계급구조도 봉건적인 계급구조에서 자본주의적인 계급구조로 변화했다. 한국에서 진행된 산업자본주의로의 이행은 정치적인 사건들로 인한 단절적인 과정들을 거쳐서 이루어졌다. 이런 이행을 만들어낸 요인들은 식민지 지배와 국가주도형 산업화와 같은 경제적인 요인들뿐만 아니라 한국전쟁이나 민주화와 같은 군사적, 정치적 요인들을 포함한다. 그 결과 계급질서와 신분질서의 해체와 재편과정이 반복되면서 오늘날 복합적인 계급질서가 형성되었다.

20세기 한국 자본주의 발달과정은 서구 자본주의 발달과정과 두 가지 점에서 큰 차이를 보였다. 하나는 식민지 근대화를 통해 주변부 자본주의가 발전했다는 점이다. 이런 경로는 기존의 선진 산업자본주의 국가들이 모두 식민지 지배를 했던 제국주의 국가들이라는 점과 큰 차이를 보이고 있다. 다른 하나는 해방 이후 국가주도형 산업화를 통해 산업자본주의가 발달했다는 점이다. 사회 내의 경제주체들의 자발적인 이윤추구 동기에 기초한 산업화가 아니라 국가의 경제계획과 자원통제를 통해 산업화가 이루어졌던 것이다.

이 장에서는 구체적으로 20세기 동안 진행된 단절적인 사회변화와 국가주도형 산업화의 결과로 나타난 계급관계와 신분질서의 변동과정을 분석하고자 한다. 먼저 일제시대의 계급구조와 신분질서의 변화를 살펴본다. 왕조 권력이 제국주의 권력으로 대체되고, 제국주의 권력에 의해서 수행된 1919년 토지조사사업과 1930년대 중화학공업화로 봉건사회의 계급질서와 결합되어 있던 신분질서가 해체되면서, 자본주의적 계급관계가 점차 형성되기 시작했음을 다룬다. 토지를 매개로 한 지주와 농민을 주축으로 하는 봉건적 계급관계가 지배적이었지만, 점차 자본을 매개로 하는 자본주의 계급관계가 사회적 갈등과 정치적 대립의 요인으로 나타나기 시작했다.

그 다음 단절적인 변화를 야기한 미군정과 한국전쟁, 토지개혁으로 인한 계급질서의 변화를 다룬다. 한국에서 봉건체제의 붕괴는 서구에서처럼 신흥 자본가계급의 경제적, 정치적 도전에 의해서 이루어진 것이 아니라, 냉전체제하에서 발생한 전쟁을 통해서였다. 한국전쟁을 통해 기존의 계급질서가 붕괴되는 단절적인 전환을 경험했다. 일제시대에 형성되어 미군정기까지 유지된 계급질서가 전쟁을 계기로 크게 변화되었다. 그 다음 1960년대 이후 국가주도형 산업화를 통해 형성된 권위주의적 자본주의(authoritarian capitalism)에서의 계급관계를 다룬다. 한 세대 사이에 이루어진 급격한 산업구조와 직업구조의 변화로 자본가계급과 노동계급을 주축으로 하는 반주변부 계급관계가 형성되었다. 주변부 자본주의사회들과는 달리 프티부르주아지의 비율이 높지는 않지만, 중심부 자본주의사회들처럼 프롤레타리아트의 비율이 높지도 않은 반주변부 자본주의 계급구조가 형성되었다.

마지막으로 1980년대 후반 냉전체제가 해체되면서 두드러진 세계화가 계급질서에 미치는 영향력을 분석한다. 지구적 자본주의의 확대 발전으로 점차 국내적인 계급관계가 국제적인 계급관계에 의해서 영향을 받기 시작했다. 특히 국제 금융자본의 영향력이 가시화되면서, 계급질서의 변화가 나타나고 있음을 다룬다.

2. 일제하의 계급과 신분질서

조선사회는 계급질서와 신분질서가 일치한 봉건적 농업사회였다. 양반계급의 소비생활이 전적으로 농민들의 노동에 기초했다는 점에서 양반과 농민 사이의 관계는 경제적인 착취관계를 바탕으로 한 계급관계였다.[1]

또한 양반계급의 지배가 높은 사회적인 위신과 명예, 농민에 대한 도덕적 우위에 바탕을 두고 있었다는 점에서 신분상의 위계가 엄격하게 유지되었다.[2] 그 결과 조선사회는 계급질서와 신분질서가 완벽하게 일치한 사회였다.[3] 지배계급인 양반계급은 신분상의 위계서열에서도 가장 높은 위치를 차지했다. 주변적인 신분집단으로 서얼, 향리, 중인층이 형성되었지만, 이들은 오늘날의 중간계급과는 달리 독자적인 계급을 구성하지 못한 극소수의 신분집단이었다.[4]

---

1 착취관계는 대립적인 상호의존성의 한 형태로서 특정 집단(A)의 물질적 복지가 다른 집단(B)의 물질적 박탈에 의존하고, 특정 집단 A가 생산적인 자원에 대한 다른 집단 B의 접근을 배제시키며, 집단 A가 집단 B의 노동산물을 수취하는 경우에 존재하게 된다(Wright, 1997: 13~19).

2 신분 개념과 종류를 둘러싼 쟁점들이 있고, 특히 지승종(1997)은 조선시대 신분 개념이 이론적인 차원에서 제대로 제시되지 못했다고 보고, 신분이론의 필요성을 주장했다. 여기에서는 가장 기본적인 신분의 속성으로서 사회적 명예, 평판 혹은 도덕적 권위를 강조한다. 조선시대 신분집단은 태어날 때부터 특정한 신분집단으로 인정되는 귀속적 집단이었다. 카스트와 같이 엄격한 귀속적 신분집단은 아니었지만, 생활의 모든 영역에서 엄격한 구별이 있었고, 조선 후기에 들어서 이런 구별이 점차 약화되었다.

3 계급 상황을 시장 상황과 등치시키고, 계급을 자본주의의 등장으로 나타난 특수한 사회적 관계로 보는 베버의 경우, 전(前)자본주의사회를 계급사회가 아니라 신분사회라고 규정하고 있다(Weber, 1978: 927~1028). 이런 관점은 계급과 신분이 분리되어 있는 자본주의사회와는 달리 전자본주의사회들에서 계급과 신분이 결합되어 있다는 점을 간과한 것이다.

4 중인의 등장은 양반층의 축소로 인한 것이었고(정옥자, 1986), 향리는 지방 행정관청의 행정사무를 담당하며 향촌에 기반을 둔 신분집단이었다(김필동, 1982). 한말 호적 자료에 따르면, 호주 가운데 중인의 구성비는 2.6%에 불과했다(조성윤, 조은, 1996: 114~115).

조선말 양반계급의 지배력은 경제력의 약화로 인해 지속적으로 약해졌다. 직접 생산활동에 참여하는 것을 막았던 양반문화와 양반들의 생산수단이었던 노비의 감소로 양반들의 경제력이 크게 약화되었다(신용하, 1991). 더구나 경제력이 큰 양민들이 형성되면서 양반들의 상대적 지위는 하락했다. 조선 중기에 비해서 후기에는 양반과 농민을 주축으로 하는 계급질서와 신분질서가 크게 동요되었다.

  식민지 주변부 사회로서의 조선사회는 일본 식민지 지배를 통해 지주제를 강화하여 봉건적 생산체제의 심화와 자본주의적 생산체제의 점진적 확대라는 '모순적인 과정'을 경험했다. 조선에서는 일본에 부족한 쌀의 공급지 역할이 강화되면서 일제 기간 동안 오히려 지주제가 강화되어, 영세 소농이 몰락하고 소작농이 크게 증가했다(이영호, 1990; 박명규, 1997: 337~343). 일제는 농업생산량을 높이기 위해 자본이 농업부문에서 산업부문으로 이동하는 것을 막기 위한 회사령(1911)을 선포해, 조선에서 공업이 발전하는 것을 가로막았다. 다른 한편 1930년대에 일본 자본의 조선 진출로 공업화가 이루어지면서, 임금노동에 기초한 자본주의 생산체제가 확대되었다. 전적으로 중심부 자본주의에 종속된 경제체제여서 중심부 자본주의의 필요에 따라서 재편되었기 때문에 봉건적 농업생산이 강화되고 자본주의적 산업생산이 발전하게 된 것이다.

  일본의 식민지 형태로 나타난 근대사회로의 이행과정은 조선사회의 계급구조와 신분질서의 재편을 수반했다. 이런 변화를 야기한 구체적인 요인은 정치적인 요인과 경제적인 요인이었다. 정치적 요인은 왕조의 몰락으로 정치권력이 조선정부로부터 조선총독부로 이전된 한일합병이었다. 제도적으로는 왕권체제에, 이념적으로는 유교에 기초하고 있었던 위계적인 사회질서가 붕괴됨에 따라 지배계급의 동요가 발생했다. 물론 일제가 지배계급 가운데 핵심적인 조선정부의 관료들을 식민지 지배계급으로 포섭했지만, 양반계급의 도덕적 우위와 농민 착취의 정당성이 일시에 사라지면서 전체적으로 '신분집단'으로서의 양반계급은 크게 약화되었다.

그러나 대규모 토지를 보유한 양반계급의 지위는 토지조사사업을 통해 근대적인 토지소유권제도가 도입됨으로써 한층 확고해졌다. 토지조사사업은 관습적으로 인정된 소유권과 경작권을 부정하고 신고를 통해서 법적 소유권제도를 도입하는 것이었지만, 국·공유지나 문서화된 소유권과 경작권이 없는 토지가 일제의 소유가 되었다. 그리고 관습적인 경작권이 부정되면서 소작농의 지위가 크게 하락한 반면, 지주들의 지위는 소작농과의 관계에서 더욱 확고해졌다(신용하, 1982). 대부분의 농민들이 소작농으로 전락하면서, 소수의 지주와 다수의 소작농으로 양분되는 계급구조를 보여주었다.[5] 그 결과 봉건적인 정치체제가 제국주의에 의해서 해체되었지만, 조선시대와 마찬가지로 일제시대에도 토지의 소유 여부가 계급관계를 결정짓는 핵심적인 사회적 균열의 축으로 등장했다.

토지조사사업으로 인해 관습적으로 인정되었던 지주-소작 관계가 부정된 결과, 지주와 소작농 사이에 형성되었던 전통적인 온정주의적 관계가 해체되었고 이에 대한 저항이 소작쟁의 형태로 나타났다. 초기 소작농들의 쟁의는 전통적인 관습적 소작권 이동에 대한 반대와 같은 지주-소작 관계를 방어하기 위한 집합적 행위였다.[6] 톰슨(Thompson, 1993)의 용어를 빌리면, 이런 소작농민들의 저항은 농민들 사이에서 공유된 정당성

---

5 1930년대에 이르러 전라지역에서는 소작농의 비율이 80%에 달했다(Eckert, 1990: 267). 또 다른 통계에 따르면, 소작농의 비율이 꾸준히 증가해 1913년부터 1917년까지 5년간의 소작농 비율이 평균 38.8%였으나, 1930~1943년 소작농 비율은 55.7%로 증가했고, 전북지역의 경우 소작농 비율은 75.9%에 달했다. 더구나 전주, 김제, 정읍, 익산과 같은 평야지대와 같이 94% 이상의 농민들이 소작농인 경우도 있었다(조선은행 조사부, 1948: I-339).
6 1920년대 초 소작권 이동에 반대하는 소작쟁의의 비율이 지속적으로 높아졌다. 1920년 5.4%에 불과했던 소작권 이동 반대 소작쟁의가 1921년 34.4%, 1922년 32%, 1923년 66%, 1924년 77%로 높아졌다(리종현, 1989: 291).

에 관한 인식인 도덕경제(moral economy)에 기반을 둔 것이었다.[7] 농민들은 단순한 경제주체가 아니라 관습에 기초한 소작행위를 통해서 지주에 대한 관습적 기대, 행위규범, 의무감 등을 가지고 있는 사회적 주체이며, 소작인들의 망탈리테(mentalite) 혹은 아비투스(habitus)라고 불리는 이런 관습적 사고가 지주 – 소작인 관계의 핵심을 이루고 있었다. 토지조사사업은 이런 관습적 규범을 법적인 관계로 대체하면서 소작인들의 지위를 급격하게 약화시켰던 것이다. 해마다 새롭게 계약을 해야 했기 때문에 소작인들의 경작권은 사라진 셈이다. 소작인들의 지위 하락은 곧이어 소작료 인상으로 이어졌다. 1920년대 초에 발생한 소작쟁의는 소작료 인하를 위한 투쟁이었다.[8] 초기 소작쟁의는 기존의 소작관계를 타파하고 새로운 관계를 구축하려는 것이 아니라, 전통적인 소작관계를 회복하려는 '보수적인' 저항이었다.[9]

1920년대 후반부터 '과거의 소작관계'로 돌아가는 것이 불가능해지면서, 소작쟁의는 더 '급진적인' 저항의 형태로 변화되었다.[10] 1930년대 들

---

7 스콧(Scott, 1976)은 톰슨의 도덕경제 개념을 농민봉기 일반에 확대 적용했다. 그는 농촌사회의 두 가지 도덕적 원리가 호혜주의 규범(the norm of reciprocity)과 생존권리(the right to subsistance)라고 보았다. 그는 이런 도덕적 원리가 농민들의 규범적 판단의 바탕을 구성하며, 농민들의 집단행동에 영향을 미친다고 주장한다. 이에 대한 비판은 '합리적 농민' 개념을 제시한 포프킨(Popkin, 1979)에 의해서 이루어졌다. 포프킨은 마을이 재분배 기능을 갖고 있지 않았다고 주장하고, 농민을 공동체 지향적 의식이 아니라 개인적인 이익을 추구하는 합리적 행위자로 가정했을 때, 농민봉기가 더 잘 설명된다고 주장했다. 이런 논쟁에 대한 더 체계적인 평가는 리틀(Little, 1989: ch. 2)을 참조할 것.

8 1920∼1922년 발생한 소작쟁의 22건을 원인별로 살펴보면, 소작세율(47%), 소작권(21%), 토지세(11%), 기타(21%)로 구성되었다. 1923∼1926년에 발생한 186건의 경우 소작권(67%), 소작세율(22%), 토지세(5%), 기타(6%)로 구성되었다. 1927∼1929년 발생한 소작쟁의 763건을 원인별로 살펴보면, 소작권(47%), 소작세율(49%), 토지세(0.2%) 및 기타(4%)로 이루어졌다. 1930∼1932년 발생한 566건의 소작쟁의의 원인별 분포는 소작권(58%), 소작세율(49%), 토지세(5%) 및 기타(3%)로 이루어졌다(Shin, 1997: 56).

9 소작쟁의가 반제국주의나 사회주의와 같은 정치적 이념에 기반을 두고 있다는 일반적인 해석(조동걸, 1979; 권두영, 1979)과는 달리 신기욱(Shin, Gi-Wook, 1997: ch. 4)은 요구가 급진적이지 않았다는 점에서 개혁주의적 성향을 지녔다고 주장했다.

10 농민들의 저항은 반식민주의, 민족해방, 사회주의 등의 이데올로기를 내세우면서 조세제도에 대한 비판과 소작쟁의에 지방 정부기관이 개입하는 것에 대한 시위 등으로 나타났다. 시위 방법도 지방 행정기관을 습격하는 등의 전투적인 방법들이 등장했다. 이에 대해서는 신기욱(Shin, 1997)을 참조할 것.

어서 적색농민조합과 같이 사회주의 이념에 기초한 농민운동은 이런 과정을 거쳐서 등장했으며(이준식, 1993; 지수걸, 1993), 농민운동은 민족적 저항보다는 지주계급에 대한 계급투쟁의 형태로 진화했다.[11] 소작쟁의 자체가 소작인들의 계급의식을 고양시켰으며, 지주들은 소작쟁의에 대응해 근대적인 농장생산체제를 도입하고 토지 대신에 산업에 투자했다(Shin, 1997: 124~125).

자본주의적 생산체제의 발전은 1930년대부터 중화학공업화가 촉진되면서 이루어졌다. 일제는 만주사변을 일으키면서 군수물자 조달을 위해 조선을 군수물자 생산기지화하기 시작했다. 이에 따라 대규모 중화학공업이 주로 북한지역에서 발달하기 시작했다. 중화학공업부문의 투자는 모두 일본 자본가들에 의해서 주도되었고, 조선경제와는 무관하게 대규모 중화학기업체들이 가동되기 시작했다. 그 결과 전체 공업생산에 중공업이 차지하는 비중이 1930년 23%에서 1940년 50%로 크게 증가했다(Jones and Sakong, 1980: 24). 1940년 100만 엔 이상의 자본금 규모를 가진 기업체 가운데 한국인 소유는 6%에 불과했다(Eckert, 1990~1991: 119). 근대적인 공업부문은 대부분 일본인 자본가들에 의해서 독점되었기 때문에, 한국인의 공업 진출은 대단히 제한적으로 이루어졌다. 1941년 산업자본에서 한국인 소유 비율은 2%에 불과했다(Jones and Sakong, 1980: 26).

대규모 공장들이 가동되면서 공업노동자들도 확대되기 시작했다. 1909년 4,491명에 불과했던 노동자들의 수가 1938년에는 18만 2,771명으로 확대되었다.[12] 핵심산업의 노동자 수는 1930년대 들어서 급속히 늘어, 1933

---

11 농민운동의 성격과 관련해 신기욱은 반제국주의나 민족주의 운동으로 해석하는 기존의 해석과는 달리 농민운동 관련 자료의 재분석을 통해 계급운동적 성격을 지니고 있다는 것을 밝히고 있다(Shin, 1997: 127~132).
12 권의식(1989)의 연구에 의하면, 1909년 전국의 공장 수는 102개에 전체 종업원 수는 4,491명에 불과했다.

년부터 1938년까지 5년 사이에 3배로 늘었다.[13] 산업별 인구구성에서 광공업 종사자의 비율도 1917년 1.8%에서 1925년 2.9%, 1930년 6.1%, 1940년 6.9%로 크게 증가해, 근대적인 자본주의 산업부문 종사자의 비율이 일제시대에 어느 정도 증가했음을 알 수 있다(백욱인, 1987: 162).

1920년대 영세한 경공업 중심에서 1930년대 대규모 중화학공업의 확대에 따른 노동계급의 양적 확대로 점차 근대적인 공장노동자계급이 형성되기 시작했다. 그리고 노동력의 수급이 '징용'이라는 강제적인 방법에 의해서 이루어졌기 때문에 노동통제가 매우 가혹했을 뿐만 아니라 이에 대한 저항도 격렬하게 나타났다. 노동자들의 파업과 저항은 이미 일제 초기부터 존재했으나, 조직적인 노동운동은 제조업과 합법적인 정치공간의 확대 속에서 청년운동이 노동계로 확산되면서 시작되었다(김경일, 1992). 1924년 조선노동총동맹이 결성되고 전국적으로 지역연맹체들이 결성되어 조직적인 노동운동이 전개되었다. 노동쟁의는 주로 임금을 둘러싸고 발생했다. 특히 대공황기인 1920년대 말과 1930년대 초에 파업이 가장 많이 발생한 이유는 임금 인하 때문이었다.

그러나 주변부 자본주의 노동자들은 도시빈민, 룸펜 프롤레타리아트, 프롤레타리아트, 빈농 등 다양한 고용 상태를 순환하는 것이 특징이다(Llyod, 1982). 이들은 특정한 직업과 직장에 고착된 고용 형태가 아닌 불안정한 고용과 높은 이직률로 인해 대단히 불안정한 경제적 지위를 피할 수 없었다. 농업부문의 대규모 잉여노동력이 저고용 상태로 존재하고 있기 때문에 노동력이 만성적으로 과잉된 상태여서 노동자들의 고용이 보장되지 않

---

13 1933년 공장노동자는 9만 9,430명, 광산노동자는 7만 711명, 토건노동자는 4만 3,588명으로 합계 21만 3,729명이었지만, 1938년 공장노동자는 18만 2,771명, 광산노동자는 22만 3,790명, 토건노동자는 19만 3,237명으로 전체 노동자는 59만 9,798명으로 3배 정도 늘었다(조선경제, 259; 리국순, 117에서 재인용).

았던 것이다. 노동력의 대규모 해외이주 현상은 빈곤을 면하기 위한 불가 피한 선택이었다.

일제 식민지 지배를 통해 노동을 하지 않는 지주에 의한, 농민노동의 착 취에 기초한 봉건적 계급관계가 강화되었던 반면에 사회적 명예와 위신을 독점한 양반을 중심으로 한 신분관계가 전면해체되었다. 유교에 의해 정 당화되었던 왕권을 정점으로 하는 거대한 가부장제 신분제도는 왕권의 몰 락으로 해체과정을 겪었다. 그 대신 토지를 매개로 하는 착취관계가 시장 관계와 근대적인 법체계에 의해서 더욱 강화되면서 봉건적 계급질서는 강 화되었다. 식민지 지배를 위해서 필요한 상층 양반관료계급을 제외하고 대부분의 양반계급의 권력은 약화되었고, 공업화가 이루어지면서 토지 대 신에 산업자본을 매개로 하는 근대적인 자본가계급과 노동계급이 등장하 기 시작했다.

3. 봉건적 계급질서의 동요 : 미군정과 한국전쟁

제국주의 국가들 사이의 전쟁이었던 제2차 세계대전에서 독일과 일본 이 패하면서, 열전체제였던 제국주의체제가 막을 내리고 직접적인 군사 대결 대신에 군사적인 위협을 중심으로 자본주의체제와 공산주의체제 간 대결이 이루어진 냉전체제가 등장했다. 탈식민화된 국가들을 새로운 국제 질서로 재편한 냉전체제는 개별 국가들의 정치 · 경제적 변동에 구조적인 제약을 가했다. 한국은 열전체제하에서 주변적 식민지였으나, 냉전체제에 서 동서대결의 최전선에 놓이게 되었다. 그 결과 한국사회의 계급관계도 급격하게 양적인 재편을 경험했다.

미군정기는 바로 세계적인 수준에서 이루어지고 있었던 경제 · 정치적 국제질서의 재편과정에서 중요한 의미를 지닌다. 미국은 남한지역에 대한 독점적인 통제를 통해 동아시아지역의 지배를 확고하게 다질 수 있었다. 완전한 민족해방을 기다려온 한국인의 의사와 무관하게 전개된 세계적인 정치질서의 재편과정에서 한국사회의 계급질서가 새롭게 재편되는 양상을 보여주었던 것이다. 계급질서의 재편은 질적인 것이 아니라 양적인 것이었다. 일제시대에 형성된 계급관계가 그대로 유지되면서 양적인 변화를 보였던 것이다.

일제 지배의 종식으로 인해 한국사회에서 나타난 커다란 변화는 인구이동에 따른 계급구성의 변화였다. 일본의 패전으로 일본인들이 귀국하면서 자본가, 기술자, 지주, 식민지 관료, 경찰, 군인 등 지배집단을 구성하고 있었던 구성원 수가 대폭 줄어들었다. 대표적으로 당시 한국 내 자본가의 60% 정도를 차지했던 일본인 자본가와 기술자의 80%를 차지했던 일본인 기술자들이 귀국했다(박준식, 김영근, 1999: 31; Meacham, 1947: 218). 이런 조건에서 미군정은 통치의 효율성을 높이기 위해서 일제시대 일본 제국주의 통치를 담당한 한국인 행정관료와 지배층을 온존시켰다. 또한 한국전쟁 이전 북한에서 월남한 사람들의 경우 북한 도시지역의 지배계급(지주, 자본가, 관료, 전문직 종사자)의 비중이 높아서, 이들은 월남한 이후에도 다른 계급보다 이전의 계급을 유지하는 비율이 높은 것으로 밝혀졌다(강정구, 1992: 122~123). 조선총독부를 대체해 미군정과 한국인 지배계급(월남한 지배계급을 포함)이 새로운 지배집단으로 등장했다.

다른 한편, 피지배계급의 인적 구성도 큰 변화를 보여주었다. 일제 식민지 지배 기간 동안 다양한 이유(동원노무자, 강제징용, 징병, 자발적 이동)로 다른 지역으로 이주했던 한국인들이 귀환하면서 대규모 인구구성의 변화가 이루어졌다. 200만 명 내지 250만 명의 인구가 1945년부터 1948년까

지의 3년 사이에 유입되어 대규모 인구변화가 이루어졌던 것이다.[14] 이들
은 다시 농촌으로 돌아가 자영농이나 농업노동자가 되거나 도시에 남아
노동자가 되기도 했다.

　해외에서 귀환하는 사람들의 과반수가 도시로 이주해 서울과 부산을
포함한 대도시가 급격하게 팽창했다. 특히 대도시지역에는 귀환자들에
의해 대규모 빈민촌이 형성되었고, 도시빈곤, 식량부족, 대량실업, 비위
생적인 주택 등의 문제로 귀환자들의 생존이 위협받는 상태에 이르렀다.
공장 가동률의 하락과 노동력 공급의 급증으로 인해 해외에서 귀환한 사
람들의 과반수가 실업자가 되었기 때문에 실업과 빈곤이 심각한 사회문
제가 되었다.[15]

　남한의 경우 70% 이상의 경제활동인구가 농업에 종사하고 있는 농업사
회였기 때문에 기본적인 계급관계는 여전히 지주 – 소작 관계에 의해서 규
정되었다. 해방 당시 지주의 비율은 전체 농가의 8.4%를 차지하는 20만
가구 정도였다(신광영, 1999: 87). 농민 가운데 자영농의 비율은 13.8%에
불과했고, 소작농의 비율이 가장 높아 53.8%에 달했으며, 자작 겸 소작
농민의 비율도 34.6%에 달해, 거의 80% 정도의 농민이 소작관계를 맺고
있었다.

　해방 직후 제조업부문의 경우 기업 수가 해방 직전 9,323개에서 5,249
개로 크게 줄었고, 이에 따라 공장노동자 수도 30만 명 정도에서 12만
2,000명으로 크게 줄어들었다(신광영, 1999: 91). 전체 경제활동인구에서

---

14 김두섭은 1945년부터 3년간 218만 4,061명이 남한으로 귀국했으며 일본으로부터 귀환이 가장 많아서 111만 972명
　에 이르렀다고 밝혀냈다(김두섭, 1997: 15). 반면에 은기수(1997: 83)는 1945년부터 1949년까지 약 250만 명이 귀국
　했으며, 일본으로부터는 140만 명이 귀국했다고 보았다. 정인섭(1996: 30)도 1944년 193만 6,843명에 달했던 재일
　조선인 가운데 약 72%인 140만 명이 귀국했다고 보았다. 이것은 비공식 귀국자를 포함한 추정치이다.
15 1946년 실업자 수는 105만 937명으로 이 가운데 귀환자는 58만 7,260명으로 56%에 이르렀다(통계청, 1993: 132).

제조업 종사자가 차지하는 비율은 대단히 낮았음을 알 수 있다. 미군정기 제조업은 일제시대보다 더 위축되었기 때문에 근대적인 산업자본주의사회에서 나타나는 계급관계도 더 이상 크게 진전되지 못했다. 더구나 많은 노동자들은 도시빈민, 반프롤레타리아트, 주변적 농민층과 뚜렷하게 구분되지 못했고, 경제 상태에 따라서 여러 계급적 지위들 사이를 넘나드는 비공식부문의 주변적인 노동계급 상태를 보여왔다.

자본가계급의 경우도 해방 직후 크게 위축되었다. 원료와 중간생산재의 고갈로 생산이 위축되면서 기존 자본가들도 본격적인 자본축적을 할 수 없었다. 대신 미군정의 적산기업 매각정책에 따라서 적산기업을 매수함으로써 기업 확대를 추구할 수 있었다. 그러므로 자본가계급은 독자적인 계급이해와 조직을 갖지 못하고 미군정의 정책에 따라서 움직이는 자본가들로, 대부분 소규모 기업 소유주들이었다. 대부분의 중화학공장들이 북한지역에 세워졌기 때문에, 남한의 자본가 기업은 규모에서 영세성을 면치 못했다.

전체적으로 미군정기 한국사회는 일제시대에 더욱 심화된 지주 – 소작관계에 기초한 반봉건적인 경제체제를 주축으로 하고, 일제시대에 발전되었으나 파탄 상태에 이른 산업자본주의부문이 공존하는 위기의 사회였다. 일본의 억압적 지배세력을 대체한 미군정은 새로운 사회변화를 만들어내지 못한 채, 오히려 기존 계급질서를 유지·강화하려는 시도를 보이면서 농민들과 노동자들의 불만이 집단행동으로 나타나기 시작했다. 이과정에서 더 중요한 사회적 갈등은 자본의 문제가 아니라 토지문제에 기반을 둔 갈등이었다. 노동자들의 문제도 궁극적으로 빈농의 문제와 관련되어 있었다.

1950년부터 3년간 지속된 한국전쟁과, 전쟁 직후에 실시된 토지개혁이 일제시대 이래 강화되었던 봉건적인 계급질서 해체에 결정적인 역할을 했다. 3년간 지속된 전쟁을 통해 대규모 인명피해가 발생하고, 북한에서 남한으로 대규모 인구이동이 이루어지면서 계급구성상의 변화가 발생했다. 남한의 경우 약 195만 명의 사망자가 발생해 인구가 줄었지만, 남한에서 북한으로 이동한 인구가 약 29만 명인 데 비해 북한에서 남한으로 이동한 인구는 약 65만 명으로 약 23만 명 정도의 인구 변화가 있었기 때문에 약 130만 명의 인구 손실이 발생한 것으로 추정된다(Kwon, 1977; 전광희, 1994: 65~67). 그러나 북한에서 남한으로 이동한 인구 가운데 지주와 부농층의 비율이 높았다. 40~65만 명 정도가 북한에서 월남해 지주 – 소작 관계가 크게 동요되었다. 또한 대부분의 생산시설이 파괴되면서 자본가들의 지위도 약화되었다. 해방 직후에 나타났던 지주에 대한 농민의 저항으로 심각한 약화단계에 있었던 지주들의 권력이 전면전으로서의 한국전쟁 발발로 인해 거의 해체되었다.

더욱이 한국전쟁 직후에 실시된 토지개혁으로 인해 지주들의 지위가 결정적으로 약화되었다. 남한에서 실시된 토지개혁의 한계로 인해 지주들의 경제적 지위가 완전하게 해체된 것은 아니었지만 소작제의 폐지와 농지의 재분배로 이전까지 누렸던 특권과 경제적 부의 기반이 상실된 것은 사실이었다.[16] 봉건적인 지주 – 소작 관계가 한국전쟁과 토지개혁을 통해 크게 약화되었으나, 전반적인 경제침체와 정치적 불안정으로 산업자본가와 노동계급을 주축으로 하는 자본주의적인 계급관계가 뚜렷하게 발달하지도 않았다. 즉 토지를 둘러싼 갈등이 토지개혁으로 어느 정도 해소되면서, 소

---

16 강정구(1996)는 남한에서 이루어진 농지개혁을 자유주의적 개혁이라고 분류하고 농지개혁이 대단히 불철저하게 실행되어 지주들의 지배적인 위치가 완전하게 사라진 것은 아니라는 사실을 밝히고 있다.

작농이 소규모 자영농으로 전환되면서 농촌 프티부르주아지의 확대가 이루어졌던 것이다.[17]

4. 발전국가, 계급구조의 재편 및 새로운 신분집단

근대 한국사회의 계급구조의 변화는 권위주의적 산업자본주의체제의 형성과 더불어 본격화되었다. 이는 1960년대 '조국 근대화'를 내세우며 권위주의적 발전국가에 의해서 진행된 국가주도형 산업화를 통해 이루어졌다(Johnson, 1982, 1987; Amsden, 1989; Wade, 1990). 계획경제체제를 도입한 군사정권이 경제개발을 주도하면서, 수출주도형 산업화가 정착되기 시작했다. 국가의 경제발전정책에 의해서 산업구조의 변화가 진전되어서, 농촌 프티부르주아지가 급속하게 감소하고 자본가계급과 노동자계급이 크게 증가하면서 자본과 노동을 중심으로 하는 근대적인 산업자본주의 계급관계가 형성되었다. 쿠데타로 집권한 군사정권은 경제발전을 통해 사후적으로 정당성을 획득하고자 했기 때문에 경제발전은 정권의 사활을 건 문제가 되었다. 군사정권의 산업화정책은 냉전체제하에서 미국의 지원을 받아서 성공했다. 대만의 경우와 마찬가지로, 한국도 산업화를 추진하면서 냉전체제의 효과를 활용할 수 있었다. 미국은 냉전의 최전선에 있는 동아시아 국가들에게 대량 원조, 베트남파병의 반대급부 그리고 특혜관세 혜택을 제공해 이들 상품의 미국 시장 진출을 용이하게 해주었다(Wood, 1986; Aseniero, 1994; Shin, 1999). 그리하여 대만과 마찬가지로 한국도 냉전체제하에서 저임금에 기초한 저가상품 생산과 미국 소비시장을 연결

---

17 1945년부터 1949년 사이 자작농의 비율이 45.9% 증가하고, 소작농의 비율은 43% 감소했다(강정구, 1996: 140).

시키는 수출주도형 산업화의 성과를 보여줄 수 있었다.[18]

특히 1974년부터 시작된 중화학공업화로 인해 한국의 산업구조는 크게 변모했다. 지난 40년 사이 한국사회는 농업사회에서 공업사회로의 변화를 보였다. 이런 변화는 영국의 경우 대략 2세기, 일본의 경우 1세기에 걸친 변화에 해당하는 것이었기 때문에, 한국 산업구조의 변화는 대단히 극적으로 전개되었다. 농림어업 종사자의 비율은 1961년 63.1%에서 1970년 48.5%, 1980년 34.0%, 1990년 17.9%로 31년 사이에 45.2%가 줄어들었다. 반면에 광공업 종사자의 비율은 1961년 8.7%에서 1970년 14.3%, 1980년 22.5%, 1990년 27.6%로 29년 사이에 약 3배가 증가했다. 서비스업 종사자의 비율은 1961년 28.2%에서 1970년 35.3%, 1980년 43.5%, 1990년 54.5%로 꾸준히 증가했다(통계청, 1988: 25 및 1999: 142).

1960년대 이후의 계급구조의 변화는 계급구성의 변화에 의한 것이 아니라 산업구조의 변화에 의한 것이다(조돈문, 1994). 산업구조의 변화에 따른 계급구조의 변화는 세 가지이다. 첫번째 변화는 프티부르주아지의 급격한 감소이다. 농촌인구가 대규모로 도시로 이동하면서 프티부르주아지가 크게 줄어들었다(남춘호, 1988; Koo, 1990; 신광영, 1994). 비농업부문의 프티부르주아지의 증가에도 불구하고 농업부문의 대폭적인 축소로 1960년 전체 경제활동인구 가운데 73.39%를 차지했던 프티부르주아지는 1990년 34.34%로 급격하게 위축되었다(조돈문, 1994: 49~50). 무엇보다 산업화의 진전으로 농촌의 농민이 생산수단으로부터 분리되어 노동력

---

18 1963년부터 수출액이 증가하면서 미국으로의 수출 비중도 증가하기 시작했다. 1960년대 말 수출의 절반 정도가 미국으로의 수출이었고, 1970년대에서 1980년대 말까지 수출의 1/3 정도가 미국으로의 수출이었다(통계청, 1995: 329). 미국으로 수출된 상품은 주로 노동집약적인 저가 소비재로 미국의 가격경쟁시장에서 소비되었다. 이에 대해서는 신기욱(Shin, 1998)을 참조할 것.

을 제공하고 반대급부로서 얻는 임금에 의존하는 임금노동자로 전환되는 계급이동을 중심으로 프롤레타리아트화가 급속하게 진행되었다.[19]

두번째 변화는 노동자계급의 양적 확대이다. 노동자계급의 양적 확대는 대부분이 산업구조 변화에 의한 것이다(조돈문, 1994: 31). 산업화가 진전되면서 산업구조의 변화, 직업구조의 변화 및 고용구조의 변화가 나타났고, 노동력을 제공하고 임금을 얻는 피고용자 수가 238만 명에서 1,220만 명으로 늘어 30년 사이에 거의 1,000만 명의 피고용자가 늘어났다. 이들이 모두 노동계급에 속하는 것은 아니며 제조업, 건설업, 도소매업, 금융업 등에 노동자들이 집중되었다. 제조업의 경우, 제조업부문 사업체 수가 1960년 1만 5,971개에서 1970년 2만 4,114개, 1980년 3만 823개, 1990년 6만 8,872개로 늘어나면서 종사자 수도 각각 27만 5,242명, 86만 1,041명, 201만 5,187명, 301만 9,816명으로 늘어났다. 1968년 597개 사업체, 37만 4,977명의 종사자에서 1993년 3만 788개 사업체와 138만 8,011명의 종사자로 약 100만 명의 종사자가 증가했다.

세번째 변화는 자본주의적 생산의 발달로 노동계급의 양적 확대뿐만 아니라 노동자들을 통제하고 관리하거나 전문적인 지식이나 기술에 의존해 활동하는 중간계급의 양적 확대로 뚜렷하게 나타났다(홍두승, 1983; 서관모, 1985; 조돈문, 1994). 현대 기업은 생산조직일 뿐만 아니라 동시에 계급조직이다(Braverman, 1974; Stone, 1974; Clawson, 1980; Burawoy, 1985; McDermott, 1991). 기업조직의 핵심적인 계급은 최고경영자(자본가

---

19 특정 사회에서 프롤레타리아트의 양적인 변화는 다른 계급에서 노동계급으로의 이동(사회이동), 프롤레타리아트 인구의 자연증가 및 다른 지역으로부터의 순수 인구이동 정도에 따라 이루어진다(Tilly, 1997: 300~301). 마르크스는 순수한 사회이동, 즉 자본가계급의 위축과 중간층의 몰락을 중심으로 프롤레타리아트화를 논하고 있다. 틸리(1997: 283~293)는 하강이동을 통한 프롤레타리아트 비중보다 순인구 증가에 의한 프롤레타리아트화가 더 큰 비중을 차지하고 있다고 주장한다.

계급), 중간관리자 및 전문가(중간계급) 그리고 노동자(노동계급)이다. 이 가운데 가장 높은 비율로 증가한 계급은 중간계급의 경영직 종사자들로서 1960년부터 1990년의 30년 사이에 22.84배 증가했고, 그 다음이 감독직 종사자들로서 20.31배 증가했다(조돈문, 1994: 20).

1990년대 한국의 계급구조는 서구 자본주의와 두 가지 점에서 차이를 보였다(조은, 강정구, 신광영, 1990). 첫째, 프티부르주아지의 비율이 아직도 높은 비율을 보이고 있다는 점이다. 한국사회에서는 프티부르주아지의 비율이 서구 사회들보다 약 4배 높은 것으로 나타났다. 서구 자본주의사회들에서는 프티부르주아지의 비율이 10% 정도에 불과하지만, 한국의 경우 약 38%에 달하는 높은 비율을 보여주고 있다. 둘째, 계급구성에서 프롤레타리아트가 차지하는 비율이 다른 제3세계 사회들에 비해서는 크게 높지만, 서구 자본주의사회들보다는 크게 낮았다. 이런 차이들은 한국 자본주의의 성격이 주변부도 아니고 중심부도 아닌 반주변부 자본주의사회라는 사실을 반영하는 것이라고 볼 수 있다.

주변부 계급구조에서 반주변부 계급구조로의 변화가 곧바로 계급갈등과 계급정치에서의 변화로 나타난 것은 아니었다. 정치적으로는 반공규율 권력체제를 유지해 왔기 때문에 국가기구와 제도에 의해서 노동계급의 조직적 활동과 정치는 배제되었다(신광영, 1994; 송호근, 1994; 노중기, 1995; 김동춘, 1995; 조희연, 1998). 노동운동에 대한 국가의 통제와 억압으로 인해 노동자들의 불만은 간헐적으로 과격한 형태로 분출했지만, 1980년대 후반까지 조직적이고 지속적인 형태를 취하지는 못했다.[20] 그러나 억압적

---

20 1970년대 대표적인 집단 노동자 투쟁으로 알려진 파월 한진 노동자들에 의한 KAL빌딩 점거 사건, YH무역 노조파업 등은 매우 극단적인 방식으로 전개되었지만, 노동자들의 요구는 공통적으로 단순한 체불임금 지불이었다. 노동자들의 기본권리가 부정된 상태에서 나타나는 노동자들의 저항은 외형상 과격할 수밖에 없었다.

인 정권의 주기적인 위기 시에 폭발한 노동자들의 파업은 대단히 과격한 방식으로 나타났다. 노동자들의 파업은 주로 저임금이나 임금착취에 대한 저항으로 나타났다. 다시 말해서 요구는 대단히 단순한 것이었지만, 요구를 관철시키기 위한 방법은 대단히 전투적이었다. 노동자들의 단순한 요구조차 기업은 받아들이지 않고 공권력으로 탄압했기 때문에, 노동자들의 불만이 폭력적으로 나타났던 것이다.

노동계급의 조직적인 운동은 민주화운동에 크게 영향을 받았다. 노동조합 조직 자체가 권위주의 국가에 의해서 강력하게 탄압되었기 때문에 민주화운동의 도전으로 국가권력이 위기에 놓이거나 약화되었을 때, 노동자들의 불만이 집단적으로 폭발했다. 그 결과 한국에서 노동쟁의의 증감은 일정한 주기를 보이고 있다. 즉 권위주의정권이 위기에 빠지는 경우, 노동자들의 파업이 급증하는 현상을 보였다. 한국의 파업빈도는 정권 위기 시기인 1960년, 1972년, 1980년, 1987년 그리고 1996년에 폭증하였다. 노동운동이 민주화운동을 주도한 것이 아니라 민주화운동이 노동운동이 발전할 수 있는 촉매 구실을 했다. 민주화운동이 성공적인 결과를 가져온 1987년 이후 한국의 노동운동이 본격적으로 발전하기 시작했다.

이제 노동운동은 과거 민주화운동을 대체해 한국사회의 주된 사회운동으로 등장했다. 특히 1995년 한국노총과는 다른 노선을 내세운 민주노총의 출발은 민주화 이행과정에서 등장한 노동계급 조직으로 최초의 전국적인 독립적, 진보적 노동운동을 대표하고 있다. 1997년 12월 노동관계법 날치기 통과에 대한 노동계의 저항은 노동조합의 권력이 1990년대 들어서 더욱 커졌음을 보여준 것이다. 아직도 노조 조직률은 낮은 편이지만, 대부분 대기업체에서 노조가 조직되어 있기 때문에, 구조적 차원에서의 노조가 지니는 위치적 권력은 매우 크다고 볼 수 있다.[21]

반면에 자본가계급의 이해는 권위주의 국가에 의해서 제도적, 정책적으로 보장되었다. 국가가 자본가계급의 이익을 대변할 뿐만 아니라 자본가계급을 육성·발전시킨 주체였기 때문에, 자본가계급은 계급이해를 국가정책에 반영시킬 특별한 계급정치를 필요로 하지 않았다. 한국 재벌들의 성장은 1960년대 중반 박정희 정권의 산업화정책과 더불어 본격적으로 이루어지기 시작했다(Fields, 1995: 34~35). 권위주의 국가와 대기업의 관계는 국가관료가 경제개발을 위한 거시적인 계획을 세우고, 계획의 실행에 대기업들이 참여하는 방식으로 형성되었다. 그러므로 1980년대 이전까지 국가와 자본가계급과의 관계는 상호의존적인 '공생관계'가 아니라 온정주의적인 '지배-피지배 관계'였다(Shin, 1998). 국가가 개별 기업의 활동에 결정적인 영향을 미칠 수 있는 가장 중요한 행위자였기 때문에, 경쟁적 시장의 역학이 아니라 국가관료의 정책결정에 따라서 특정 기업의 생존이 결정되었다. 기업들이 국가정책에 적극적으로 호응하는 한, 국가가 기업의 이익을 '보장'해 주는 '보호와 복종'을 바탕으로 하는 '호혜관계'가 형성되었다.

그러나 국가와 자본과의 관계가 산업화가 이루어진 전 시기에 동일하게 유지된 것은 아니었다. 국가와 자본 간의 관계가 시기적으로 그리고 산업부문에 따라서 큰 변화를 보였으며, 점차 산업화가 진전되고 국내외적으로 경제환경이 변하면서 국가가 재벌기업들을 지배해 왔던 '국가중심적 관계'에서 '상호의존적인 공생관계'로 변화했다(Kim, 1987). 더욱이 1987년 이후 민주주의로의 이행이 진행되면서 국가와 자본 간의 관계가 점차

---

21 페론(Perrone, 1987)은 노조가 파업을 통해 경제에 미칠 수 있는 잠재적인 파괴력을 위치적 권력(positional power)이라고 정의하고, 전체 경제에 영향을 미칠 수 있는 산업의 노조들이 위치적 권력을 더 크게 가지고 있어서 교섭이 용이하게 타결된다고 보았다.

'공생관계'에서 '갈등관계'로 변하기 시작했다. 국가와 자본 간의 갈등관계가 나타나게 된 주된 이유는 세계 자본주의의 축적체제 변화와 민주주의로의 이행이라는 정치적 변화였다(임혁백, 1994). 두 가지 변화는 공통적으로 기존 재벌체제의 개혁을 요구했기 때문이었다. 저임금 노동력에 의존해서 이루어졌던 대량생산체제인 포드주의적 생산체제의 개혁과 경제 민주화 실현의 핵심 내용은 재벌 중심으로 이루어진 한국 경제체제의 개혁이었다. 민주화 과정에서 나타난 노동계급의 도전에 대한 정부의 대응 방식과 경제정책에 대해 재벌들이 불만을 갖기 시작하면서, 적극적으로 자신들의 경제력을 이용해 국가권력으로부터의 독립을 추구하기 시작했다. 또한 자본가들은 자신들의 계급적 이해를 보다 조직적으로 결집하고 표출하기 위해 대자본가들이 주도해 기존의 경제 6단체가 회원단체가 되는 경제단체연합회(경단련)를 1989년에 결성했다. 새로운 자본가단체의 결성은 1987년 이후 강화되는 노동운동과 민주화로 인해 불만족스러운 국가의 노동정책에 대한 대자본가 중심의 계급적 대응을 보여준 것이다.[22] 1990년대 국가와 재벌 간의 관계는 점차 '대칭적 공생관계'가 아니라 독립적이고 갈등적인 관계로 변화하기 시작했다. 김영삼 정부의 개혁정치 실패와 김대중 정부의 개혁정치 난관은 모두 재벌개혁이나 재벌에 불리한 경제개혁에 대한 대자본가계급의 저항에 기인한 것이다. 투자환경이 좋지 않다는 이유로 신규투자를 회피하는 자본파업은 자본가들의 독점적인 자원인 자본을 이용한 정치적 압력이고, 가장 단기적으로 효과가 뚜렷한 압

---

22 홍덕률(1994)은 1989년 경제단체연합회 결성 이전에도 자본가계급의 공동이익을 추구하기 위해 위기 시에 새로운 조직들이 등장했다는 점을 밝히고 있다. 즉 자본가단체들이 노동운동이나 정치적 변화 등으로 인해 자본가계급의 공동이익 확보가 용이하지 않은 상황에서 등장했다고 보고, 1961년 전국경제인연합(전경련)의 등장과 1970년 경영자총협의회(1981년 한국경영자총협회로 바뀜)의 등장이 모두 노동계급의 성장에 따른 축적 위기에 대한 조직적 대응으로 나왔다는 점을 밝히고 있다.

력 수단이 되었다(Bowman, 1995; Shin, 2003).

국가주도형 산업화를 통해 나타난 새로운 현상은 생활영역에서의 신분집단 형성과 지역간 불균등 성장으로 인해 거주지역이 새로이 신분적인 속성을 지니기 시작했다는 점이다. 지속적인 산업화로 계급구조화가 진행되면서, 계급에 따라서 소비생활, 여가생활, 문화생활, 거주지역 등에 점차 분화되는 양상들이 나타나고 있다. 점차 생산영역이 아닌 생활영역에서 사회적 위신이나 명예가 분화되고 있고, 이는 계급과 독립적으로 이루어지고 있는 것이 아니라 밀접한 관계를 맺고 있기는 하지만 계급과는 다른 차원의 새로운 변화이다. 이런 생활영역의 분화는 특히 중간계급 내의 이질성 심화로 나타나고 있다(조돈문, 1996). 예를 들어, 도시 아파트 거주 중산층의 등장은 생산관계에서 유래한 계급관계가 소비영역이나 생활영역에서 다른 집단과 구별되는 사회적 신분집단 형성으로 이어지고 있음을 보여준다. 한국의 경우 자본가보다 중간계급에서 이런 현상이 뚜렷하게 나타나고 있다. 자본가계급의 경우 자본축적의 부도덕성이나 정경유착 등으로 인해 사회적 위신이나 명예 차원에서 높은 평판을 얻고 있지 못한 반면, 전문직 종사자나 행정직·관리직 종사자들의 경우 상대적으로 높은 평판을 얻고 있다. 그리고 이들은 소비생활, 문화적 활동이나 교육을 통해서 자신들을 다른 집단과 구별되는 독자적인 집단으로 만들어가고 있다. 부르디외(Bourdieu, 1984)의 용어를 빌리면, 이런 변화는 한국의 중간계급에서도 현대 산업자본주의의 신분적 속성을 보여주는 문화적 자본의 형성이 점차로 이루어지고 있음을 의미한다.

한국에서 나타난 지역간 불균등 성장은 서구와 같은 도시와 농촌 사이의 불균등 성장이 아니라 중앙과 지방의 불균등 성장이었다. 서울(수도권)과 지방에 거주하는 사람들 사이에 존재하는 경제적 격차와 심리적 거리는 중앙집권적 권위주의체제의 유산이다. 지방 거주자는 2등 국민으로 인식되기에 이르렀다. 동일한 계급에서도 거주지역에 따라서 주관적인 특권의식이나 박탈감이 크게 달라지면서 사회적 신분의 분화가 나타나고 있는 것이다. 한국사회에서 형성된 중심부(서울) - 주변부(지방) 관계는 경제, 정치, 문화, 교육 등 모든 부문에서 과거 30여 년 동안 중앙집권적 발전이 이루어졌기 때문에 나타난 결과였다.

5. 세계화와 계급관계의 국제적 확장

1989년을 전후로 전(全)지구적인 차원에서 동서 냉전체제는 사실상 해체되었고, 자본주의 시장경제를 바탕으로 하는 경제적인 차원에서 전지구화가 가속화되고 있다. 동유럽 사회주의 국가들의 붕괴로 제2차 세계대전 이후 형성된 냉전체제가 막을 내렸다. 동유럽이 다시 자본주의체제로 복귀하면서 단일한 자본주의 세계경제가 형성되었을 뿐만 아니라, 국가간 무역, 자본이동, 노동력 이동 등이 활발하게 이루어지면서 세계경제가 특정 국가에 미치는 영향력이 크게 높아지고 있다.

한국 자본주의가 새롭게 직면하고 있는 환경은 냉전체제 이후의 지구적 자본주의(global capitalism)이다. 1990년대 우루과이라운드(UR)체제와 세계무역기구(WTO)체제의 등장으로 한국시장이 외국 기업에 개방되면서, 한국사회에서 경제적인 차원에서 부의 배분과 잉여의 수취가 국내의 계급관계에 의해서뿐만 아니라, 초국적 자본가계급의 결정이나 전지구적 경제 변화에 직접 영향을 받기 시작했다. 직접적으로 해외자본의 국내 유입이 늘어나면서 외국 자본가의 결정에 따라서 한국의 자본가뿐만 아니라 한국의 노동자나 농민의 경제적 복지도 달라지게 되었다. 그러므로 국내의 계급관계가 외국 자본가들의 영향을 받게 되는 새로운 변화가 나타난 것이다.

지구적 자본주의 환경 속에서 한국의 계급관계는 더 복합적인 양상을 보여주고 있다. 21세기 한국사회를 지배하는 지배계급은 한국의 자본가 뿐만 아니라 외국 자본가도 포함한다. 시장개방으로 인하여 외국 자본의 유입이 크게 늘고 있고, 초국적 기업의 활동이 증대되고 있다. 초국적 기업에 바탕을 둔 초국적 자본가계급(transnational capitalist class)의 형성과 초국적 자본가들의 국내 활동으로 국내 자본가와 초국적 자본가 간의 분화가 나타나기 시작했다(Sklair, 2001). 초국적 자본가계급의 등장은 국민국가 내에서 형성된 계급관계의 틀을 약화시키는 결과를 낳고 있다. 정치적 차원의 계급관계와 경제적 차원의 계급관계가 불일치하게 되는 현상이 발생하고 있다. 국민국가의 틀을 벗어난 이들 초국적 자본가들은 초국적 기업이나 금융자본(투기적 자본을 포함)을 통해 한국의 노동자나 국민경제에 영향을 미치기 시작했다.

전지구적 자본주의 생산체제의 형성이 중심부 노동자들뿐만 아니라 주변부와 반주변부 노동자들의 삶에 큰 변화를 가져오고 있다. 저임금을 찾아 주변부사회로 이동하는 초국적 산업자본은 중심부 자본주의사회에서의 탈산업화(de-industrialization)를 촉진시키고, 주변부 자본주의사회들에서의 산업화를 촉발시키면서 새로운 국제 노동분업체제를 만들어가고 있다. 임금이 높은 중심부 국가의 기업들은 상품연쇄(commodity chains)를 구축하여 생산물시장과 연결된 생산기지들을 국제적으로 확대하고 있다(Gereffi, 1994, 1999). 그리고 단기적인 이윤을 추구해 움직이는 국제 금융자본의 규모가 거대해짐에 따라 개별 국민경제는 개별 정부가 통제할 수 없는 상태가 되어 불안정이 증폭되고, 전지구적인 실업(unemployment)과

저고용(underemployment) 상태를 만들어내고 있다(Strange, 1998).

더구나 전지구화로 인해 노동력의 국제적 이동이 크게 증가해 외국 국적 노동자들의 고용이 국제분업의 핵심적인 구성요소로 등장했다(Sassen, 1988: 31~35; Gardezi, 1995). 1980년대 후반부터 외국인 노동자들이 한국으로 진출하면서, 한국 노동계급의 구성도 변하기 시작했다. 1980년대 후반부터 외국인 노동자들이 국내 노동시장에 진출하면서 노동계급의 종족적 이질성이 커지기 시작했다. 주로 한국 노동자들이 기피하는 업종에서 노동을 하기 때문에 한국 노동자들과 직접적으로 경쟁관계에 놓여 있지는 않지만(설동훈, 1998: 204~210), 서유럽의 경험과 마찬가지로 노동계급의 다국적화가 노동운동의 새로운 환경으로 변하고 있는 점은 부인할 수 없다. 주로 노동집약적인 저임금부문에 고용되어 있는 외국인 노동자들은 대부분의 여성 노동자들과 마찬가지로 경쟁적 노동시장의 주변부에 위치하고 있어서 조직적인 차원에서 고립되어 노동 착취를 당하고 있다. 외국인 노동자들은 노동계급 내에서 가장 저급한 신분집단으로 등장하고 있다.

IMF 경제위기로 대표되는 세계화시대의 한국경제는 국제 금융자본의 이동에 의해서 노동자들의 삶이 쉽게 파괴되고, 눈에 보이는 국내 자본가들뿐만 아니라 보이지 않는 국제 금융자본가들이 구체적으로 한국 노동계급의 이해와 대립되는 새로운 계급주체로서 등장했음을 보여준다. 그러므로 21세기 말 한국사회의 계급역학은 국내의 계급관계뿐만 아니라 국제적 계급관계에 영향을 받게 되었다. 이런 변화는 전지구적 자본주의의 등장과 계급관계의 질적인 전환을 보여주는 변화인 동시에 한국 노동운동의 새로운 모색을 강요하는 거시적인 변화이기도 하다.

6. 결론

20세기 한국사회는 극적으로 변했다. 20세기 초 주변부 봉건사회에서 20세기 말 반주변부 자본주의사회로의 변화과정은 여러 차례의 단절적인 변화를 통해서 이루어졌다. 한국사회의 계급질서와 신분질서의 변화도 이런 단절적인 변화를 반영하고 있다. 단절적인 변화들은 한국사회의 내적인 동학에 의한 것이었다기보다는 오히려 세계체제의 변화에 의한 것이었다.

19세기 내내 전개된 식민지 개척을 둘러싼 제국주의 국가들 사이의 경쟁과 전쟁을 주축으로 하는 열전체제에 한국은 식민지로 편입되었다. 일본 제국에 의해서 이루어진 식민지 근대화는 봉건적인 정치체제를 해체시켰지만, 역설적으로 봉건적인 경제체제를 더 강화시키면서 주변부 자본주의적 생산체제가 확대되었다. 제2차 세계대전이 끝나면서 19세기 열전체제가 1945년 이후 냉전체제로 대체되었다. 이것은 경제적으로 중심부 자본주의 국가에 의한 식민지 지배, 지주-소작 관계를 중심으로 하는 봉건적인 농업경제체제에서 자본-임노동을 중심으로 하는 자본주의적 경제체제로의 변화를 의미하였다.

36년간의 일본 제국주의 지배를 통해 조선사회에서 발달했던 전통적인 신분제도는 거의 해체되었다. 계급질서와 신분질서가 일치했던 조선사회는 일본의 식민지가 되면서 전통적인 신분질서가 거의 파괴되어 계급질서와 신분질서의 탈구 현상을 나타낼 수 있었다. 대신에 계급질서로서 봉건적인 계급관계는 더욱 강화되었다. 봉건적인 계급질서에 결정적인 변화를 야기한 것은 한국전쟁이었다. 한국전쟁은 인명 손실을 통해, 또한 인구이동(월남, 월북)을 통해 계급질서에 변화를 일으켰다.

1960년대부터 이루어진 산업화로 인해 계급구조의 질적인 변화가 나타났다. 산업화를 주도한 것은 박정희 개인이었다. 정치적 정당성을 획득하지 못한 군사정권은 모두 정치적 정당성을 경제적인 성공에서 찾으려 했다. 그 결과 30년 이상 지속된 국가주도형 산업화로 한국경제는 근본적으로 변했다. 주변부 반봉건사회에서 반주변부 자본주의사회로의 변화가 이루어진 것이다. 미국은 한국을 군사적 동맹국가로서 지원하고, 동아시아에서 전개된 체제 경쟁에서 승리할 수 있도록 경제적 특혜와 지원을 제공했다. 동아시아 경제성장의 거시적인 조건은 냉전체제였다.

권위주의정권하에서 계급구조의 변화를 계급갈등이나 계급정치로 전환시킬 수 있는 정치제도의 발달이 이루어지지 못했다. 이것은 사회계급과 제도권 정치와의 단절을 의미하는 것이며, 이런 특징이 민주화가 어느 정도 진전된 오늘날까지 계속되고 있다. 2004년 총선에서 민주노동당의 의회 진출로 변화의 조짐이 나타나고는 있지만, 권위주의정권하에서 계급정치가 억압되면서 한국의 정치는 파행적인 속성을 아직도 벗어나지 못하고 있다. 그러나 적어도 노사관계나 비제도적 정치 수준에서 노동계급과 자본가계급의 계급정치가 크게 진전되었다. 노동계급의 운동은 국가와 자본가계급을 대상으로 전개되었고, 자본가계급도 노동운동뿐만 아니라 민주화 이행과정에서 국가와 갈등을 보이고 있다.

계급관계에 영향을 미치는 거시적인 환경은 민주화와 더불어 1990년대에 가속화된 세계화이다. 세계화는 전지구적 자본주의의 형성을 촉진시켜 국내 계급관계에 국제자본이나 국제자본가가 영향을 미치는 새로운 계급관계를 형성시키고 있다. 한 국가에 한정된 계급분석이 점차 그 의미를 상실해가는 상황이 나타나고 있다. 이런 변화는 계급질서의 새로운 모색을 요구한다. 20세기 말 가속화되고 있는 세계화라는 전지구적 변화는 계급질서에 커다란 영향력을 행사하고 있을 뿐만 아니라 새로운 계급이론과 계급분석의 필요성을 드러내고 있다.

1. 머리말

이 장에서는 사회계급과 계층을 중심으로 해방 직후 미군정기(1945~1948) 동안의 근대 한국사회의 불평등구조를 분석하고자 한다. 해방 후 한국의 불평등과 빈곤은 정치적 혼란과 함께 중요한 사회적, 정치적 갈등의 요인 으로 작용했다. 일본의 식민지 지배 기간 동안 중심국 자본주의인 일본 자 본주의와 종속적인 관계 속에서 발전한 조선사회는 일본의 패망과 함께 복 합적인 사회문제를 경험하였다. 일본의 패망으로 정치적으로는 광복의 기 쁨과 독립국가 건설이라는 희망을 갖게 되었지만, 경제적으로는 극심한 빈 곤과 절망을 경험하게 되었다. 그러므로 초기 민족국가 형성과정은 경제적 인 위기로 인하여 대단히 불안정했고, 미군의 통치하에서 더욱더 불완전한 과정을 겪을 수밖에 없었다. 미군은 한국인의 관점에서보다는 통치의 용이 성만을 고려하였기 때문에 조선의 경제는 큰 혼란을 보여주었다. 1947년부터 경제파탄으로 인하여 식량폭동과 파업 등이 빈발하였고, 극심한 인플레 때문에 해방을 맞은 대다수 한국인들은 수년간 생활고를 겪어야 했다.

그러나 모든 한국인이 동일한 수준에서 동일하게 경제적 어려움을 겪은 것은 아니었다. 미군정기 한국사회에서도 계급과 계층에 따라서 대단히 심한 경제적 불평등이 존재하였고, 빈곤층이 광범위하게 존재했다. 그리고 이러한 경제적 불평등이 정치 엘리트의 충원과정에도 반영되었고 파업이나 소작쟁의와 같은 집단적인 행위를 만들어내는 사회적 요인이었다. 그러므로 미군정기 계급과 계층에 대한 이해는 미군정기의 혼란과 정치적 갈등을 이해하는 데 매우 중요한 부분이다.

이 시기를 이해하는 데는 기존의 사회학 내에서 이루어진 계급·계층의 논의와는 다른 이론적 접근이 필요하다. 서구의 계급과 계층논의들은 대부분 내생적인 산업화를 통하여 변화되는 불평등 구조와 사회적 갈등을 다루고 있다(Marx, 1867; Weber, 1969; Parkin, 1974; Poulantzas, 1973; Wright, 1976, 1985, 1997). 그리하여 이러한 이론적인 논의들에서 식민지 지배를 겪은 산업화 이전 단계의 사회들 내의 계급상황에 대한 논의가 없는 상태이다. 제3세계 미군정기 한국사회의 독특한 성격은 외생적 산업화를 경험한 탈식민지사회라는 정치경제적 조건과 근대적인 민족국가 형성이 완결되지 못한 불안전한 사회라는 점이다. 농업을 중심으로 하는 경제체제였기 때문에 노동계급과 자본가계급을 중심으로 하는 근대적인 계급관계가 발달하지 못했다. 또한 정치적으로도 근대적인 정치제도가 없었기 때문에 경제적 갈등은 쉽게 정치적 갈등으로 전환될 수 있는 조건을 지니고 있었다. 이러한 조건하에서 특히 일제의 지배시기에 형성된 서구적인 정치 이데올로기가 수용되면서 더욱더 사회적, 정치적으로 급진적인 요구가 형성되고 전파되었다.

미군정기 한국사회의 계급구조는 전통적인 농업생산을 기반으로 하는 전(前)자본주의적 생산과 식민지 공업화를 통한 자본주의적 생산의 확산의 영향으로 전자본주의 생산양식과 자본주의 생산양식이 공존하는 주변부 자본주의에 기초하였다. 이는 탈식민지 주변부사회에서 공통적으로 나타나는 계급구조의 양상을 그대로 보여주고 있었다. 즉 전자본주의적 생산과 자본주의적 생산의 접합으로 인하여 선진 자본주의사회들에서는 찾아볼 수 없는 계급들이 광범위하게 존재하고 있었고, 이는 서구 초기 자본주의 시기에 나타났던 계급들과도 다른 모습을 보여주었기 때문에 정치적 전환과 식민지 산업구조를 반영하는 계급구조라고 볼 수 있다.

　먼저 해방 직후 한국사회의 불평등구조를 분석하기 위하여 주변부사회의 계급과 계층에 관한 이론적 논의를 살펴본다. 식민지를 겪은 대부분의 제3세계 주변부사회들에서 공통적으로 나타나는 사회계급에 관한 논의를 진전시키기 위해 먼저 탈식민지 주변부사회의 사회구성의 특징을 파악하기 위한 생산양식 접합론과 이와 관련된 계급분석을 논의한다. 그 다음 전체적인 계급구조를 살펴보기 위하여 1946년 11월 미군정 노동과가 실시한 『남조선 산업노무력 임금조사(南朝鮮産業勞務力賃金調査)』, 조선은행에서 수집한 『조선경제연보(朝鮮經濟年報)』, 1952년 대한민국 공보처 통계국(大韓民國公報處統計局)의 『조선통계연감(朝鮮統計年鑑)』, 조선통신사(朝鮮通信社)의 『조선연감(朝鮮年鑑)』을 중심으로 계급들의 분포, 계급간 불평등과 각 계급들의 생활 실태를 살펴본다. 이와 더불어 계급 내 불평등을 살펴보기 위하여 계급 내 계층분화를 분석하고 계급상황을 분석한다. 계급상황에 대한 이해가 곧 미군정기 동안에 발생했던 다양한 형태의 사회적, 정치적 갈등을 이해하는 데 필요한 구조적 조건을 이해할 수 있게 하기 때문에 이에 대한 상세한 분석이 필요하다. 마지막으로 본 연구에서 제시된 연구 결과가 근현대 한국사회의 변화와 관련하여 함의하는 바를 두 가지 점에서 논의한다. 하나는 미군정기 사회구성체의 성격을 이해하는 데 계급과 계층 연구가 주는 함의이며, 다른 하나는 더 나아가 일제시대와 1950년대 한국사회의 불평등을 이해하는 데 본 연구가 제공할 수 있는 함의이다. 미군정기 계급과 계층의 형성은 일제 식민통치 기간 동안 이루어진 경제체제의 변화를 기초로 하고 있다. 물론 남한과 북한의 분단을 통하여 조선에서 이루어진 전체 경제 변화가 반영된 것은 아니지만, 탈식민지 주변부 자본주의 사회구성체의 특성들을 보여주고 있다.

2. 탈식민지 주변부 사회의 계급과 계층

1) 계급과 계층

사회의 불평등을 이해하기 위하여 등장한 개념이 계급과 계층이다. 그러나 계급과 계층은 이론적인 전통에서 매우 다른 이론적 배경을 가지고 있다. 계층이 차등적 관점(gradational perspective)에서 불평등 현상에 접근한다면, 계급은 관계적 관점(relational perspective)에서 불평등 현상에 접근한다.[1] 그러므로 계층적 접근은 개인들 사이에서 나타나는 지위나 위신과 같은 주관적인 평가나, 소득과 같은 객관적으로 획득되는 경제적 자원의 차이에 기초하여 불평등 현상을 분석한다. 그리고 계층적 접근에서는 차등적인 경제적 지위로 인한 사회적인 갈등과 대립을 전제로 하지 않는다. 반면에 계급적 접근은 질적인 사회적 관계를 토대로 사회적 관계상의 위치를 차

---

[1] 계급과 계층에 관한 개념적인 논의는 한상진(1984)을 참조. 계급분석이라고 불리는 계급론적 접근은 크게 마르크스적 전통과 베버주의적 전통으로 나뉜다. 마르크스주의와 베버주의 계급론과의 차이점에 대해서는 라이트(Wright, 1997: ch 1)를 참조할 것.

지하는 행위자들과 이러한 위치로 인하여 발생하는 경제적 불평등과의 인과적 관계를 강조하고 이러한 관계는 양립하기 어려운 이해 대립을 내재하고 있다고 본다.[2] 여기에서는 계급 개념을 상위 개념으로 보고, 계급 내부에 존재하는 양적인 차이를 분석하기 위하여 계층 개념을 사용한다.

역사적 현상으로서의 자본주의는 상이한 생산양식이 공존하는 양상을 보이고 있다. 특히 주변부 자본주의사회의 특징은 자본주의적 생산양식과 전자본주의적 생산양식이 병존하는 현상이다. 자본주의 생산양식은 상품시장의 존재뿐만 아니라 노동력이 상품화되어 타인의 노동력을 구매하여 이윤을 추구하는 자본가와 타인에게 노동력을 판매하여 생계를 유지하는 노동자들이 지배적인 경제활동인구를 차지하는 경제체제를 지칭한다. 자본주의하에서 이루어지는 임금과 노동력의 자유로운 교환은 등가교환이 아니라 착취적인 부등가교환이다. 노동력 착취가 발생하는 기본적인 조건은 생산수단을 소유하고 있지 못하기 때문에 노동력을 판매하지 않으면 생존이 불가능한 다수의 노동자들의 존재이다(George and Howards, 1991; Wright, 1995). 그리고 생산수단의 사적 소유와 이에 대한 배타적인 권리를 보장하는 법과 제도의 확립으로 부등가 교환체제는 체제의 작동원리로 기능하고 있다(Polany, 1949). 고전적으로 영국에서 이루어진 자본주의로의 이행 과정에서는 봉건적인 농업생산에 종사하던 농민들이 강제로 토지로부터 축출되면서 혹은 자발적으로 일자리가 많은 도시로 이동하면서 산업도시지역에 산업노동력의 과잉 현상이 나타났다.[3] 그 결과 초

---

2 계급분석이 계급갈등의 현재화를 필연적으로 가정하는 것은 아니다. 대립되는 이해들이 자율적인 계급타협이나 타율적인 국가의 개입을 통하여 타협과 조정이 가능하며. 이에 대해서는 카츠넬슨(Katznelson, 1989)을 참조할 것.
3 영국의 역사학자 브릭스(Briggs)는 농촌에서 도시로의 인구이동이 강제적으로 이루어졌다기보다는 농민들의 자발적 선택에 의해서 이루어졌다는 점을 지적하고 있다. 즉 경제적인 이익 추구를 목적으로 농민들의 도시 진출이 이루어졌다는 것이다. 이에 대해서는 브릭스(1959: 43) 참조.

기 자본주의 발달은 대다수의 노동자들이 저임금과 빈곤을 벗어나지 못한 상태에서 이루어진 원시적 축적을 모태로 하고 있다.

이와는 달리 식민지 조선에서 이루어진 자본주의로의 이행은 사회 내적인 자본축적을 통해서 이루어진 것이 아니라 식민지 지배를 통해서 이루어진 외생적 산업화를 기반으로 하고 있다. 일제의 식민지 지배하에서 이루어진 산업화는 식민지 노동자들의 저임금과 제국주의적 노동통제를 통한 착취를 바탕으로 하여 이루어졌다. 그 결과 저임금을 활용하는 노동집약적인 경공업이 발달하였고, 일제 후기에 이르러서야 대륙침략을 목적으로 하는 대규모 군수공장의 설립으로 중화학공업이 발달하기 시작하였다. 그러나 일제시대에는 자본주의적 분업체계가 지배적인 위치를 차지하지 못하였고, 단지 지속적으로 한국경제에서 차지하는 비중만 커지고 있었다. 그 이유는 조선의 경제가 일본경제의 발전과 안정에 보조적인 수단으로 활용되었기 때문이었다. 조선경제가 독립된 경제체제로서 기능하지 못함으로써 조선경제와 연관관계가 거의 없는 중화학공업들이 조선에서 발달함으로써 조선경제 내에서 자본주의적 생산이 차지하는 비중만 높아졌던 것이다.

자본주의 생산의 발전은 전자본주의적 부문과 단절되고 독립된 형태로 이루어진 것이 아니라 두 가지 상이한 생산양식의 접합(articulation)과 상호침투(interpenetration)를 통하여 이루어졌다. 생산양식의 접합은 체제(system) 수준에서 자본주의적 부문과 전자본주의적 부문이 분업체계 속에서 독립적으로 존재하거나 혹은 병렬적으로 존재하는 것이 아니라 유기적으로 결합되어 있는 것을 지칭한다.[4] 자본주의적 산업생산의 원료나 노

---

4 접합 개념은 서로 다른 생산양식이 내적인 관계를 유지하면서 특정한 생산양식의 지배적 속성이 유지되고 강화되는 현상을 의미한다. 이에 대해서는 테일러(Taylor, 1979: ch. 6)를 참조할 것

동력 공급이 전자본주의적 생산을 통해서 이루어지는 경우 자본주의적 생산은 전자본주의적 생산과 밀접한 관계를 갖게 된다. 혹은 전자본주의적 부문이 소비나 유통 차원에서 시장을 통하여 자본주의적 부문과 연결될 수도 있다. 상호침투는 사회적인(social) 수준에서 상이한 생산양식하에서 활동하는 사람들 사이의 상호의존성과 사회통합을 지칭한다. 자본주의적 산업생산에 필요한 노동력이 전자본주의적 부문에서 유입되고 실업이나 저임금과 같은 자본주의적 부문에서 발생된 문제들이 전자본주의적 부문에 의해서 해결되는 등 사회적 수준에서 두 부문 간의 기능적 상호의존성이 존재했다.[5]

해방 후 한국사회는 일제하에 진행된 자본주의적 산업화로 대변되는 자본주의적 부문과 광범위한 농업인구와 농촌지역에 잔존하고 있었던 전자본주의적 부문의 접합을 특징으로 하고 있었다. 자본주의적 부문의 경우 중소 자본가와 미숙련 노동자계급이 주류를 이루었고 중간계급에 속하는 전문직 종사자나 관리직 종사자들은 그 비중이 대단히 작았다. 전자본주의적 부문의 경우 프티부르주아지가 주류를 이루고 있었다. 프티부르주아지는 타인의 노동력을 구매하지도 않고 자신의 노동력을 판매하지도 않으며, 자신(가족)의 노동력과 생산수단을 이용해서 경제활동을 하는 사람들이다. 주변부 자본주의의 경우 프티부르주아지의 비율이 전체 경제활동인구 중에서 대단히 높은 비중을 차지하는 것이 특징이다(조은, 강정구, 신광영, 1992). 또한 프티부르주아지도 농촌에서 도시 자영업자로 이동한 도시 프티부르주아지와 자영농의 형태로 농촌에 남아 있는 농촌 프티부르주아

---

5 예를 들어 해고된 노동자가 다시 농촌으로 되돌아갈 수 있거나 도시노동자의 저임금을 보상하기 위하여 농촌에 있는 친척이나 부모로부터 식량이나 곡식 혹은 더 나아가 경제적인 지원이 있는 경우가 이에 해당한다. 자본주의적 생산활동에 참여하고 있는 저임금노동자들이 도시에서 생존 가능한 것은 전자본주의적 생산이 주류를 이루고 있는 농촌지역의 가족이나 친척의 도움이 있기 때문이다.

지로 대별된다. 그러나 해방 직후 한국의 농촌은 봉건적인 경작 형태인 소작농이 광범위하게 남아 있어서 농업에 종사하는 인구도 대토지 소유자인 지주, 자작농인 프티부르주아지와 소작농으로 계급분화가 진척되었다. 주변부 자본주의의 소작농은 반프롤레타리아트(semi-proletariat)로서 지속적으로 산업화가 진행되면서 이에 필요한 노동력을 공급하는 잠재적인 산업 노동자원이었다.[6] 즉 반프롤레타리아트 부분은 자본주의적 산업화가 진척됨에 따라서 용이하게 산업 프롤레타리아트로 전환될 수 있었던 인구층으로서 산업화가 진전되면서, 농촌에서 가장 먼저 이탈된 인구층이었다. 탈식민지 주변부 사회의 프티부르주아지가 보여주는 또 다른 특징은 프티부르주아지가 비공식부문에 광범위하게 존재한다는 사실이다.[7] 비공식부문은 근대적인 경제활동영역이나 국가영역 밖에서 이루어지는 경제활동부문으로, 비공식적 소득 기회가 주어지는 영역이다(Hart, 1973). 공식적인 조직이나 사업체와 같이 국가의 영역에 포함되어 있는 공식부문과는 달리 거리의 행상이나 노점상같이 비공식부문의 경제활동은 국가의 영역 외부에서 이루어지기 때문에 세금을 내지 않고 이루어지는 감추어진 경제활동 영역이다(Bagnasco, 1990: 157). 주변부 사회의 계급구조에서 나타나는 또 다른 특징은 광범위한 빈민층이 존재하는 현상으로, 흔히 언

---

6 반프롤레타리아트는 생산수단을 소유하지 못했다는 점에서 프티부르주아지가 아니며, 또한 타인에게 노동력을 제공하여 임금을 획득하지 않는다는 의미에서 프롤레타리아트도 아닌 계급을 지칭한다.
7 초기 비공식부문 개념은 비공식 경제와 동일한 의미를 갖는 개념으로서 규칙적이고 예측 가능하고 안정된 공식 경제부문과 대비되는 의미로, 주로 분석적인 목적보다는 단순히 기술적인 목적으로 사용되었다(Gart, 1973). 인류학자인 기어츠(Geertz, 1963)는 인도네시아의 경제가 기업(firm)과 바자(bazaar) 두 부문으로 나뉘어 있다고 주장하고 바자는 생산성이 낮고 소득이 낮은 것이 특징이며, 기업은 생산성이 높고 경제활동의 대가가 높은 것이 특징이라고 주장하였다. 게슈니와 팔(Gersguny and Phal, 1980)은 비공식부문(경제)을 사용하고 이는 가정경제, 지하경제 및 마을경제를 포함하는 것으로 보고 있다. 비공식부문(경제) 대신에 소상품생산(petty commodity production)이라는 개념이 다수 학자들에 의해서 사용되기도 하였다(Foster-Carter, 1978; Santos, 1979). 비공식부문(경제) 개념을 사용하는 학자들이 비공식부문과 공식부문의 자율성과 독립성을 강조하는 반면, 소상품생산양식 개념을 사용하는 학자들은 자본주의 생산양식에 종속적인 위치를 차지하는 것으로서 두 가지 생산양식 사이의 관계를 강조한다.

더클래스(underclass)로 분류되는 집단의 존재이다. 이들은 흔히 룸펜 프롤레타리아트로 불리기도 하였으며, 대표적으로 부랑자, 도망친 머슴, 걸인, 빈민층이 이러한 집단의 주류를 이루고 있다. 이들은 비공식부문에 속하는 경우가 대부분이며, 비공식부문은 이러한 사회집단의 생존을 위한 완충지대 역할을 담당하기도 한다.

3. 미군정기 한국의 계급구조

1) 계급구조

계급구조를 파악하려면 계급구조를 구성하고 있는 계급들과 이들 계급의 규모를 파악하여야 한다. 1948년 간행된 『조선경제연보(朝鮮經濟年譜)』에 의하면 1946년 9월 30일 현재 남한의 전체 인구는 1,937만 명으로 이 가운데 취업자는 약 744만 명이었으며, 실업자는 약 105만 명으로 실업률은 약 12.4%에 달하여 대단히 높은 실업률을 보여주고 있다. 산업별로는 1942년 당시 농업 및 어업 종사자 68.2%, 상업 및 서비스업을 포함한 제3차 산업 종사자 24.7%, 광업 및 제조업 종사자 7.1%로 전형적인 농업사회의 산업구조를 보여주고 있다(조선은행 조사부, 1948: I-27). 이것은 남북한을 포함한 것으로 대부분의 광산과 대규모 산업시설이 북한에 편중되었다는 점을 고려하면 남한의 경우 광업 및 제조업 비율은 이보다 더 낮았을 것이고, 농업 및 어업 종사자 비율은 이보다 더 높았을 것이다.

먼저 해방 직후 한국경제의 주류를 이루고 있었던 전자본주의적 생산양식을 중심으로 계급을 살펴보기로 하자. 주변부 사회의 농업부문은 전자본주의적 생산양식과 대체로 동일시되고 있다. 그 이유는 대체로 주변부 사회의 농업에서 기업화된 영농이 거의 이루어지 않았고 또한 임금 노동이 농업부문에서 대단히 낮기 때문이다. 농지를 매개로 해서 이루어지는 사회적 계급들은 자신의 토지를 소유하고 이를 다른 농민에게 임대하여 소작료를 수취하는 지주와, 토지가 없거나 혹은 적어서 다른 사람의 토지를 빌려서 소작료를 지불하고 생계를 유지하는 소작인과, 자신의 토지를 소유하고 자신의 노동력을 이용하여 농사를 짓는 자영농을 중심으로 해서 이루어진다. 지주 – 소작 관계와 이러한 관계에서 자유로운 독립 자작농업이 산업화 이전 농업사회에서 존재했던 주된 계급관계의 축을 이루고 있었다. 일제시대 자영농도 토지조사사업 이후로 점차 시장을 매개로 해서 자본주의 경제에 편입되는 경험을 했다. 이러한 관계는 산업화가 이루어지면서 고용관계와 자영업이나 자영농이 중심을 이루는 자본주의적 계급관계로 변했다.

2) 전자본주의 생산과 사회계급

① 지주와 소작농

지주와 소작농은 토지 소유를 매개로 이루어지는 착취적인 관계를 이루고 있다. 토지의 독점적인 소유를 통하여 농사를 짓지 않고도 더 풍족하게 생활을 영위할 수 있는 지주들의 소득 원천은 토지의 소유에서 유래한다. 소작인들의 노동의 산물이 지주로 이전되는 토지를 매개로 한 착취적 관계는 전자본주의사회에서 보편적으로 일어나는 현상이었다.[8] 전자본주의적 생산에서 자신의 토지를 가지고 자신의 노동에 의해서 농사를 짓는 자영농의 경우는 전형적인 구프티부르주아지(old petty bourgeoisie)이다.

미군정기 남한인구의 70% 이상이 농업에 종사하고 있었다. 1945년 말 농가 호수는 216만 5,477호로 부양인구는 1,248만 8,855명에 달하였다. 일제 말 한국의 농업은 지주 소유제가 강화되어 전체 토지의 57.8%가 지주의 소유였고, 자작 겸 소작농의 비율은 42.2%에 불과하여 토지 소유의 극심한 불평등이 일제하에 심화되었다. 1914년 소작농가 호수는 전체 농가의 41%로 높았지만, 일제 지배하에서 그 비율이 줄어들지 않고 지속적으로 증가하여 1942년에 절정에 달하였으며 전체 농가 304만 6,000가구 가운데 53.8%인 164만 1,000가구가 소작농가였다(조선은행 조사부, 1948: I-29). 순수한 자영농의 비율은 해방 직후 13.8%인 28만 4,000농가에 불과했고 나머지는 자작 겸 소작농이나 소작 겸 자작농으로서 해방 직후 34.6%에 달하였다.[9] 자작농의 감소와 소작, 자작 겸 소작 및 농업노동자의 증가는 서로 연관되어 있는 농업부문의 변화로서 농업부문의 계급분화를 동반한 변화였다. 지주의 비율은 1929년 현재 3.7%로 1914년 1.8%에서 배 이상 증가하였다. 일제 말기인 1943년 지주 가구 수는 18만 7,000가구로 전체 농가의 6%를 차지하여 일제 초기보다 크게 증가하였다(조선은행 조사부, 1948: I-30).[10] 1945년 남한만의 토지 소유를 살펴보면, 전체 239만 농가 가운데 5정보 이상의 토지를 소유한 지주는 2.1%인 5만 가구로서 전체 경작 면적 232만 정보 가운데 24.6%에 해당하는 57만 정보를

8 착취적 관계는 어느 한쪽이 손해를 본다거나 혹은 불이익을 당하는 것을 전제로 하지 않는다. 착취적 관계는 이러한 관계에 들어가 있는 당사자들 모두에게 이익이 될 수 있다. 또한 착취적 관계의 존속은 강제나 억압에 의해서 존속되는 경우보다는 자발적인 동의에 의해서 유지되는 경우가 많다. 여기에서 착취적 관계의 의미는 로머의 착취 개념(Roemer, 1982)을 적용하여 초기의 생산수단의 불평등이 토지를 빌려주는 행위와 토지를 빌리는 행위를 낳는 조건이 되고, 이러한 행위 선택의 결과 두 행위자 사이에 한 행위자가 생산한 생산물이 다른 행위자로 이동한다는 것을 의미한다. 또한 착취관계는 개인들 사이의 관계가 아니라 개별 행위자들이 선택한 행위의 집합적인 결과이다. 이러한 착취 개념에 관해서는 엘스터(Elster, 1997)를 참조할 것. 그리고 일반적인 착취 개념에 관해서는 Nielsen and Ware(1997)를 참조할 것.

9 자작 겸 소작농은 소유 토지가 경작 면적의 50% 미만인 소작농을 지칭하며, 소작 겸 자작농은 경작 면적의 50% 이상을 소유한 소작농을 지칭한다.

10 또 다른 통계치(조선은행 조사부, 1948: I-32)는 지주 호수를 9만 3,596호로 제시하고 있어서 본문에서 제시된 지주 호수와 일치하지 않는다. 이 수치를 이용하는 경우 지주의 비율은 약 4.6%에 달하고 있다. 1942년 5정보 이상의 토지를 소유한 지주가 한국인 8만 929명, 일본인 8,220명이었던 사실(조선은행 조사부, 1948: I-340)과 5정보 이하의 토지 소유 농민 가운데에서도 지주가 많았다는 점을 고려한다면, 지주 수는 9만 3,596명을 넘었을 것이라고 추론할 수 있다.

소유하였고, 5정보 미만의 지주는 전체 농가의 6.3%인 15만 가구로서 전체 경작 면적 가운데 28.9%에 해당하는 67만 정보를 소유하였다. 그리하여 전체 지주는 약 20만 가구로서 전체 농가 호수의 8.4%에 해당한다(조선은행 조사부, 1948: I-30). 농업노동자도 꾸준하게 증가하여 1943년에는 전체 농가의 4.3%로 지주의 비율과 큰 차이를 보이지 않았다. 또한 화전 농가도 상당히 많아서 1943년 5만 2,445가구에 달하였고, 전체 화전 경작 인구는 12만 4,414명에 이르렀다. 그러나 농업노동자와는 달리 화전 민은 1930년대 중반부터 일제 말에 접어들면서 점차 줄어드는 경향을 보여주었다. 이것은 일제 말 군수공장 및 중화학공업이 크게 확대되어 노동력 수요가 증가하였고, 또한 징용이나 강제 이주와 같은 형태로 노동력 이민이 크게 늘었기 때문에 나타난 현상으로 추론된다.

② 농민의 생활 상태

해방 직후 대부분의 농민들은 소작농이었기 때문에 생활 상태는 매우 빈곤하였다. 일제시대 이루어진 농촌사회의 변화는 토지 소유의 집중화와 경작농민의 궁핍화였다. 토지 소유의 집중화로 소작농이 꾸준히 증가하여 1913~1917년 5년간 평균 소작농의 비율이 38.8%였으나, 일제 말기인 1939~1943년에 이르러 소작농 비율은 55.7%로 무려 22.9%나 증가하였다. 소작농 비율이 가장 높았던 전북지역의 경우 소작 비율은 무려 75.9%에 달하였고, 심지어 전주, 김제, 정읍, 익산과 같은 평야지대의 경우 94%이상의 농민들이 소작농인 경우도 있었다(조선은행 조사부, 1948: I-339). 대체로 밭이 많은 지역보다 논이 많은 지역에서 소작 비율이 높았기 때문에 남한의 경우 소작농민이 일제 말 전국 평균보다 훨씬 더 높았다. 일제 하에서 이루어진 것은 봉건적인 소작제도의 철폐나 약화가 아니었다. 오히려 소작제도가 강화됨으로써 일본 자본주의 경제에 편입된 조선경제는 자본주의적 변화와 동시에 봉건적인 토지제도의 강화라는 모순적인 과정을 동시에 경험하였다.

일제하에 진행된 소작농의 궁핍화는 경작지의 영세성과 고율의 소작료로 인한 것이었다. 이러한 상태를 개선하기 위하여 미군정이 해방 직후 소작료 상한선을 선포하였다. 1945년 10월 5일 선포된 미군정법령 제9호는 고율의 소작료 때문에 소작농들이 반노예화하고 있음을 지적하고 소작료를 3 · 1제(三一制)로 할 것을 선포한 것이었다. 소작료 3 · 1제는 이전까지 유지되었던 과도한 소작료를 낮추기 위하여 소작료가 1/3을 넘어서면 안 된다는 내용으로 소작료 상한선을 규제한 것이었다.[11]

경작농민의 궁핍화는 경작토지의 지속적인 감소에 따른 것이다. 1919년 농가 1호당 경작 면적이 1.696정보였으나 지속적으로 줄어들어서 1943년에는 1.504정보로 줄어들었고, 남한만의 경우는 농가가 더욱 영세하여 농가 1호당 경작 면적이 1944년 1.114정보, 1945년 1.078정보, 1946년 1.250정보로 낮았다. 1945년 말 남한의 소작농 173만 농가 가운데 1정보 이상을 경작하는 소작농은 21만 호에 불과하였고, 나머지 151만 호의 소작농은 경작토지의 영세성으로 인하여 만성적인 빈곤을 벗어날 수 없었다(조선은행 조사부, 1948: I-30). 1930년 통계에 의하면, 춘궁기를 넘기기 힘든 소작농이 전체 소작농 가운데 68.1%, 자작 겸 소작농 가운데 37.5%, 자작농 가운데 18.4%로 전체적으로는 평균 48.3%의 농민이 기아선상에 놓여 있었다. 이러한 상황에서 소작관계가 더 강화되었고 또한 경

---

11 소작료 3 · 1제는 곡물공출제와 같이 시행되면서 소작관계의 약화에 크게 기여하였다고 보는 견해도 있으나(신낙풍, 1982: 456), 다른 견해는 지주 측의 반발과 미군정의 소극적 정책의지로 대부분의 지역에서 실시되지 못하였으며, 관개시설 사용료를 소작인이 지불하도록 하였기 때문에 실질적인 효과는 크지 않았다(황한식, 1985: 272).

(빈도 : %)

전체	부모계급								본인계급							
	노동	빈농	중농	부농	중간	학생	프티	군인	노동	빈농	중농	부농	중간	학생	프티	군인
1258	124	1,054	60	1	13		6		230	844	8		45	116	5	10
%	9.9	83.8	4.8	0.1	1		0.5		18.3	67.1	0.6		3.7	9.2	0.4	0.8

자료 : 한림대 아시아문화연구소, 1995, 『빨치산 자료집 2』, p.125.

작토지도 줄어 미군정기 소작농민들의 궁핍화는 대단히 심각한 상태였음을 알 수 있다. 농민의 궁핍화는 이미 일제시대부터 시작되었고, 고향을 떠나 해외로 이주하는 농민이 급증하는 원인이 되었다. 특히 1930년대 초 세계적인 경제공황으로 농민의 생활이 파탄 상태에 이르렀고, 이로 인하여 한국을 떠나는 인구가 격증하였다. 1925년부터 1940년까지 조선을 떠나 중국 동북지역이나 일본으로 이주한 사람이 160만 명에 달했다.[12]

대규모 빈농의 존재는 미군정기와 단독정부 수립 이후 지속적인 사회불안 요인이 되었으며, 그 이후 한국전쟁에 이르기까지 사회적 갈등의 주된 원인이었다. 1948년 단독정부 수립 후 남북갈등이 첨예화되면서 남한 내 남한정부에 저항하는 게릴라 조직인 빨치산이 등장하였다. 빨치산 구성원의 대부분은 가난한 농민들이었다. 빨치산의 핵심 구성이 노동자가 아니라 농민이었다는 점을 고려한다면, 농민들의 궁핍화는 대단히 중요한 소작쟁의뿐만 아니라, 남북분단과 연계되어 한국 근대사에 커다란 영향을 미친 정치적, 군사적 사안으로까지 연결되었음을 또한 알 수 있다. 예를 들어, 경남도당 빨치산 활동에 참여했던 사람들의 부모계급과 본인의 계급을 살펴보면, 빈농 출신들이 압도적으로 많음을 알 수 있다. 경남도당

---

12 박경식, 『일본제국주의의 조선지배』, 청아출판사, 1986, pp.356~357.

빨치산의 경우 부모의 계급이 빈농인 경우가 약 84%에 달하고 있어서 대부분의 빨치산 가담자들의 출신 배경이 빈농이었음을 알 수 있다. 본인 자신이 빈농인 경우도 약 67%에 이르고 있어서 빨치산의 대다수가 빈농에서 충원되었음을 알 수 있다.

3) 자본주의적 생산부문

① 소유계급

가. 자본가계급

자본주의적 생산부문은 대표적으로 공장생산을 중심으로 하는 제조업부문이다. 생산수단을 소유하고 타인의 노동력을 고용하는 자본가의 경우 식민지 경제체제였기 때문에 자본가계급은 일본인 자본가와 한국인 자본가로 구성되었다. 1940년 한국에 투자된 자본 총액의 94%가 일본인 자본가들에 의해 이루어졌고 중화학공업의 경우 투자가 거의 100% 일본인 자본가들에 의해서 이루어졌기 때문에, 한국인 자본의 경우 규모가 영세했으며 대부분 일본 기업과의 하청관계에 의존해서 활동이 이루어졌다(조선은행 조사부, 1948: I-109 및 I-110).

미군정기 한국 자본가계급의 규모는 구체적인 자료가 없기 때문에 다른 자료를 가지고 추정하는 수밖에 없다. 여기에서는 사업체 통계나 고용 통계를 통하여 자본가계급의 규모를 추정하였다. 미군정기 한국의 사업체 총수는 1946년 11월에 5,249개(조선은행 조사부, 1948: I-6), 1947년 3월에 4,500개(조선은행 조사부, 1948: I-102)였기 때문에 자본가의 수는 이와 비슷하거나 적었다고 추정할 수 있다. 대개 1세대 자본가였기 때문에 이들은 자본가이자 경영자인 경우가 거의 대부분이었다. 자본가계급은 전체 경제활동인구의 약 0.6%에 불과하였다.

나. 도시 프티부르주아지

비농업부문의 프티부르주아지는 주로 제3차 산업의 경우 대부분이 소규모 자영업자로서 도시 프티부르주아지가 여기에 속한다. 주변부 자본주의의 경우 도시 자영업자 이외에 비공식부문의 다양한 집단들이 포함된다. 행상이나 고정된 점포 없이 영업하는 다양한 형태의 노점상들이 이러한 부류들이다. 프티부르주아지의 규모는 1946년 11월 현재 전체 인구 가운데 농업인구(77%)와 자본가계급(0.6%) 및 노동자계급(11.5%)을 제외한 인구로서 약 11% 정도에 달하는 것으로 추정된다.

추정치와 관련하여 조선은행 조사부에서 만든 직업 분포표를 중심으로 분석할 경우 자료의 신뢰도가 낮아서 도시 프티부르주아지의 추정이 어렵다. 1946년 자료를 중심으로 도시 프티부르주아지의 분포를 살펴보면, 상업과 기타 자유업에 종사하는 사람으로서 이들이 전체에서 차지하는 비중은 10.4% 정도로 추정할 수 있다.[13] 이들 가운데 비공식부문에 종사하는 사람들의 비중은 추정하기 힘들다.

② 비소유계급
가. 노동계급

미군정기 제조업부문 노동계급의 규모는 1946년 11월 미군정 노동과가 실시한 『남조선 산업노무력 임금 조사(南朝鮮産業勞務力賃金調査)』에 의

---

13 이 자료에 따르면, 농업인구가 1,491만 5,000명, 수산업인구가 28만 7,000명, 공업 6만 7,000명, 상업 100만 명, 교통업 17만 명, 공무 자유업 110만 명, 기타 자유업 100만 명, 무직 11만 2,000명으로 구성되어 있다(조선은행 조사부, 1948: III-19). 1947년 상업 종사자는 25만 1,000명으로 줄어들어서 1년 사이에 75만 명이 줄어든 셈이다. 이런 수치를 따르면, 1946년과 비교해서 1947년과 1948년 모든 직업에서 절반 이상으로 줄어든 셈이 된다. 아마도 1946년 자료가 경제활동인구뿐만 아니라 가족을 포함한 전체 인구를 대상으로 직업분포를 제시한 것으로 보인다. 전반적으로 이 시기 자료의 정확성에 문제가 있다. 기존의 연구 가운데 이동원, 조성남(1997: 42)은 이러한 자료로 그 사람들의 비중을 추정하기는 힘들다고 보았다.

하면 기업 수는 5,249개에 고용되어 있는 전체 노동자 수는 12만 2,159명이었다. 이는 해방 직전인 1944년 6월 9,323개 기업에 고용되어 있는 30만 520명의 노동자에서 기업체 수는 43.7%가 감소한 것이고 노동자 수는 59.4%가 감소한 것이다(한림대 아시아문화연구소, 1995: 461). 1947년에도 사업체 수가 약간 증가하여 1947년 3월 사업체 수는 4,500개로 늘어났고, 노동자 수도 13만 3,979명으로 1만 명 이상이 증가하였다. 1946년 11월 현재 전체 노동자 가운데 남성노동자가 8만 6,291명이었고, 여성노동자가 3만 5,868명이어서 여성노동자의 비율이 29.4%에 달하였고, 노동자들의 대부분(91.4%)은 50명 이하의 소기업에 고용되어 있는 것으로 나타났다(한림대 아시아문화연구소, 1995: 499). 해방 직전 여성노동자들의 비율이 22.2%였던 점을 고려하면, 미군정기 경제 침체로 인하여 남성노동자들이 여성노동자들보다 더 크게 타격을 받았다는 점을 알 수 있다.[14] 이는 남성노동자들의 경우 일제 소유 비중이 높았던 기계기구, 화학, 금속, 토목건축업에 종사하는 비중이 높았던 반면, 여성들의 경우 한인 소유 비율이 상대적으로 높았던 방직공업에 집중되었기 때문이었다.[15] 방직공업이 주된 산업이었기 때문에 방직공업에 가장 많은 노동자들이 고용되어 전체 노동자의 29.8%에 이르는 3만 6,269명이 고용되어 있었으며, 그 다음은 화학공업으로 15.7%에 해당하는 1만 9,171명이 고용되었으며, 기계기구공업에 14.2%인 1만 7,394명이 고용되어 3위를 차지하였다(한림대 아시아문화연구소, 1995: 472).

미군정기 노동계급에 관한 자료들은 대부분 제조업만을 다루고 있기 때

---

14 1944년 6월 노동자 성별 구성비는 남성이 23만 2,794명으로 77.8%였고, 여성이 6만 7,726명으로 22.2%였다(한림대 아시아문화연구소, 1995: 467).

15 여성노동자 가운데 방직공업에 종사하는 노동자의 비율은 73.3%로 대단히 높았다(한림대 아시아문화연구소, 1995: 479).

문에 정확하게 미군정기 비제조업 노동자 수를 추정하기는 쉽지 않다. 다만 직업별 인구 분포를 중심으로 광업 종사자 5만 7,000명, 교통업 종사자 17만 명의 대부분이 노동자로 분류될 수 있으며, 상업 종사자 100만명 가운데 일부와 공공 서비스와 사적 서비스업 종사자 110만 명 가운데많은 부분이 노동자로 분류될 수 있을 것이다. 비제조업 단일 업종 가운데노동자를 가장 많이 고용하고 있는 업종은 철도로 1946년 4월 3만 4,885명이 근무했으며, 1947년 4월에는 3만 2,575명으로 줄어들었다. 1946년 10월 전체 직업별 인구 가운데 77%였던 농민을 제외한 나머지 23% 가운데 제조업 종사자와 대부분의 광업, 제조업, 교통업 및 통신 종사자 및 실업자의 대부분을 노동계급으로 분류하는 경우 노동계급의 비율은 전체 경제활동 인구의 약 10%에 이르는 것으로 추정된다.[16] 이는 실업자 111만명 가운데 농업부문 실업자 21만 명을 제외한 80만 명과 탄광노동자 제조업에 취업한 2만 1,729명(조선은행 조사부, 1948: I-94), 운수통신업 가운데 확인 가능한 철도노동자 3만 4,384명(조선은행 조사부, 1948: I-158), 제조업 노동자 12만 2,159명(조선은행 조사부, 1948: I-203)만으로 추정하는경우 노동자 수는 약 98만 명으로서 이는 전체 인구의 5.1%, 비농업 노동력의 11.5%에 해당하는 수치였다.

나. 중간계급

일제하 산업화가 진전되면서 사무직 화이트칼라 중간계급도 등장하였다. 제조업 내 중간계급은 주로 고용된 다른 피고용자들을 관리하고 통제

---

16 미군정청 노동고문관 스튜어트 미첨(S. Meacham)은 1944년 정부 센서스 자료를 토대로 전체 인구 가운데 임금에 의존하고 있는 인구가 약 50만 명으로 전체 인구에서 차지하는 비율이 20%에 달하는 것으로 추정하였다(한림대 아시아문화연구소, 1995: 165). 노동자 추정치는 농업노동자를 포함하면 50만 정도라고 할 수 있으나, 이는 전체 노동력 인구의 5.8%에 해당하는 것이기 때문에 20%로 추정한 것은 오류이다.

하는 피고용자들과 전문적인 지식이나 기술에 의존하여 상대적으로 높은 임금을 받는 전문직·기술직 피고용자들이 여기에 속한다. 제조업 경영관리직 중간계급의 경우 미군정기 기업조직의 특징 중 하나는 생산직 노동자에 대한 화이트칼라 중간계급의 비율이 매우 높았다는 점이다. 그러한 특징은 제조업 생산조직이 대단히 비효율적으로 운영되었음을 보여주고 있기도 하다. 예를 들어 1947년 8월 31일 현재 2만 6,212명으로 일반 노동자 대 사무직 비율이 4:1에 달하는 것으로 보고 되었으나, 실제로 그 비율은 더욱 낮은 것으로 추정된다.[17] 이러한 사무직 중간계급의 수치는 생산에 직접적인 기여를 하는 기술자 전체 수 1만 7,246명보다 더 많은 것으로서 생산에 직접 참여하지 않는 인원이 상대적으로 많아서 기업생산의 비효율성을 낳는 요인으로 지적되기도 하였다(조선은행 조사부, 1948: I-5).

중간계급의 소득 수준은 상대적으로 매우 높았다. 1946년 12월 미군정청에서 제시한 기본임금표에 따르면 전문직 종사자와 관리직 종사자의 임금은 숙련공 임금의 5배, 미숙련공 임금의 23배에 달하는 3,500~5,000원의 높은 임금을 받았다(한림대 아시아문화연구소, 1995: 147).[18] 이러한 고임금이 극단적인 불평등의 원인이 되었기 때문에 미군정청은 1947년 7월에 중간계급의 소득 수준을 조정하여 숙련공 임금의 1.75배, 미숙련공 임금의 2.17배가 되도록 조정하였다(한림대 아시아문화연구소, 1995: 249).

다. 노동자들의 생활 상태

미군정기 한국 노동계급은 산업구조의 변화와 경제적 조건에 따라서 크

---

17 미군정의 분류는 기술직 노동자 가운데 회계사, 계리사, 통역사, 대학강사, 번역사, 호텔 매니저, 간호사, 속기사 등을 포함시키고 있어서 기술직 노동자로 분류된 피고용자들 가운데서도 적지 않은 부분이 노동자로 분류되고 있다.

18 여기에서 제시된 수치는 숙련공의 경우 기술등급 III을 기준으로 하였기 때문에 실제보다 더 낮게 추정되었다. 미군정에서 분류한 기술등급 III에 속하는 직업에는 하위 경영자와 호텔 경영자와 같은 중간계급이 포함되어 있기 때문이다.

게 영향을 받았다. 미군정기 한국경제는 일본인들과 일본 자본의 퇴거와 미군정청의 정책 실패로 인하여 거의 파탄 상태에 이르렀다. 일제가 철수하면서 일본인들이 소유했던 공장이 일시적으로 폐쇄되고 일본인 기술자들이 귀국하면서 산업생산이 중단되었기 때문에, 또한 일본에 원료와 부품을 공급하는 공장들의 경우 일본의 수입이 급격히 줄어들면서 한국의 제조업부문은 극심한 침체를 면치 못했다. 더구나 1946년 3월의 미곡폭동, 9월 총파업, 10월 대구폭동과 같은 사회적 불안으로 인하여 물가는 더욱 폭등하였다. 그리고 미군정청이 임금 상승을 통제한 채 총통화량을 과도하게 증가시켜 유례없는 물가폭등 현상이 발생하여 경제가 더욱더 불안정해졌다. 이로 인하여 임금에 의존하고 있는 노동자들은 생계유지가 어려워졌다. 해방 후 소도매물가가 급등하면서 1946년 소매물가지수는 1944년 물가지수에 비해서 거의 56배 증가하여 극심한 물가폭등을 경험하였다(〈표 2〉 참조).[19] 1946년 이후에도 계속해서 물가폭등이 지속되어 소비재시장은 극심한 혼란에 빠졌다. 1946년 소비자들의 구매력은 1944년의 절반 이하로 떨어졌고, 1947년에는 거의 1/3로 떨어져 극심한 생활난을 겪었다. 이것은 실질임금의 지속적인 하락에서 잘 나타났다. 1936년 노동자들의 실질임금을 100으로 했을 때, 1947년 1월의 실질임금이 34.41, 12월의 실질임금이 30.54, 1948년 2월의 실질임금이 29.25로서 미군정기 노동자들의 생활이 일제 지배 때보다 훨씬 나빠졌다는 것을 보여준다(조선은행 조사부, 1948: I-17). 더욱이 1945년부터 1947년 12월까지 소매물가지수는 2,000%를 넘어서 모든 사람들이 극단적인 소비생활

---

19 1945년 8월을 기준으로 1947년 말 도매물가지수는 곡물 9.35배, 식료품 17.21배, 직물 54.76배, 건축재료 67.70배 등 평균 33.27배에 달하였다. 도매물가지수가 소매물가지수보다 훨씬 더 크게 올랐는데 이는 중간 상인들의 매점매석 때문이었다.

〈표 2〉해방 전후 물가 추세

연도	1936	1937	1938	1939	1940	1941	1942	1943	1944	1946	1947
물가지수	100	116	139	163	180	189	165	215	241	13,478	40,150
임금지수	100	120	131	140	146	168	183	200	245	7,119	14,843

자료 : 조선은행 조사부, 1948: Ⅲ-145.
참고 : 지수는 반올림한 수치임.

의 불안정과 생활고를 피할 수 없었다(조선은행 조사부, 1948: I-260).

　미군정기 노동자에게 더 직접적인 영향을 미쳤던 생필품 가격을 살펴보면, 일반 물가보다 더 극심한 가격 상승을 보여주어서 노동자들의 생활이 극단적으로 나빠졌음을 알 수 있다. 일시적으로 1945년 하반기 금융긴축, 생산감축, 소득감소로 인한 소비지출의 감소로 물가가 일시적으로 하락하였지만, 1946년부터 경기상승과 통화 남발로 물가가 급격히 상승하기 시작하였다(조선은행 조사부, 1948: I-254). 〈표 3〉은 1946년과 1947년 사이의 생필품 가격 동향을 보여주고 있다. 〈표 3〉에서 알 수 있는 것처럼 1946년 2월부터 1947년 2월까지 1년 동안 주요 식량 가격이 4배에서 7배까지 올랐다. 주식인 쌀의 경우, 거의 8배까지 올라서 쌀을 주식으로 하는 대부분의 노동자들의 가계에 결정적으로 부정적인 영향을 미쳤다. 쌀을 대체할 수 있는 보리와 밀의 가격도 크게 올라서 보리 가격은 6배 이상, 밀가루 가격은 5배 정도 올랐다. 생활비의 대부분이 식량에 소비되었던 시기에 쌀값의 폭등은 노동자 가족 전체의 생계를 위협하는 요인이었다. 또한 옷과 신발을 포함한 그 외의 생필품의 경우도 3배 이상 가격이 급등하여 노동자들의 생활은 더욱 어렵게 되었다.

　임금도 어느 정도 올랐으나, 미군정청의 임금통제정책에 의해서 임금은 물가 상승에 상응하는 만큼 오르지는 않았다. 미군정청은 1945년 10월 군

〈표 3〉 주요 생필품 가격 동향[20]

품목 \ 연월	1946. 2	1946. 5	1946. 6	1946. 8	1946. 11	1947. 2
쌀	1,348	5,194		8,694	5,775	10,146
보리	810	3,211		2,885	3,716	5,000
밀	1,390	4,542		4,963	4,783	6,785
수수	1,410	3,120		6,497	4,181	7,310
콩	1,060	3,359		4,824	4,467	7,805
옷			65.00		130.00	255.00
양말			17.50		45.00	110.00
남자 고무신			85.00		280.00	310.00
세탁비누			30.00		—	120.00

자료 : S. Meacham, *Korean Labor Report*, 1947(한림대 아시아문화연구소, 미군정기 정보자료집 노동관련
보고서, 1995), pp.181~182.

정령 제10호를 발표하여 기업을 포함한 모든 조직의 임금을 군정청에서
정한 대로 주도록 선포하였다.[21] 1945년 전반기까지 물가의 상승과 임금상
승이 거의 일치하여 노동자들의 실질임금이 보전되었으나, 1945년 하반기
부터 물가 상승과 임금 상승의 격차가 커지기 시작하여 1946년 말 물가는
1936년 물가에 비해서 162배 올랐으나 임금은 71배 올랐고, 1947년에는
물가 상승과 임금 상승 간의 격차가 더 커져서 1947년 물가는 1936년 물
가의 409배로 올랐지만, 임금은 148개 오르는 데 그쳤다(조선은행 조사부,

---

20 1945년 농산물 도매 가격에 관한 조선은행 조사부 통계는 일시적으로 1945년 11월 쌀값이 떨어졌던 것으로 보고하
고 있다. 그러나 1946년 1월부터 급등하여 3배 가까이 올랐고, 그 추세가 계속되어서 1947년 12월에는 1945년 11월
쌀값의 24배에 달한 것을 알 수 있다(조선은행 조사부, 1948: I-263).
21 미군정청은 매우 구체적인 임금통제를 실시했다. 대표적으로 미군정은 직업에 따른 기본임금 결정 방식을 제시하
고 이를 따르도록 요구하였다. 이 지침에 따르면 미숙련 노동자는 월 최저 150원에서 최고 200원 사이에서 임금이
주어지도록 하였으며, 요리사, 십장, 사무원, 사원, 인쇄공 등의 숙련 노동자 기술등급 III급인 경우 700원에서 1,000
원 사이에서 임금을 지불하도록 하였다. 가장 높은 임금을 주도록 제시된 직업집단은 건축사, 변호사, 엔지니어, 의사,
과학자와 같은 전문직 종사자, 정부관리, 이사, 공장장, 경영자와 같은 관리직 종사자 및 회계사, 계리사, 고용상담원,
통역사와 같은 숙련 노동자 1등급으로 3,500원에서 5,000원 사이에서 임금을 주도록 하였다(한림대학교 아시아문
화연구소, 1995: 147).

1948: III-119).[22] 이와 같은 이유로 미군정기 노동자들의 생활은 일제 때에 비해서 개선되지 못하고 오히려 더 악화되었다. 그리하여 "노동인들의 생활문제를 해결하는 데는 선결조건으로 완전한 물가통제가 절대적으로 필요하다"라는 절박한 주장이 제기되었다(조선통신사, 1947: 180).

취업자들도 생활이 어려웠지만, 미군정기 가장 큰 곤란을 겪은 사람들은 실업자들이었다. 실업의 발생 원인은 경제적인 요인과 정치적인 요인이었다. 경제적인 요인은 일본경제와의 종적인 관계 속에서 이루어진 한국의 산업화로 한국경제 내부에서 횡적인 분업구조가 발달하지 못했던 데 있었다. 1945년 8월부터 일본경제와의 종적인 관계가 단절되면서 한국의 산업은 큰 혼란을 겪기 시작했다. 중심부에 종속된 주변부 경제체제가 중심부와의 관계가 단절되면서 겪는 경제적 혼란이었다. 정치적 요인은 징용이나 징병으로 해외로 이주했던 노동력이 대규모로 귀환하면서 국내 노동시장에서 노동력의 과잉 현상이 발생한 것이다. 1947년 3월 실업자도 크게 늘어나 743만 6,729명이 취업을 하였던 반면에, 105만 937명이 실직 상태에 있었다. 실업자들 가운데 과반수가 해외에서 귀국한 사람들로 59만 명에 이르고 있고 국내 거주 실업자는 46만 명으로 조사되었다(Meacham, 1947: 146).[23] 1947년 12월 말 소련, 만주, 일본, 태평양지역에서 귀국한 사람 수는 약 236만 명에 이르렀다(조선은행 조사부, 1948: I-11). 일본으로부터 가장 많은 인구가 국내로 이동하여 미군정기 동안 약 111만 명의 한국인이 일본에서 귀국하였다. 또한 북한에서 월남한 인구도

---

22 1936년 6월 물가를 기준으로 하였을 때, 1947년 8월의 물가는 약 230배 올랐던 반면, 임금은 65.27배 올랐으며, 가구 및 제재, 건축, 인쇄, 피복 등의 산업에서는 이보다 높은 임금 상승이 이루어졌으나, 식료품, 기계공구, 금속, 도업 등에서는 평균 이하의 임금 상승률을 보여주었다(조선통신사, 1947). 이것은 산업에 따라서도 크게 임금 상승률의 차이를 보여주었으며, 대체로 제조업의 임금 상승이 다른 산업보다 낮았음을 보여준다.
23 이 수치는 실제보다 낮은 수치라고 판단된다. 미첨이 지적한 것처럼, 실업자가 실제보다 상당히 적게 조사된 것으로서 전문인력이 부족하고 조사자의 훈련이 제대로 이루어지지 않았기 때문이다(Meacham, 1947: 176).

크게 증가하여 1946년 18만 5,000명, 1947년 16만 5,000명이 월남하였다(조선은행 조사부, 1948: I-9). 실업 통계는 대단히 신뢰하기 힘들다는 점을 고려하더라도 실업자 수는 제조업 종사자 수의 4배 정도나 많았다. 더욱이 상당 부분의 농업인구가 실제로 은폐된 실업자라는 점을 고려한다면, 전체적으로 실업자의 규모는 미군정청 통계치보다 훨씬 높았다고 볼 수 있다.

라. 노동계급 내 계층분화

미군정기 노동계급 내 분화는 산업, 기술수준, 지역, 성에 따라 대단히 크게 나타났다. 1946년 11월에 실시된 남조선 산업노무력 임금조사에 따르면 임금이 가장 낮은 산업은 방직업으로 남한 전체 노동자들의 1일 평균 임금 79.60원의 71% 수준인 57.83원이었고, 임금이 가장 높은 산업은 금속공업으로 평균 임금의 198% 수준인 157.14원이었다(한림대 아시아문화연구소, 1995: 461). 결과적으로 금속공업과 방직공업의 평균 임금은 2.8배 차이를 보여주어서 산업간 임금 격차가 대단히 극심했음을 알 수 있다. 방직공업은 여성이 73%의 노동력을 차지하고 있고 여성노동자의 임금이 1일 평균 50.93원으로 대단히 낮아서 여성노동력이 2%에 불과한 금속공업의 1일 평균 임금과 큰 차이를 낳았다. 방직공업과 금속공업의 남성노동자들의 1일 임금도 큰 차이를 보여서 금속공업노동자들의 경우 108.35원으로 방직공업노동자들의 76.01원보다 1.51배 높아서 노동력의 성 비율 이외에도 산업에 따른 임금 격차가 컸음을 알 수 있다.

기술 수준에 따른 임금 격차도 매우 커서 미숙련공의 경우 1일 평균 임금이 79.60원으로 숙련공의 평균 임금의 69%에 불과하였다. 미군정청이 임금 상승을 억제하기 위하여 취한 임금 결정에 관한 정책은 기술 수준에

<표 4> 기본 임금표

(단위 : 원)

분 류	월 급	8시간 기준 임금	시간당 임금
전문직	3,500.00~5,000.00	116.67~116.67	14.58~20.83
관리직	3,500.00~5,000.00	116.67~116.67	14.58~20.83
숙련공 I	3,000.00~5,000.00	100.00~116.67	12.40~20.83
숙련공 II	1,000.00~3,000.00	33.00~100.00	4.17~12.40
숙련공 III	700.00~1,000.00	23.33~33.33	2.92~4.17
숙련공 IV	300.00~700.00	10.00~23.33	1.25~2.92
반숙련공 I	250.00~300.00	7.14~10.00	0.89~1.25
반숙련공 II	200.00~250.00	6.67~7.14	0.83~0.89
미숙련공	150.00~200.00	5.00~6.67	0.63~0.83

자료 : 한림대 아시아문화연구소, 1995, 『미군정기 노동관련 보고서』, p.147.

따른 심한 임금 불평등을 토대로 하고 있다. 1946년 12월 미군정이 제시한 직급과 기술에 따른 임금표는 <표 4>와 같다. <표 4>에서 알 수 있듯이 노동자들 사이에서도 기술 수준에 따라 대단히 큰 임금 격차가 나타났다. 먼저 숙련공 I을 기준으로 할 때, 반숙련공의 임금은 10% 수준에도 미치지 못하고 있고, 미숙련공의 임금도 6% 정도에 그쳐 대단히 극심한 임금 불평등을 보여주었다. 그런데 숙련공 I로 분류된 피고용자들은 실제로 노동계급이 아니라 중간계급에 속하는 직업 범주들로서 회계사, 계리사, 고용상담원, 번역사 등이 여기에 속했다. 숙련공 II와 숙련공 III에 해당하는 피고용자들이 노동계급에 속하는 직업으로서 조장, 반장과 기술자들이 여기에 속했다. 숙련공 III의 임금을 기준으로 할 때에도, 반숙련공 I의 임금은 숙련공 III의 임금에 42.9%에 불과하였고, 반숙련공 II의 임금은 28.6%에 불과하였다. 미숙련공 임금은 숙련공 III의 임금에 21.4%에 불과하였다.

미군정기 지역별 임금 격차도 매우 심하게 나타났다. 지역별 임금 격차를 살펴보면, 춘천지역 1일 평균 임금이 51.95원으로 가장 낮았고, 인천이 95.52원으로 가장 높아서 지역간 임금 격차도 매우 컸다. 지역간 임금 격차의 원인도 산업과 노동력의 성적 구성비와 관련이 있다. 춘천의 경우 노동자의 58%가 여성으로서 이들의 97%가 방직공업에 종사하고 있었던 반면에, 인천의 경우 노동자의 28%만이 여성이었으며 이들의 85%가 방직공업에 종사하고 있었다(한림대 아시아문화연구소, 1995: 460). 결국 방직공업이라는 저임금산업과 여성이라는 저임금 노동력이 많은 춘천이 그렇지 않은 인천보다 훨씬 평균 임금이 낮은 것으로 나타난 것이다. 산업과 성이 같은 경우에도 지역간 임금 격차가 뚜렷하게 나타나고 있다. 〈표 5〉에서 알 수 있듯이, 금속산업 남성노동자인 경우에도 인천 노동자의 1일 평균 임금이 125.10원이었던 데 반하여 춘천 노동자의 경우 61.10원으로 인천 노동자 1일 평균 임금의 1/2에도 미치지 못하고 있다.

이러한 지역간 임금 차이는 여성의 경우에도 마찬가지로서 서울지역 금속산업에 종사하는 여성노동자 1일 평균 임금이 75.25원으로 대구지역 여성노동자 1일 평균 임금 30.04원에 비해서 무려 150% 더 높았다. 다른 산업에 비해서 상대적으로 임금이 낮은 방직공업의 경우 여성노동자 1일 평균 임금을 살펴보면, 인천의 경우 72.24원이었던 데 반하여 춘천의 경우 34.4원으로 45% 수준에 그치고 있어서 뚜렷한 지역간 임금 격차를 확인할 수 있다. 평균적으로 인천지역에서 일하는 경우 남성과 여성 모두 평균 이상의 임금을 받는 반면, 춘천지역에서 일하는 경우 평균 임금보다 훨씬 낮은 임금을 받는 것으로 나타났다. 또 다른 점은 대구지역의 임금이 모든 산업부문에서 전체적으로 서울, 인천, 부산, 대전에 비해서 훨씬 낮다는 점이다. 특히 금속산업 노동자들의 경우 인천이나 서울지역 노동자

<표 5> 지역간 임금 실태

(단위 : 원)

지역 및 성 \ 산업	금속산업	기계기구공업	화학공업	인쇄/제본업	방직공업	남자 임금 : 여자 임금
남성						
서울	119.42	100.63	103.66	116.00	83.78	1.8 : 1
인천	125.10	104.03	110.08	87.76	89.47	1.5 : 1
부산	93.16	104.13	99.89	80.64	76.36	1.7 : 1
대구	81.53	71.18	96.45	81.81	70.00	1.7 : 1
광주	89.16	78.12	73.72	84.95	63.99	1.9 : 1
대전	78.62	96.75	102.56	97.18	99.95	1.3 : 1
춘천	61.10	60.08	83.58	63.76	72.58	2.1 : 1
여성						
서울	75.25	56.39	63.42	72.46	58.35	
인천	47.57	76.70	65.10	35.62	72.24	
부산	43.64	63.58	66.40	39.37	52.60	
대구	30.04	44.12	43.83	35.46	44.92	
광주	–	41.54	–	–	38.32	
대전	–	–	53.10	54.56	73.24	
춘천	–	–	82.50	–	34.42	

자료 : USFIK, Census Division, *Industrial Labor Force and Wage Survey of South Korea*(November, 1946)에서 재구성.

들에 비해서 65~68%의 낮은 임금을 받고 있었다. 이러한 사실은 대구지역 노동자들의 저임금이 노동자의 불만을 낳았고 더 나아가 파업이나 투쟁으로 나아갔던 하나의 구조적인 원인이 되었음을 알 수 있다.

지역간 임금 격차의 원인에 대해서는 구체적인 자료 부족으로 알 수는 없으나, 일차적으로는 각 지역의 실업자 수와 밀접한 관계가 있었다고 볼 수 있다.[24] 임금이 가장 낮았던 대구지역을 포함하여 전체 남한 실업자의 68%가 경상도에 집중되었고, 그 결과 경상도는 6.8%의 실업률로 남한 내 가장 높은 실업률을 보여주었다. 그리고 이들은 대부분이 해외에서 귀국한 사람들로서 1946년 9월 대구지역 추수폭동에 참여한 것으로 나타났다. 9월 총파업은 쌀 배급과 임금 인상을 요구하는 노동자들의 파업으로 시작되어 대구지역에서 가장 격렬한 양상을 보였다. 미군정기 지역간 임금 격차가 매우 컸다는 점은 한국 전체가 통일적인 노동시장으로 통합되어 있었다기보다는 지역간 노동시장 분절이 대단히 컸다는 점을 보여주었다. 즉 노동력의 유동성이 대단히 낮아서 노동력 공급과잉지역과 노동력 수요과잉 지역간의 노동력 이동이 원활하지 않았기 때문에 지역간 임금 격차는 매우 극단적인 형태로 나타났던 것이다.

남성노동자들과 여성노동자들의 임금 격차도 지역에 따라 큰 편차를 보이는 것으로 나타났다. 전국적으로 남성노동자들의 평균 임금과 여성노동자들의 평균 임금의 비율이 1.84 : 1이었지만, 대전지역의 경우 성별 임금 편차가 적어서 그 비율이 1.3 : 1에 불과하였고, 인천지역의 경우도 낮은 편이어서 그 비율이 1.5 : 1로 나타났다. 그러나 광주지역에서는 그 비율이 1.9 : 1로 높은 편이었고, 춘천지역의 경우 가장 높아서 그 비율은 2.1 : 1에 달하였다. 이러한 차이는 성별 산업구성비와 기술 수준 이외에도 남성과 여성의 순수한 차별을 포함하고 있기 때문에 모든 차이를 성차별에 기인한다고 볼 수는 없다. 대전이나 인천과 같이 남성 임금이 높은 지역에서는 여성의 임금도 상대적으로 높았고, 춘천과 광주는 남성 임금이 낮은 지역으로서 남성 임금이 낮은 지역에서는 여성 임금은 더욱 낮게 나타났다. 노동시장에서 노동력 수요가 많은 지역에서는 남성 노동력의 임금도

---

24 커밍스는 주로 고실업을 대구지역에서 가장 격렬하게 전개되었던 추수봉기의 주된 원인으로 보고 있다(Cumings, 1981: 377~378). 이와 관련하여 미군정기 대구지역은 높은 실업률뿐만 아니라 남한지역에서 가장 높은 물가와 가장 낮은 임금 등으로 노동자들의 생활이 극도로 어려웠던 지역이었다는 점 등도 고려되어야 할 것이다. 소비자물가의 지역간 격차에 대해서는 조선통신사(1947: 177~178)를 참조할 것

높았고, 여성 노동력의 임금도 높았다는 사실을 알 수 있다. 또한 이러한 사실은 남성과 여성의 임금 격차가 지역에 따라서 크게 달라졌다는 사실을 잘 드러내고 있어서 지역간 임금 격차가 미군정기의 두드러진 현상이었다고 볼 수 있을 것이다.

4. 결론

이 장에서는 미군정기 사회 불평등과 빈곤문제를 전자본주의적 생산과 자본주의적 생산의 접합 형태로 존재하였던 탈식민지 주변부 사회인 남한의 계급과 계층을 중심으로 살펴보았다. 본 논문에서 밝혀진 핵심적인 내용은 해방 직후 한국의 사회가 일제하에 진전된 자본주의적 산업화에도 불구하고 전통적인 생산체제를 탈피하지 못한 소작농민을 생산의 주축으로 하는 주변부 사회의 성격을 크게 벗어나지 못하였다는 점이다. 일제 지배 기간 동안 이루어진 산업화는 군수산업을 중심으로 발전되었기 때문에 대단히 제한적인 수준에서만 남한경제에 영향을 미쳤다. 더구나 대규모 산업시설과 전력시설이 북한에 집중되어 있었기 때문에 미군정기 남한경제는 일제하에서보다 더욱 위축되어서 자본주의적 생산부문도 축소되었다.

해방 이후 전자본주의적인 소작관계는 약화되지 않고 오히려 강화되었다. 토지 소유의 집중화가 심화되어 소작농민이 줄어들지 않았고, 고율의 소작료로 인하여 대다수 농민들의 궁핍화가 진척되었다. 미군정청은 군정령을 발동하여 농민의 궁핍화를 막고자 하였으나, 토지 소유제도의 근본적인 변화가 없었기 때문에 농민의 계급분화와 궁핍화를 막을 수 없었다. 이것은 자작 겸 소작농의 경우에도 마찬가지라서 빈농에 속하는 농민이 많았고, 자작농인 경우에도 경작 면적이 영세한 관계로 빈곤으로부터 벗어나지 못하는 농민들이 많았다. 전반적으로 조선시대에 형성된 전근대적인 토지 소유관계가 일제하에서 오히려 강화되는 역설을 보였고, 이는 미군정하에서도 크게 변화를 보이지 않았다.

자본주의적인 생산에서 나타나는 자본가계급과 노동자계급의 비중은 너무 낮았다. 이는 남한에서 자본주의적 산업화가 부분적으로만 진척되었고, 더구나 해방 이후 북한에 산업시설이 편중되어 있었기 때문이었다. 또한 일본인 자본가와 기술자들의 귀국, 원료 조달의 어려움 등으로 그나마 남아 있었던 남한의 제조업이 극심한 침체에 빠졌기 때문이었다. 그러나 자본주의적 생산부문 내에서 중간계급인 관리직 및 사무직 종사자들의 비중은 상대적으로 높아서 해방 직후 남한 제조업의 낮은 효율성의 한 원인이 되기도 했다.

또한 해방 직후 남한 내에서 지역간 불평등이 대단히 심했다는 점이다. 동일한 업종 내에서도 지역간 불평등이 심하게 나타나 본격적인 산업화가 일어나기 이전에 이미 지역간 불균등 발전의 정도가 심했었다는 추론을 할 수 있을 것이다.[25] 극심한 지역간 불평등은 해방 이후 인구이동을 촉진시키는 원인이 되었고, 단독정부 수립 이후에도 지속적으로 경인지역에 인구가 집중되어 심각한 주택난과 고용문제를 낳는 원인이 되었다. 더 나아가 이러한 지역간 불평등이 노동쟁위나 농민저항의 지역간 편차와 밀접한 상관관계를 가지고 있었다고 생각할 수 있다.

토지 소유의 불평등으로 인하여 농민들의 전반적인 생활 상태는 지극히 열악하였다. 더구나 미군정 당국의 물가정책의 실패와 임금정책의 실패로 노동자들의 생활은 더욱 피폐해졌다. 물가폭등으로 인하여 실질임금이 일

---

25 이 시기 지역간의 경제적 불평등은 서울과 부산 축을 중심으로 한 산업화의 결과인 오늘날의 양상과는 대단히 달랐다는 점을 인식할 필요가 있다.

제하보다 더 낮아져서 해방 후 나타났던 노동자와 농민들의 집단적인 운동이 발전하는 계기가 되었다. 특히 높은 소작료와 영세한 소작농들의 경우 춘궁기 때마다 계속해서 생존의 위협을 받아왔다. 소작관계의 심화로 인한 극심한 토지 소유 불평등이 대다수 농민들의 빈곤을 촉진시켰다. 극심한 불평등과 빈곤은 해방 후 민족국가 형성과정에서 대단히 부정적인 영향을 미쳤다. 불평등과 빈곤은 미처 독립된 민족국가가 형성되기 이전에 사회적 갈등과 정치적 대립을 낳는 요인이 되어서 점차 냉전체제로 나아갔던 국제 정세와 맞물려 더욱 정치적인 불안정을 촉진시키는 요인이 되었다.

여기에서는 자료의 한계로 인하여 미군정기 계급과 계층에 관한 보다 세밀한 논의를 발전시키기 어려운 점을 확인할 수 있었다. 그러나 정확한 계급구조의 파악보다도 전체적으로 미군정기 사회의 구조적 불평등과 빈곤 실태 그리고 그 원인을 밝히는 것이 더 중요했기 때문에 자료의 한계에도 불구하고 어느 정도 미군정기 한국인들의 사회생활과 의식을 이해하는 데 바탕이 되는 구조적 조건만을 밝히고자 하였다. 그리고 이러한 계급과 계층 분석은 구조적인 차원에서 미군정기에 발생한 정치적 갈등의 원인을 이해할 수 있는 계기를 제공해 줄 수 있다는 점에서 의의를 지닐 수 있을 것이다. 보다 정치한 분석은 이후에 새로운 자료의 발굴로서만 가능해질 것이다.

3
계급과 계층연구사

1. 한국 사회학과 불평등 연구

서구의 근대 사회과학의 용어들은 새롭게 창조되었다. 더구나 서구 학문을 수용한 한국의 경우 대부분의 사회과학 용어들은 만들어진 언어이다. 근대 사회과학은 기존의 사회에서 통용되는 용어를 가지고는 포착할 수 없는 사회 현상 분석을 시도하였기 때문에, '학문적인' 용어로서 많은 새로운 번역어들이 만들어졌다. 동양의 경우 서구에서 발전된 학문을 도입하는 과정을 겪었기 때문에 동양에서 사용하는 대부분의 용어들은 서구에서 등장한 용어들의 번역어였다. 학문적인 용어들의 번역은 개념을 바탕으로 하는 것이기 때문에 결국 새로운 개념을 이해하고 정확하게 번역하는 작업은 또 다른 용어를 만드는 작업이었다(박명규, 2001; 김재현, 2002). 그러므로 오늘날 우리가 사용하는 거의 모든 사회과학 용어들은 서구 사회과학 도입기에 만들어진 조어(造語)인 셈이다. 한국의 사회과학계에서 사용되는 용어들은 주로 일본을 통하여 유입되었다(한영혜, 1994).[1] 오늘날에는 일본을 거치지 않고 곧바로 한국으로 들어오고 있지만, 여전히 서구에서 만들어진 새로운 용어와 개념들이 한국으로 유입되고 있다. 개념을 통해서만 현실에 대해서 새롭게 인식할 수 있고, 드러나지 않은 현실을 드러낼 수 있기 때문에 새로운 용어들이 만들어지고 또한 한국으로 유입되고 있다.

한국 사회학에서 이루어진 불평등에 관한 논의들도 사회학의 수용과정과 그 맥을 같이하고 있지만, 권위주의 정권하에서 특정 이론은 철저하게 배제되었다는 점에서 큰 차이를 보인다. 다른 어떤 연구보다도 불평등 연구는 정치적 상황에 의해서 크게 영향을 받았다. 1980년대 이전까지 한국에서 불평등 연구는 계층론적 접근만이 허용되었다. 양적인 차이를 중심으로 불평등을 분석하는 접근과는 달리, 불평등을 계급 관계의 산물로 인식하는 계급론적 접근은 철저하게 배제되었다. 마르크스주의나 베버주의 계급론에 관계없이 계급이라는 용어 자체가 '공산주의' 이데올로기를 바탕으로 한 사회인식의 산물이라고 보았기 때문에, 계급이란 용어 사용 자체가 탄압되었다.

상, 중, 하로 소득 수준을 구분하거나 혹은 직업지위 척도로 개인들의 계층을 구분하는 것은 불평등을 양적인 차이로만 인식하는 것이다. 반면에 카를 마르크스나 막스 베버와 같이 불평등을 계급이라는 사회적 관계의 산물로 보는 접근은 학술적 담론에서 모두 사라졌다. 계급이라는 용어 사용 자체가 권력에 의해서 불온한 것으로 인식되어 금지당했기 때문이었다. 즉 계급에 관한 논의는 좌익에 의해서 이루어지는 이데올로기적인 논

---

1 일본의 사회과학 용어 번역과정에 대해서는 야나부 아키라, 『번역어 성립 사정』(서혜영, 일빛, 2003)을 참조할 것.

의라고 인식되었기 때문에 계급에 관한 모든 논의는 억압되었다. 사회과학에서 계급 연구에 대한 억압은 극우 냉전세력에 의해서 이루어진 사상 탄압이자 학문 탄압의 한 형태였다. 그 결과 한국 사회과학의 전반적인 저발전 상태는 바로 이러한 절름발이 사회과학 풍토를 만든 권위주의체제의 부산물이기도 하다. 사회과학 개념 가운데 가장 많이 사용되는 개념 중 하나인 계급 개념이 한국의 학술 논의에서 사라지면서, 불평등에 대한 연구는 사회학을 포함한 사회과학 전체에서 제대로 발전할 수가 없었다.

그럼에도 불구하고 사회학에서 불평등에 관한 연구는 일정하게 전개되었다. 특정한 이론적 관점을 드러내지 않은 채 불평등 현상을 연구하는 경향에서부터 구조기능주의 계층론 관점에서 불평등을 연구하는 경향에 이르기까지, 나름대로 불평등에 관한 사회학자들의 연구가 이루어져왔다. 그러나 이 연구들은 이후의 사회학자들에 의해서 계승, 발전되지 못하여 불평등 연구에서 세대간 단절 현상이 나타났다. 대체로 1980년대 초반을 분수령으로 하여 그 이전에 불평등을 논의한 세대와 그 이후 세대 사이의 단절이 2003년 현재까지도 어느 정도 유지되고 있다.

이 장은 한국 사회학계에서 이루어진 불평등에 관한 논의를 종합적으로 살펴보고, 그 성과와 의의를 평가하고자 한다. 그러므로 여기에서는 사회학 외부에서 이루어진 불평등 연구는 사회학계 논의와 관련되어 있는 경우에 한하여 제한적으로만 논의된다. 즉 사회학 내에서 이루어진 이론적인 논의나 경험적인 연구와 관련을 맺는 정도에서만 사회학계 외부에서 이루어진 불평등 논의가 다루어질 것이다. 보다 구체적으로 사회학자들에 의해서 이루어진 연구를 중심으로 하고, 정치학이나 경제학 혹은 역사학에서 이루어진 논의들을 포함한다. 그리고 이미 계층 연구나 계급 연구 동향은 여러 논문들에 의해서 제시되었기 때문에(김채윤, 1984; 공제욱, 1985;

임영일, 1985; 박형준, 1987; 신광영, 1990; 양춘, 2003), 여기에서는 연구에 적용된 이론, 연구 방법 그리고 연구 결과가 지니는 학사적인 의미를 중심으로 기존의 연구들을 살펴보기로 한다.

2. 해방 이전의 계층론과 계급론

한국에서 계급에 관한 논의는 사회주의에 대한 이해와 제국주의 지배에 대한 인식이 학문적으로 형성되기 시작한 시기인 1920년대에 시작되었다. 일본의 1920년대는 '다이쇼 민주주의 시대'라고 불리는 정치적, 문화적으로 개방적인 시기였다. 조선에서도 문화정치라는 이름으로 탄압이 완화되면서 사회주의, 노동운동, 민족운동, 사회계급 등에 관한 논의가 활발하게 이루어지기 시작했다(최재석, 1974: 20~21). 1920년에 창간되어 당시 가장 중요한 지식인을 대상으로 한 담론 매체였던 『개벽』에서 다루어진 계급에 관한 논의는 지배 · 피지배 계급, 카스트 제도, 중간계급, 노동계급 등에 관한 소개를 포함하고 있다.

1920년대에 사용된 계급 개념은 매우 단순한 개념이었다. 『개벽』 창간호에서 정태신은 자본가계급을 과거의 귀족과 같이 "노동자계급에 대하여 압제 약탈을 기탄없이 감행하는" 계급이며, 이에 대한 반항이, 즉 금일 노동자간에 발효하는 자각적 운동"이라고 보았다(1920: 69).[2] 현대 사회를 자본가계급과 노동계급이라는 이분법적 분류를 통하여 인식한 것이다. 1920년대 중반에 이르러 계급이라는 용어는 더욱더 광범위하게 쓰여서, "전 사회의 모든 계급을 통하여 이들의 유행어가 되어 말로 또는 글로 걸

---

2 정태신은 이 글에서 필명을 우영생이라고 하였다. 정태신은 우영이라는 필명을 주로 쓴 것으로 알려졌다.

핏하면 들쳐대는 용어의 하나"가 되었다(별뫼, 1926: 19). 그러나 계급이라는 용어는 사회학 전공자들이 사용한 용어가 아니라 사회주의 사상을 지니고 있었던 지식인들이 사용하는 용어였기 때문에, 계급 개념이 구체적인 사회분석에 사용되었다기보다는 주로 이론적인 논쟁이나 비판에 사용되었다.

사회주의자들에 의해서 많이 사용된 계급 개념은 정치적인 의미로 사용된 계급 개념이었다. 한편으로 계급 논의들은 계급을 민족주의자들에 의해서 사용된 민족 개념과 대립시켜, 민족을 내세워 자본가계급의 착취를 옹호하는 민족주의를 비판하였다. 다른 한편으로 그 논의들은 부르주아계급에 의해서 뒷받침되는 사회조직 원리를 비판하기 위한 논의들이었다.

계급에 관한 당시 이해는 매우 단순하였으며 또한 사용되었던 계급 개념은 꽤 다양한 의미로 받아들여졌다. 예를 들어, 정태신(1920)은 억압관계에 근거하여 사회계급을 "노동자계급에 대하여 압제, 약탈을 기탄없이 감행하는" 자본가계급과 이에 저항한 노동계급 사이에 "양 계급의 대립한 중간에 개재하여 그 계급적 특질을 구비치 못한 일종의 경제적 층별"로서 중산계급으로 이루어진 3계급을 사회계급으로 제시하였다(1920: 67~71). 여기에서 압제라는 표현은 강압적인 지배라는 의미로 계급관계가 강제적으로 이루어진 사회관계로 보고 있다. 반면에, 별뫼는 계급을 "실력상의 강약의 표준에 의하여 구별된 것이니 이 실력이야말로 계급 발생의 근본조건"이라고 보았다. 실력에는 우열이 있기 때문에 우세한 사람들은 우세한 사람들대로, 열등한 사람들은 열등한 사람들끼리 "동류의식"을 가짐으로써 "사회계급"이 형성된다고 보았다. 이들 계급 간에는 대립이 기본적인 속성이라고 보아서, "실력 구별, 동류의식과 대립"을 사회계급 개념의 핵심으로 보았다. 경험적으로 "모든 사회의 구성은 3계급에 분하여 제1은 노동과는 아주 절연한 계급이요, 제2는 일물도 생산치 아니함에도 불구하고 생산노동에 종사하는 태도를 취하는 계급이요, 제3은 그 진귀한 노동력에 취하여 생활하는 계급"이라고 보았다(별뫼, 1926: 23). 즉 사회계급은 노동을 하지 않고 부를 누리는 부자계급, 노동은 하지만 다른 사람의 노동을 이용하여 소비하는 중산계급(상공업자, 고등직업자), 모든 계급을 위하여 사회의 모든 산물을 생산하는 노동계급으로 구성되었다고 보았다.

일제시대 전반에 걸쳐서 대학의 사회학 전공자들에 의한 계급이나 계층에 관한 연구나 논의는 제대로 이루어지지 않았다. 그 당시 미국과 유럽에서 유학한 사회학자들은 불평등 문제에 관심이 거의 없었다. 대학에서 사회학을 가르쳤던 사람들의 연구는 주로 불교, 촌락, 무속, 계, 가족 및 친족제도 등에 집중되었다. 그 대신 사회적 불평등에 관한 논의는 주로 사회학 전공자들이 아닌 진보적 지식인들에 의해서 주도되었다. 사회주의 운동이나 민족운동과 더불어 사회계급에 관한 논의가 지식인들에 의해서 이루어졌다. 전반적으로 외국 유학을 통하여 사회학을 접하게 된 사회학 전공자들은 정치적으로 민감한 주제보다는 보다 무난한 다른 여러 주제를 다루었다. 그리하여 일제시대 사회학 연구에서 계급이나 계층에 관한 전문적인 연구는 이루어지지 못했고, 대신에 사회학자가 아닌 진보적인 지식인들에 의한 논의들이 『개벽』, 『학지광』, 『공제』, 『신생활』과 같은 대중적인 잡지를 통해서 이루어졌다.

3. 신분과 계층 연구 : 해방 이후 1970년대까지

해방 이후 1960년대 이전까지 사회학에서 이루어진 계급·계층 연구는 거의 진전되지 못했다. 그것은 세 가지 이유에서였다. 먼저, 해방 이후에도 사회학자의 수가 크게 증가하지 않아서 절대적으로 연구자가 적었다. 서너 명의 사회학 전공자들만이 존재했기 때문에 연구관심이 전문화되지 못했다.[3] 둘째, 해방 직후 좌우익 이념 대립이 심했지만, 사회학자들은 이러한 대립에서 벗어나 있어서 계층과 계급에 관한 이론적인 논의나 경험적인 연구를 기대하기 힘들었다. 셋째, 일제시대와 마찬가지로 경험적으로 사회현실을 분석할 수 있는 연구 방법과 조사 방법이 체계적으로 소개되지 않았기 때문에, 주로 역사적인 자료를 가지고 과거 사회를 연구하는 흐름이 자연스럽게 대두될 수밖에 없었다.

해방 이듬해 서울대학교에 사회학과가 설치되어 제도적으로 큰 변화가 있었지만, 사회학자들의 관심사는 일제시대와 크게 다르지 않았다. 해방 전에 사용되었던 사회학 개설서들이 다시 출판되고 해방 전에 연구된 논문들이 묶여 책의 형태로 발간되는 데 그쳤다(최재석, 1975: 9). 1950년대까지 사회학 전공자 수가 절대적으로 적은 상태에서 연구는 몇몇 사람들에 의해서만 이루어졌다. 연구의 주제는 당시 사회를 직접 연구하기보다는 사료를 가지고 과거 사회를 연구하는 풍토가 형성되었다. 대표적으로 이상백(1948)의 조선시대 서얼연구를 들 수 있다. 이상백은 1955년 「중간계급의 성격」이라는 글을 서울대 문리대학보에 싣기도 하였지만, 이 글은 본격적인 논문이 아니라 짧은 에세이 형식의 글이었다.

1960년 계층 연구는 경험적인 연구와 이론적인 논의 차원에서 이전보다 활발하게 이루어졌다. 사회조사 자료를 이용한 연구가 도입되기 시작하면서, 계층 연구도 보다 경험적으로 한국사회의 계층을 다루기 시작했다. 사회조사는 이미 1750년대부터 가족과 농촌 연구에 도입되기 시작했

---

3 1956년에 설립된 한국사회학회의 창립회원 수는 14명이었으나, 사회학 연구자 이외에 경제사나 사상사 연구자들이 다수 포함되어 있었다.

지만, 1960년대 들어서야 계층 연구에 도입되기 시작했다. 이만갑의 『한국도시학생의 가치관 연구』(1960), 고영복·노창섭의 「한국도시민의 계층구조」(1966), 이상백·김채윤의 『한국사회계층 연구』(1966) 등은 사회조사를 통하여 수집된 자료를 토대로 객관적 기준을 적용하여 계층을 분류하고, 계층에 따른 다양한 사회현상(사회이동, 생활양식, 태도)을 분석하였다. 이들 연구들은 한국 전체의 계층을 연구한 것은 아니었고, 모두 도시지역의 계층에 관한 연구였다. 제도적으로 전국적인 사회조사가 가능하지 않았던 시기였기 때문에 사회조사는 주로 학생들의 도움을 받아서 이루어졌다. 그리하여 사회조사는 서울과 대도시를 중심으로 매우 제한된 지역에서만 이루어질 수밖에 없었다.

1960년대 계층 연구는 이론적인 차원에서도 이전과는 다른 양상을 보였다. 점차 사회계층에 관한 이론적인 논의들이 이루어지기 시작하였고, 외국의 계층이론이 소개되기도 하여, 계층 연구의 이론적 토대를 마련하고자 하는 시도가 있었다. 김채윤(1964)은 「사회계급 개념도식」이라는 논문을 발표하여 계급과 계층을 개념적으로 구분하여 논의하였다. 김채윤은 계층은 조작적 분류에 의해서 만들어진 명목적 범주라고 보고, 계급은 현실적으로 존재하는 사회적 실체라고 주장하여, 계급과 계층을 이론적으로 논의하였다. 이순구(1967)의 「막스 베버의 계급론」도 베버의 계급 개념에 대한 이론적인 논의라는 점에서 의의를 지닌다. 이순구는 베버의 『경제와 사회』에 제시된 계급에 관한 논의를 검토하고, 베버의 계급론에 대한 기존의 비판들을 반비판하고 있다. 이순구의 논의는 베버의 계급론이 지니는 모호함을 해명하기보다는 자신의 이해를 바탕으로 베버를 옹호하였다. 이론적인 차원에서 정의하고, 분석적인 방식으로 논의가 전개된 것은 아니었지만, 나름대로 계급과 계층에 대한 이론적 논의를 시도하였다는 점에서 의의를 지닌다.

또한 1960년대 중반부터 외국에서 이루어진 계층·계급론 연구서들이 한국에 소개되기 시작했다. 이는 주로 김채윤에 의해서 이루어졌다. 김채윤(1967)은 보토모어(T. B. Bottomore)의 『현대사회의 계급(Classes in Modern Society)』을 『한국사회학』 서평으로 소개하였다. 이것은 1966년에 출간된 보토모어의 저서를 거의 곧바로 소개한 것이었다는 점에서 특기할 만하다. 이것은 한국의 계급·계층 연구가 국제적으로 이루어지고 있는 계층 연구를 참조할 수 있는 계기를 마련했다는 점에서 사회학사적인 의의를 지닌다. 또한 김채윤(1972 및 1974)은 그 이후에도 헝가리 사회학자인 오소스키(Ossowski)의 『계급의식 속의 계급구조(Class Structure in the Social Consciousness)』와 영국의 인류학자인 리틀존(Littlejohn)의 『사회계층 : 입문(Social Stratification : An Introduction)』에 대한 서평을 『한국사회학』에 게재하였다.

1960년대의 특이할 만한 점은 계층을 둘러싼 논쟁이 등장하였다는 점이다. 이 논쟁은 "중산층 논쟁"으로 한국에서 이루어진 독특한 논쟁이었다. 1966년 『정경연구』에서 경제학자인 임종철과 신용하에 의해서 이루어졌다. 일제시대에 등장한 중산계급이나 중간계급이라는 용어 대신에 중산층이라는 용어가 사용되었고, 중산층의 운명을 둘러싼 논쟁은 중산층은 몰락하여야 하는가 아니면 육성·발전시켜야 하는가를 둘러싼 규범적인 논쟁이었다. 임종철(1966)은 중소기업을 중산층이라고 규정하고 자본주의 발전에 걸림돌이 된다고 하여 대기업 중심의 자본주의 발전을 주장하였다. 반면에 신용하(1966a)는 중산층이 근대화에 기여할 수 있다는 점을 내세워 중산층 육성을 주장하였다. 이러한 논쟁은 신용하(1966b)가 지적한 것처럼, 임종철과 신용하가 서로 다른 중산층 개념을 사용한 논쟁이었다. 중산층이라는 용어가 전통적으로 사용되지 않았고 한국에서 만들어진 용어이었기 때문에 개념적으로 분명하게 정의되지 않은 채 사용되었다.[4] 그 결과, 논쟁은 생산적인 결론을 이끌어내는 데 실패하였다.

1960년대에 이루어진 계층 연구는 전문적인 계층 연구자가 아닌 일반 사회학자들에 의해서 많이 이루어진 점이 특징이다. 이론적으로 또한 방법론적으로 사회계층에 접근하기보다는 사회학자의 입장에서 계층에 접근하였다는 점에서 보다 진전된 연구로 나아가는 데는 한계가 있었다. 더구나 계층과 계급에 관한 논의가 이론으로 그쳐서 경험적인 연구와 연결되지 못한 점도 중요한 한계라고 볼 수 있다. 당시 사회학자의 수가 그다지 많지 않았다는 점을 고려한다면, 이러한 점들은 어쩔 수 없는 한계라고 볼 수도 있다.

1970년대 사회학 연구는 크게 증가하였다. 주된 이유는 사회학자의 양적 증가에 힘입어 제도적인 차원에서 사회학 연구의 기반이 확충되었기 때문이었다. 그러나 계층 연구는 1960년대와 크게 다르지 않았다. 계층 연구가 농촌, 가족, 인구를 연구하는 사회학자들에 의해서 이루어졌다. 대표적으로 이러한 연구는 최재석의 「자연부락에 있어서의 계층구조에 관한 고찰」(1974)과 「한국농촌의 권력구조」(1974)를 들 수 있다.

이러한 흐름과는 달리 본격적인 계층 연구자에 의한 계층 연구는 김영모에 의해서 이루어졌다. 김영모의 「일제시대 지주의 사회적 배경과 이동」(1971), 「일제하 사회계층의 형성과 변동에 관한 연구」(1971), 「대자본가의 사회적 이동에 관한 연구」(1972), 『한말 지배층 연구』(1972) 등은 계

---

4 이러한 점은 오늘날도 마찬가지다. 중산층을 중류 소득계층을 의미하는 경제적 중간계층으로 사용하는 경우가 있는가 하면, 중간계급(middle class)을 중산층으로 번역하여 사용하는 경우도 많다. 계급이라는 용어를 사용하는 것이 정치적으로 억압되었기 때문에 중간계급이라는 용어 대신에 중산층이라는 용어가 사용되었다.

층 연구의 지평을 확대시켰다는 점에서 의의를 갖는 연구라고 볼 수 있을 것이다. 그는 1980년대 들어서 계급구조를 파악하기 위한 분석을 시도하였다. 1985년 「한국사회 40년의 분석과 조망 : 한국사회의 계급구조와 그 변화」라는 논문에서 1955년부터 1980년까지 계급구조의 변화 추이를 분석하였다. 그는 직업과 종사상의 지위를 고려한 신갈등론적 관점에서 계급구조를 분석한다고 밝히고, 계급을 자본가계급, 구중산층, 신중산층, 노동자계급으로 구분하였다. 그의 분석에 따르면, 산업화과정에서 노동자계급이 꾸준히 증가하였지만 한국은 중산층이 과반수를 넘는 중산층사회였다. 구중산층과 신중산층이 52.3%를 넘었기 때문이었다. 그러나 김영모의 계급구분은 이론적인 근거가 희박한 자의적인 구분이었다. 계급구분의 이론적 근거가 전혀 제시되지 않았기 때문에, 왜 농민이 구중산층인지, 왜 농민과 화이트칼라 피고용자(신중산층)가 같은 중산층에 속하는지를 밝히지 않았다. 농민은 구중산층이고, 화이트칼라 피고용자는 신중산층이라는 이론적인 논의가 없이 이루어진 구분은 편의적으로 이후의 다른 연구자들에서도 나타났다.

4. 계급의 재발견 : 계급 담론의 폭발

1) 계급의 재발견

1980년대는 정치적인 차원에서 변혁운동의 시기였을 뿐만 아니라, 학문적인 차원에서 하나의 문화적 변혁기였다. 1970년대까지 지배적이었던 학술담론을 대체하는 새로운 학술담론이 변혁지향적 성향을 지니는 젊은 사회학자들에 의해 주도되면서, 지배적인 한국 사회학계의 흐름에 일대 변화가 나타났다. 1980년대 한국 사회학 담론에서 가장 큰 변화는 마르크스주의 담론이 크게 활성화되고, 새로운 학문 세대들이 이에 대거 참여하면서 일어난 변화이다. 이 중에서도 특히 계급에 관한 사회학계의 논의가 두드러지면서, 계급에 관한 논의가 더 이상 학문적 금기의 대상이 아니라 독재정권에 도전하는 학술운동의 핵심을 차지하는 관심 주제가 되었다. 더 나아가 계급론은 젊은 사회학자들뿐만 아니라 진보적인 지식인 담론의 핵심으로 부각되었다.

계급에 관한 일상적인 담론뿐만 아니라 보다 체계적인 계급과 계층 연구가 1980년대 들어서 소장학자들에 의해서 본격적으로 이루어지기 시작하였다. 계급과 계급론에 관한 관심이 1980년대 들어서 급격히 커진 이유는 두 가지라고 볼 수 있다. 하나는 1980년대 들어서 한국사회의 성격을 둘러싼 사회구성체 논쟁에서 계급론이 핵심적인 위치를 차지했다는 것이다. 권위주의체제에 대한 저항운동으로 등장한 다양한 형태의 운동은 운동의 방향과 전략을 선택하기 위하여 한국사회의 성격에 대한 규정을 필요로 하였다. 다른 나라의 경험과 마찬가지로, 한국에서도 그러한 논의는 대립적인 양상을 띠었다. 사회구성체 논쟁으로 나타난 이론적 대립은 당시 한국사회의 성격이 반봉건사회인가 아니면 자본주의사회인가를 둘러싼 논쟁이었다. 그리고 사회구성체 논쟁에서 계급론은 변혁운동의 주체와 내용을 둘러싼 논쟁에서 핵심적인 부분을 차지했다. 1980년대는 변혁운동과 급진 이론의 시기였다. 또한 동시에 출판문화운동이 활발하게 발전하면서 진보적 학술담론도 빠르게 유통될 수 있었다. 출판운동이 발전하면서, 이 시기 서구의 주요 계급론 저작들이 번역되었다.[5] 군사정권에 저항하는 재야 단체와 학생운동 조직을 중심으로 하는 민주화운동이 전국적

---

5 풀란차스(N. Poulantzas)의 『계급론』과 라이트(E. O. Wright)의 『국가와 계급구조』와 같은 신마르크스주의 계급론과 나델(S. N. Nadel)의 『계급론』과 같은 구마르크스주의 계급론이 번역되었다.

으로 확산되기 시작했고, 이러한 운동을 뒷받침하는 사회과학 이론들이 등장하기 시작했다. 이들 이론들은 기존의 학계의 보수성을 비판하고, 보다 변혁적인 관점에서 한국사회를 분석하는 계기를 제공했다(김진균, 1984; 서관모, 1984 및 1985; 공제욱, 1985; 임영일, 1986).

다른 하나는 변혁론과 직접적으로 관련을 맺고 있지는 않았지만, 기존 학계에서 계급에 관한 논의가 이루어지면서 계급론 논의의 외연이 크게 확장되었다는 점이다. 1980년대 초반 미국에서 학위를 마치고 귀국한 홍두승과 한상진은 계급론을 체계적으로 소개하였다. 홍두승(1981)은 구해근과 함께 한국의 계급과 소득불평등에 관한 계량적 분석을 시도하여, 계급과 불평등 연구에 새로운 접근을 보여주었다. 한상진(1984)의 「계급이론과 계층이론」은 이론적으로 두 가지 불평등에 관한 접근을 비교하여 설명하고 있다. 한상진은 문제의식의 차이, 이론의 내용, 행위주체, 분석기법, 분류기준 및 실전과의 관계 6가지를 중심으로 계급이론과 계층이론의 차이를 제시하였다. 한상진의 논의는 그 당시까지 제시된 논의들을 종합적으로 평가하고 또한 개념들을 세밀하게 비교 검토하는 분석적인 논의였다.

전반적으로 1980년대 사회과학 담론을 주도했던 집단은 소장학자들과 대학원생들이었다. 이들은 제도권 사회학계를 비판하면서 독립적인 연구 모임을 조직하기 시작했다. 대표적인 연구 모임은 1985년 조직된 산업사회연구회였다. 해직된 김진균 서울대 교수와 그의 제자들을 중심으로 조직된 이 연구 모임은 사회학을 포함하여 정치학, 경제학 등 사회과학 전반을 망라한 진보적 학술운동의 구심체 역할을 담당하였다.

그 결과 대학과 대학원의 교과과정은 과거와 큰 차이를 보이지 않는 공식적인 제도권 교과과정과 이에 대항하는 성격을 지닌 혁신적인 비제도권 교과과정으로 나누어지기 시작했다. 새로운 학술담론은 계급론, 국가론,

변혁론, 사회구성체론 등 서로 유기적으로 연관되어 있는 이론들을 포함하였다. 이러한 담론은 제도권 사회학계에서는 전혀 논의의 대상이 되지 않았던 주제들로서 1980년대 진보적인 사회과학계를 휩쓴 주제들이었다(조희연, 1996; 윤건차, 2002).

1980년대 계급 담론의 특징은 계급에 관한 논의가 사회학에 한정된 것이 아니라 경제학, 정치학, 철학, 문학 등 다양한 학문 분야에서 동시에 이루어졌다는 점이다. 이것은 변혁적 지향성을 지니는 연구자들이 각기 다른 분야에서 유사한 쟁점들을 다루었을 뿐만 아니라, 연구자들이 학문 분야가 달랐음에도 불구하고 하나의 학술운동 집단으로 활동했기 때문이었다. 변혁운동의 시대라고 불리는 1980년대는 모든 학문 분야에서 기존의 제도권 학문이 제공하지 못한 새롭고 급진적인 이론과 연구가 활화산처럼 분출했던 시기였다.

2) 계급범주와 계급경계

계급 연구에 관한 관심이 폭발적으로 증가하면서, 가장 먼저 등장한 논의는 계급구분에 관한 논의였다. 계급구조의 양적인 추이를 분석하기 위하여 여러 가지 계급모형이 제시되었고, 이러한 계급모형에 따른 연구 결과는 매우 다르게 나타났다. 앞에서 다룬 서관모의 경우 프티부르주아지의 하강 분해를 통계적으로 입증하였던 반면, 홍두승은 신·구 중간계급의 증대를 보여주었다(1983). 김진균은 주변계급(비공식부문 노동자와 프티부르주아지)이 광범위하게 존재하며, 공식부문의 하층계급과 함께 민중에 속한다고 보았다. 세 연구는 동일한 자료를 분석하였지만, 연구 결과는 대단히 달랐다. 주된 이유는 이론적인 출발점에서 차이를 보이고 있었기 때문이었다. 서관모의 계급모델은 3계급(자본가계급, 프티부르주아지, 노동계급)과 3계층(중간층, 인텔리층, 반프롤레타리아트)을 제시하였고, 홍두승은 8계급모델(상류계급, 중상계급, 구중간계급, 근로계급, 도시하류계급, 독립자영농, 농촌하류계급)을 제시하였던 반면, 김진균은 4계급모델(자본가, 프티부르주아지, 노동계급, 주변계급)을 제시하였다. 계급모델 자체가 달랐기 때문에 각장의 계급구조의 추이는 당연히 다르게 나타났다. 그러나 이 경험적인 연구들은 공통적으로 구체적인 계급범주를 논의하면서, 왜 그러한 계급범주가 필요한지 혹은 왜 계급구분이 특정한 직업집단 간에 있어야 하는지에 관한 이론적인 논의를 체계적으로 제시하지 않았다. 계급범주는 대단히 기계적인 방식으로 때로는 편의주의적인 방식으로 설정되었다.

좀더 구체적인 논의가 필요한 연구는 서관모에 의해서 이루어진 연구이다. 산업화로 인하여 나타난 계급구성의 추이를 가장 체계적으로 연구한 서관모의 『현대한국사회의 계급구성과 계급분화』는 산업화에 따른 계급의 양극화 현상을 분석하기 위하여 프티부르주아지에 초점을 맞추어 계급구성의 변화를 분석하였다. 이 저서는 최초로 마르크스주의적 관점에서 한국사회의 계급구조를 분석했다는 점에서 중요한 의미를 지닌다. 마르크스주의 계급론에 관한 논의가 전혀 부재했던 한국 사회학계에서 본격적으로 마르크스주의 계급론을 통해서 한국의 계급구성을 분석하고자 했다는 점은 지나치게 보수화된 사회학계의 균형을 바로잡는다는 의미에서도 충분한 의의를 지녔다. 이론적으로는 독일과 일본에서 발전된 국가독점자본주의론을 바탕으로 하고, 경험적으로는 정부 센서스 자료를 이용하여 경제활동 참가자의 직업과 종사상의 지위 기준으로 계급을 분류하고, 이들 계급의 구성비 변화를 추적하였다. 서관모의 계급분류는 중간계급을 인정하지 않고, 자본가계급과 노동계급 사이에 중간 제계층을 설정하고, 화이트칼라, 지식인, 반프롤레타리아트를 중간 제계층으로 분류하였다. 서관모는 이러한 계급모형에 기초하여 한국의 계급구성 추이 연구에서 얻어진 결과로서 프티부르주아지의 하강분해를 제시했다. 서관모의 연구는 계급과 계층을 동시에 다루고 있다는 점에서 절충주의적인 계급모델을 설정하고 있다고 볼 수 있다. 여기에서 이론적으로 계급과 계층 간의 관계가 불분명하게 제시되었다. 화이트칼라와 노동계급은 피고용자라는 점에서 동일하지만, 어떤 점에서 차이가 있고, 이들 사이의 관계는 무엇인지 이론적으로 논의되지 않았다. 또한 정부가 만든 센서스 자료를 이용하여 계급구분을 하는 것이 가능한가 하는 자료상의 문제가 근본적으로 제기되었다. 정부가 조사한 센서스 자료는 마르크스주의 계급 연구에 적합하지 않은 범주들을 토대로 하고 있기 때문이다.

서관모의 계급분석이 이론상의 정교함이나 자료의 적절성에서 비판을 받았음에도 불구하고(임영일, 1985: 44~45; 신광영, 1990), 매우 중요한 학사적인 의미를 지니는 이유는 변혁이론과 경험적 분석의 결합을 시도하였다는 점에 있다. 마르크스주의 계급론을 바탕으로 실증적인 분석을 통하여 주요 주장을 증명하고자 하였다는 점에서 경험적인 연구의 중요성을 보여주었다. 이러한 점은 이후 진보적인 성향을 지니는 젊은 세대의 사회학자들 내부에서 마르크스주의를 포함한 진보적인 사회이론에 관한 이론적인 논의를 넘어서 경험적인 현실에 관한 체계적인 연구에 대한 관심을 불러일으키는 데 크게 기여했다.

다른 방식으로 한국사회에서 계급범주 문제를 다룬 연구는 경제학자인 김형기의 『독점자본과 임노동』(1985)이다. 그는 노동경제학을 다루면서 노동문제에 접근하게 되었고, 구체적으로 노동계급을 연구하면서 '누가 노동계급에 속하는가'를 다루었다. 그는 임금취득자 모두를 노동계급에 속하는 것으로 정의하고, 노동계급 내부의 구성을 다루고 있다. 김형기는 노동계급 내부 구성을 중산적 노동자층, 핵심적 노동자층, 주변적 노동자층으로 구분하였다. 김형기는 서관모가 노동계급이 아닌 중간 제계층으로 분류하였던 관리직, 감독직 종사자들을 노동계급의 하위 유형으로 보았던 것이다. 그 결과 노동계급은 내부적으로 매우 이질적인 계급이 되었고, 김형기는 이를 한국 노동계급의 특성이라고 주장했다.

이러한 연구 결과는 본질적으로 누가 노동계급이고 누가 노동계급이 아닌가를 둘러싼 '계급경계'에 관한 문제와 직결되는 것이다. 계급경계의 문제는 한편으로는 이론적인 문제이면서, 다른 한편으로는 대단히 실천적인 함의를 내포하고 있는 문제였다. 그렇지만 서구에서 이미 이루어진 계급경계 논쟁에 대한 충분한 검토가 이루어지지 못했던 반면에, 구소련에서 발전한 교조주의적인 마르크스주의 계급론이 한국에서 수용되면서, 계급경계에 관한 논의는 주변적인 문제로 간주되었다. 서구에서 이루어진 계급경계 문제는 새로운 형태의 임금취득자와 전통적인 프롤레타리아트와의 구분을 둘러싼 논쟁이었다. 다시 말하면, 중간계급과 노동계급의 구분을 둘러싼 논쟁이었다. 그러나 한국에서 이러한 논쟁은 유의미하게 받아들여지지 않았고, 대신에 고전적인 마르크스주의 계급론이 받아들여졌던 것이다. 그 결과 1980년대 중반을 전후로 하여 등장한 경험적인 계급 연구들은 이론적으로 매우 치명적인 문제를 내포하게 되었다. 결국 서구의 많은 학자들에 의해서 중간계급으로 불리는 피고용자들이 노동계급에 포함되었기 때문에, 김형기의 분석에서 노동계급의 내적 구성은 다양해질 수밖에 없는 연구 결과를 낳았던 것이다.

3) 사회학의 울타리를 넘어선 계급론

1980년대 한국에서 기존의 학계가 비판을 받은 주된 이유는 권위주의체제에 대해서 방관하거나 혹은 방조하였고, 한 걸음 더 나아가 일부 사회학자들이 지지하고 있었기 때문이었다. 권위주의체제에 정면으로 도전하거나 비판하기보다는 정권의 학원 탄압에 수동적으로 동조한 학자들과는 달리, 권위주의정권에 탄압을 받았던 학자들과 진보적인 대학원 학생들을 중심으로 하는 일군의 비판적 학자 집단이 등장하기 시작하였다. 문학 분야에서 새롭게 계급문학 혹은 민중문학이 등장하여 보수주의 문단에 대한 비판뿐만 아니라 민족주의적 문학 혹은 민족문학론에 대한 비판도 제기하였다. 이것은 사회학, 경제학, 정치학 등에서 소장학자들에 의해서 제기된 마르크스주의 사회과학의 흐름과도 무관하지 않았다.

1980년대 비판적인 학문 흐름은 조직적으로 산업사회연구회라는 단체로 대표되었다. 산업사회연구회는 1984년에 조직된 단체로서 사회과학 분야에서 기존의 보수적인 학계에 불만을 품은 젊은 연구자들이 조직한 비판적인 학술운동 단체였다.[6] 학문의 실천적인 성격을 강조하는 일군의 젊은 연구자들은 기존 학계에서 금기시되었던 많은 연구 주제들을 연구하기 시작하였다. 이러한 연구들은 해방전후사, 계급, 국가, 노동운동, 사회운동, 혁명, 빈곤, 마르크스주의, 통일과 북한사회 등을 포함하였다. 또한 기존의 보수적인 사회학계에서 다루어지지 않았던 주제들이면서 동시에 한국사회와 정치를 이해하는 데 핵심적인 주제들이었다. 대학원생들과 진보적인 사회학자들에 의해 주도된 새로운 사회학계의 흐름은 도전적이었고 또한 열정적이었다.

이러한 흐름을 제도적으로 가능케 했던 것은 산업사회연구회의 기관지

---

6 산업사회연구회는 1996년 1월 산업사회학회로 바뀌었다. 산업사회연구회에 소속되었던 연구자들이 대학의 전임이 되었고, 학회라는 조직으로 탈바꿈하는 것이 보다 장기적으로 변화된 정치적, 사회적 환경 속에서 학술활동을 펼치는 데 유리했기 때문이었다.

로 시작된 『경제와 사회』라는 학술매체의 출현이었다. 매체의 의미는 집단적인 형태로 이루어지는 학문적 정체성의 상징일 뿐만 아니라 새로운 학문의 흐름을 결집시키는 새로운 학계의 흐름을 대변하는 것이었다. 이후 산업사회연구회가 산업사회학회로 개편되면서 『경제와 사회』는 학술지로 개편되었지만, 그 전까지 『경제와 사회』는 다양하고 비판적인 학문연구를 학계뿐만 아니라 일반 대중을 상대로 드러내는 대중적인 학술지로 출발하였다. 산업사회학회가 학문활동을 크게 제약했던 학문적 금기에 도전하면서, 학문활동은 사회변혁을 추구하는 또 다른 형태의 운동으로 진전될 수 있다.

다른 한편, 1980년대는 해외 유학이 크게 확대된 시기였다. 후반부터 해외에서 학위를 취득한 연구자들이 귀국하기 시작하였다. 해외 유학생들 가운데서도 학위과정에서 마르크스주의나 변혁이론을 공부한 학생들이 크게 늘어났다. 68혁명 이후 사회과학의 급진화를 경험한 서구의 대학들에서도 1980년대 급진적인 학계 흐름이 소장학자들에 의해서 크게 확대되기 시작한 시기였다. 즉 서구의 1980년대는 1960년대 말과 1970년대 대학원에서 공부하였던 학생들이 대학 교수로 진출하기 시작한 시기였다. 특히 신마르크스주의, 신좌파, 서구 마르크스주의라고 불리는 다양한 형태의 마르크스주의 흐름이 서구의 학계에서도 큰 흐름을 차지하고 있었기 때문에, 일부 진보적인 유학생들은 이러한 서구 학계의 흐름을 적극적으로 받아들이고자 하였다. 특히 이러한 흐름이 독일 유학생들과 일부 미국 유학생들 사이에서 형성되었다.

귀국 후에 이들은 산업사회연구회에 참여하여 국내에서 형성된 진보적인 계급 연구자들과 교류를 갖기 시작하였다. 계급 연구 및 마르크스주의 이론과 관련하여 대표적으로 유팔무, 조은, 강정구, 신광영, 조돈문 등이 이러한 흐름을 보여준 사회학자들이었다(조은, 강정구, 신광영, 1991; 유팔무 1992; 조돈문, 1992). 이들은 서구 학계에서 발전된 계급론 논의를 한국에 적극적으로 소개하고, 다른 나라들과의 비교를 통하여 한국사회의 계급관계를 살펴보고자 하였다. 또한 이들은 비교연구를 통하여 한국의 계급구조와 계급형성이 어떠한 특징을 지니고 있는지를 밝히는 데 주력하였다. 한국의 계급 연구에 비교적인 시각을 도입한 것은 한국 계급 연구의 객관성을 높이는 데 기여하였을 뿐만 아니라 계급 연구의 국제화에도 기여하였다.

5. 계급과 계층 연구 방법의 혁신

계층 및 계급 연구와 관련하여 1980년대에 이루어진 또 하나의 변화는 계급 및 계층 연구 방법의 혁신적인 변화라고 볼 수 있다. 1970년대 계급과 계층 연구는 주로 이론적인 수준에서 이루어졌고, 분석의 내용도 기술적인 수준에 머물렀다. 연구 방법과 관련하여 이루어진 큰 변화는 통계적인 분석이 마르크스주의 계급 연구나 베버주의 계급 연구 그리고 계층 연구에서도 공통적으로 강조되었다는 점에서 찾을 수 있다. 이러한 특징은 이론적인 수준에서보다는 경험적인 수준에서 계급과 계층 연구가 이루어져야 한다는 공통적인 인식에서 유래한 것이다.

1) 다변량 분석

계급과 계층 연구에서 빈도나 교차표 분석을 넘는 다변량 분석은 최초로 구해근과 홍두승에 의하여 이루어졌다. 구해근과 홍두승(1981)의 「한국의 사회계급과 소득 불평등(*Social Classes and Income Inequality in*

Korea)」는 라이트의 계급범주를 수정하여 서울지역의 계급과 소득 불평등을 연구하였다. 회귀분석을 이용한 통계분석으로 소득 불평등을 설명하는 데 직업보다 계급이 더 결정적인 영향을 미친다는 점을 밝히고 있다. 구해근과 홍두승의 연구는 한국에서 이루어진 계급이나 계층 연구에서 사용된 단순한 기술통계나 이론적 논의 수준을 넘어서는 연구로서 기존의 연구에서 사용되지 못했던 회귀분석을 연구 방법으로 사용했다는 점에서 커다란 의미를 지닌다. 이것은 단순히 계급 불평등의 존재를 주장하는 것이 아니라 다른 변수에 비해서 계급이 불평등에 미치는 효과가 훨씬 크다는 것을 실증적으로 보여주고 있기 때문에 중요성을 지닌다. 이후 회귀분석은 남춘호의 「계급, 노동시장, 소득」(1985) 논문에서도 사용되어 점차 계급과 계층 연구에 널리 사용되기 시작하였다. 연구 방법으로 회귀분석을 사용하는 것은 경험 연구 수준에서 불평등에 영향을 미치는 현실의 다양한 요소들을 동시에 고려하면서 계급의 순수 효과를 분석하는 데 기여하였을 뿐만 아니라, 이론적인 수준에서 이루어진 계급과 계층에 관한 단순한 논리를 보다 복합적인 논리로 진전시키는 데 기여하였다. 또한 계급이 설명이 되어야 하는 대상에 그치는 것이 아니라 사회현상을 설명하는 요인으로 개념화되어서, 사회학적으로 중요한 이론적 지위를 인정받았다.

2) 구조방정식과 대수선형모형

1980년대 중반 들어서 차종천은 직업이동 연구에서 회귀분석보다 진전된 경로분석과 구조방정식모형을 사용하였다. 경로분석모형은 복합적인 인과모형을 분석하기 위한 통계기법으로 주로 계층론에서 블라우-던컨 모형(Blau-Duncan Model)과 위스콘신 모형(Wisconsin Model)으로 알려진 지위획득모형(status attainment model) 분석에 사용되었다. 차종천은 서울시민의 지위획득과 사회이동을 분석하기 위하여 경로분석모형을 적용하였다. 경로분석이 지니는 장점은 인과적 선후에 따른 인과관계 틀을 분석할 수 있다는 점이다.

1980년대 후반부터 도입되기 시작한 대수선형모형(log-linear model)은 특히 계급이동표 분석에 적용되었다. 서구에 1970년대부터 범주형 자료 분석기법으로 발전하기 시작한 대수선형모형은 서구 사회학계에서 계층·계급 연구에 활용되기 시작하면서 1980년대와 1990년대 계층이동과 계급이동 연구에서 가장 많이 이용된 분석기법의 하나였다(Hout, 1983; Agresti, 1990 및 1996). 대수선형모형은 3개 이상의 범주들로 구성된 변수들로 이루어진 2차원 이상의 교차표 내에서 이루어지는 상호작용 혹은 상호연관성 정도를 통계적으로 분석할 수 있다는 이점을 지닌다. 그러므로 계층이나 계급을 질적인 범주로 보는 경우, 연속변수 분석에 사용되는 일반 통계는 사용이 불가능하다. 이러한 점에서 대수선형모형을 이용한 계급·계층 이동 분석은 1970년대에 이루어진 범주형 변수 분석기법의 발달에 힘입었다고 볼 수 있다. 1987년 차종천의 「지역주의가 사회계층화에 미치는 영향」은 범주형 분석기법을 이용한 최초의 분석이라는 점에서 방법론 혁신을 주도한 논문이다. 그 이후 차종천(1991, 1992, 2002), 신광영(1994 및 1997), 방하남·이성균(1996), 장상수(1998, 2000) 등에 의해서 주로 계층 및 계급 연구에 적용되었다. 대수선형모형을 경험적인 연구에 적용한 연구자들의 특징은 주로 위스콘신대학교(University of Wisconsin-Madison)에서 사회학을 공부한 연구자들이 대부분이며, 성균관대학교에서 박사학위를 한 장상수도 차종천의 지도를 받았다는 점에서 큰 차이를 보이지 않았다.

계급과 계층에 관한 계량적인 연구는 최근 연속적으로 단행본으로 출간되었다. 대표적으로 석현호가 편집한 『한국사회의 불평등과 형평성』(1997)은 계층론적인 접근을 통한 한국의 불평등 분석을 대표하고 있다. 장상수의 『한국의 사회이동』(2001)은 신베버주의 계급이론가로 분류되는 골드소프(John Goldthorpe)의 계급론을 적용하여 한국의 불평등체제와 사회이동 분석을 시도하였다. 신광영, 조돈문, 조은의 『한국사회의 계급론적 이해』(2003)는 신마르크스주의 계급이론을 대표하는 라이트(Erik Olin Wright)의 계급론에 바탕을 둔 한국사회의 계급분석서이다. 각기 다른 이론적 접근에도 불구하고 이들 연구가 지니는 공통점은 전국적인 수준에서 이루어진 조사 자료를 이용하여 통계적인 분석을 시도하였다는 점이다. 본격적으로 불평등에 관한 양적인 분석을 시도하였다는 점에서 의의를 지닐 수 있다.

3) 비교 연구 방법의 확산

계급 연구에서 이루어진 또 하나의 중요한 변화는 비교 연구의 확산이었다. 다른 사회와의 비교를 통하여 한국사회를 보다 객관적으로 인식할 필요가 있다는 인식은 이미 1980년대부터 이루어지기 시작하였고, 기술통계 수준에서 국제통계가 분석에 이용되었다(대표적으로 서관모, 1986). 그러나 기술통계 수준을 넘는 체계적인 국제 비교 연구는 1990년에 이르러서 윤영민(1994), 조돈문(1996), 방하남·이성균(1996) 등에 의해서 본격적으로 이루어지기 시작하였다. 윤영민(1994)은 동아시아 3국(한국, 대만, 일본)의 계급구조와 계급이동을 분석하여 대만에서 계급개방성이 가장 높았고 또한 계급이동도 가장 활발하게 이루어졌다는 점과, 이는 대만의 농민들이 다른 계급에 비해서 문화적으로 열악한 정도가 다른 두 나라에 비해서 덜했기 때문이라는 점을 보여주었다. 조돈문은 한국 중간계급의 계급의식을 미국과 스웨덴과 비교하여, 한국에서 중간계급과 노동계급 간의 계급의식 차이가 매우 작다는 것을 밝히고 이는 계급정치가 발달하지 않았기 때문에 나타난 결과로 해석하고 있다. 그리고 중간계급 내부에서도 전문직 종사자와 경영관리직 종사자들 간의 내적인 이질성이 모든 나라에서 존재하며 전문직 종사자가 경영관리직 종사자보다 더 노동계급과 유사한 의식을 보인다는 점을 밝히고 있다. 방하남과 이성균(1996)의 연구는 한국과 대만의 계급이동을 분석하여, 대만에서 비농업부문의 이동이 한국에 비해 훨씬 활발함을 보여주고 있어서, 윤영민(1994)의 연구 결과와 유사한 연구 결과를 보여주고 있다.

비교분석의 궁극적인 목적은 이론의 검증과 한국사회에 대한 보다 객관적인 이해를 도모하는 것이라는 점에서 중요한 의미를 지닌다. 그러나 아직도 비교 연구는 대단히 제한적인 수준에서만 이루어지고 있어서 체계적이고 보다 광범위한 비교 연구가 필요하다고 볼 수 있다. 이러한 점은 특히 국제 비교 연구가 가장 활발하게 이루어지고 있는 계급 및 계층 연구의 현황에 비추어볼 때, 한국 사회학계가 관심을 많이 기울여야 할 과제라고 볼 수 있을 것이다.

계층 및 계급 연구에서 비교 연구가 원활하게 이루어지기 위해서는 두 가지 점이 먼저 제도적으로 해결되어야 할 것이다. 먼저, 지역 연구가 활성화되어야 한다. 동아시아 다른 사회에 대한 이해가 없이 이루어지는 자료를 중심으로 한 통계분석은 분석 대상이 되는 사회에 대한 체계적인 이해를 바탕으로 해야 한다. 그래야만 통계적 분석 결과에 대한 사회학적 해석이 가능해지기 때문이다. 둘째, 연구 네트워크의 형성이 필요하다. 비교 가능한 자료의 구축이나 자료의 공유가 이루어지기 위해서는 제도적인 수준이나 개인적인 수준에서 연구교류가 확립되어야 한다. 그러므로 비교 연구는 단일 사회 연구에 비해서 보다 많은 네트워크의 축적을 필요로 하고 있다는 점에서 한국의 계층 및 계급 연구자들의 국제적인 활동이 더 활성화되어야 한다.

4) 질적 연구 방법

1990년대 한국 계급 연구에서 새로운 흐름을 구축한 것은 질적 연구 방법이었다. 계층 연구보다는 계급 연구에서 보다 활성화된 질적 연구는, 숫자에 묻혀버린 사람들의 살아 있는 경험을 사회학적으로 의미 있는 주제로 끄집어 올리는 데 기여했다. 이미 서구에서는 1960년대부터 계급문화나 계급에 기초한 일상생활 연구에 적용된 질적인 연구 방법은 계급과 계층 연구의 한 축을 이루어왔다. 이미 고전이 된 톰슨(E. P. Thompson)의 저작인 『영국 노동계급의 형성(*The Making of the British Working Class*)』에서 계급 형성에 관한 역사적인 연구의 전형을 보여주었지만, 사회학에서 이루어진 계급 연구는 역사적인 역구보다는 다른 형태의 질적인 연구들이었다. 대표적으로 뷰러위(M. Burawoy)의 노동과정 연구(1985), 판타지아(R. Fantasia, 1989)의 노동계급 문화 연구, 부르디외(P. Bourdieu)의 프랑스 계급문화 연구(1983)나 베르토(D. Bertaux)의 생애사적 계급이동 연구(1981 및 1997) 등은 질적인 계급분석의 전형을 보여주었다.

1990년대 한국 사회학에서도 개별 사례 연구를 중심으로 하는 역사적 연구나 질적인 연구들이 활발하게 이루어졌다. 김경일(1992)의 일제시대 노동운동 연구, 김동춘의 한국사회 노동자 연구(1995), 서재진(1988 및 1991). 공제욱(1993)과 홍덕률(1994)의 한국 자본가 계급 연구 등은 개별 계급에 관한 역사적 연구나 질적 연구였다. 이들 연구들은 노동계급 운동, 계급 의식, 계급 형성 등과 관련하여 서구 계급 연구에서 제시된 문제의식을 한국사회에 적용하여 분석을 시도한 대표적인 연구들이다. 이들 연구들은 사회학적인 관점에서 개별 계급에 대한 사례 연구였기 때문에, 불평등 자체보다는 계급 내에서 형성된 이념, 조직과 활동에 관한 연구들이었다. 또한 이들 연구들은 계급분석적인 관점에서 이루어진 질적인 연구들이었다. 계층분석과는 달리 계급분석에서 특히 다양한 형태의 질적인 분석이 이루어진 점도 1990년대 연구의 특징이기도 했다.

조은(1990 및 2000)의 「가족사를 통해 본 사회변동과 계급이동」은 베르토의 문제제기를 적극적으로 받아들여 가족사를 통하여 한국의 계급이동을 분석하였다는 점에서 계급이동 연구에서 질적인 방법을 적용한 대표적인 연구 성과라고 평가할 수 있다. 가족 수준에서 이루어지는 이러한 연구들은 계급이동이 거시적인 사회 변동과 맞물려 어떻게 전개되었는지를 밝힘으로써 사회적 경험과 유리된 경험적인 연구의 한계를 극복할 수 있는 계기를 마련해주었다.

1990년대 전반 계급에 관한 질적인 연구가 크게 활성화되었음에도 불구하고, 그 이후 이러한 연구가 지속적으로 이어지지 못했다. 이는 전반적으로 계급분석에 대한 관심의 퇴조와 직접적으로 관련이 있었다. 사회구조에 대한 분석 대신에 문화 연구나 일상에 대한 관심이 크게 증가하였다. 이러한 관심의 변화는 계급 연구를 활성화시킬 수도 있는 환경변화였지만, 문화 연구에 대한 관심이 계급문화 연구로 이어지지 못했기 때문에 계급에 관한 질적인 분석은 지속적으로 이루어지지 못했다.

6. 계급 및 계층에 대한 관심의 퇴조와 연구의 심화

1990년대 후반 사회학계에서 불평등에 관한 관심의 퇴조가 전반적인 현상으로 나타났지만, '성과 계급 문제' 혹은 '계급 재생산 문제' 등 1980년 대보다 심화된 논의가 이루어지기도 하였다. 이러한 변화는 세계사적인 사건이었던 동구권의 몰락과 국내적으로 민주화의 진전과 더불어 이루어졌다. 동구권 몰락은 사회학 범주로서 계급의 유용성에 대한 문제제기를 야기하였다. 계급 무용론이 특히 계급분석에 대해서 부정적인 태도를 취했던 보수적인 사회학자들에 의해서 제기되었다. 거대 담론으로서의 계급에 관한 논의가 크게 도전을 받았던 시기였다. 1987년 이후 민주화가 이루어지면서 변혁에 대한 관심보다는 개혁에 대한 관심이 더 크게 대두되었다. 전체적으로 노동운동이나 총체적인 혁명에 대한 관심보다는 세부적인 영역에서의 개혁에 대한 관심이 크게 대두되었고, 사회학에서도 시민사회, 문화, 일상생활, 여성, 환경, NGO 등에 관한 관심이 크게 일어났다.

1) 포스트주의의 대두와 불평등에 대한 관심 약화

1987년 민주화 이행과 더불어 계급과 노동 연구도 변화를 보이기 시작하였다. 주로 계급 불평등과 노동운동에 관심을 가지고 있었던 소장학자들은 주로 변혁운동 차원에서 이러한 주제들에 관심을 가지고 있었다. 1989년 중국의 천안문 사태와 곧이어 동유럽 사회주의정권의 잇따른 몰락으로 노동계급운동과 사회주의 이념에 대한 재론이 활발하게 일어났다. 특히 전통적인 마르크스주의 계급론을 한국사회 분석에 적용시키고자 한 경우에 이러한 충격은 더욱 크게 나타났다. "'현실 사회주의의 위기'는 이러한 지적 상황을 크게 흔들어놓는 계기가 되었다. '마르크스주의 위기'보다는 '마르크스주의 낙관'이 지배하는 분위기에서, 또 '현실 사회주의에 대한 은연중의 기대'가 만연하는 분위기에서 갑작스러운 동구체제의 현실적 파산선고는 중요한 이론적 반성의 계기를 제공했다(박형준, 1991)."

동구권체제의 붕괴는 특히 정통 마르크스주의 계급론을 받아들였던 연구자들에게 충격을 주었고, 그렇지 않은 연구자들에게도 1980년대식의 변혁이론에 대한 반성의 계기를 제공했다. 그리고 그 충격은 사회학에 한정된 것이 아니라 사회과학과 문학, 철학, 역사학 등에도 대단히 컸다. 1980년대 급격히 성장한 한국사회에 대한 분석틀을 제공했던 여러 이론들에 대한 침묵과 비판 그리고 1990년대 활성화된 시민운동의 등장과 함께 전반적으로 소장 사회학자들의 관심이 계급과 노동운동에서 시민사회, 문화, 여성, 환경, 인권 등으로 이동이 이루어졌다. 그러한 연구 관심의 이동이 낳은 직접적인 결과는 계급 불평등에 대한 관심의 급속한 약화로 나타났다. 정치경제학, 계급론에서 시민사회론, 문화 연구, 포스트구조주의, 포스트마르크스주의, 포스트모더니즘, 포스트식민주의, 페미니즘 등 다양한 주제로 관심이 이동하면서, 계급 불평등에 관한 연구자들이 크게 줄어드는 결과를 가져왔다.

서구에서 특히 영국에서 대두된 계급론의 무용론 혹은 계급론의 종언 주장과 포스트마르크스주의가 대두되면서(Laclau and Mouffe, 1985), 한국에서도 계급분석 일반에 대한 관심이 크게 줄어들게 되었다. 영국에서 제기된 계급론의 종언은 보수당의 대처(Margaret Thatcher)가 노동자들로부터 상당한 지지를 받아서 집권하면서 전통적인 계급정치의 종언이 주장되었다. 또한 사회학계에서 후기 산업사회(post-industrial society), 새로운 사회운동(new social movement), 포스트모더니즘 등은 전통적인 사회구조와는 다른 현대 사회구조를 분석하기 위한 새로운 주제로 등장하였고, 이러한 논의들은 구조적 불평등과 투표나 정치의식과 같은 정치 현상이 계급으로 설명될 수 없다고 보았다(Bell, 1973; Lipset, 1981; Cohen, 1982; Laclau and Mouffe, 1985; Hall and Jacques, 1989; Clark and

Lipset, 1991; Pakulski, 1993; Eder, 1993). 물론 이러한 주장들은 이념적으로 기존의 사회학 이론에서부터 마르크스주의 이론에 이르기까지 매우 다양한 스펙트럼을 보여주고 있다.

국내적으로는 민주화의 진전으로 또한 국제적으로는 동유럽 사회주의 체제의 붕괴로 계급에 관한 관심은 크게 줄어들었다. 1980년대는 '계급에 대한 관심'이 한국의 사회학계 더 나아가 한국의 학계를 지배하였다면, 1990년대는 '계급에 대한 무관심'이 지배하였다고 말할 수 있을 것이다. 그만큼 구조적인 불평등과 그에 기초한 사회적 갈등에 관심을 갖기보다는 보다 일상적인 것, 미시적인 현상과 문화적 일상에 대한 관심이 대두되었다. 이러한 변화는 전 세계적으로 보편적인 현상이었지만, 특히 한국에서 이러한 변화가 극단적인 형태로 나타났다. 그리하여 1989년을 전후하여 1980년대와 1990년대 한국의 사회학계는 극명한 대조를 보여주었던 것이다.

이러한 변화의 결과는 불평등, 계급 혹은 계층에 관심을 갖는 대학원생들의 급감으로 나타났다. 1980년대를 특징지었던 변혁론에 대한 관심과 더불어 계급 연구가 대학원 학생들의 최대 관심 주제 가운데 하나였다. 그러나 1990년대 초부터 전통적으로 사회학의 핵심 영역이었던 불평등에 관한 연구가 젊은 대학원생들의 관심에서 멀어지기 시작했다. 이제 한국 사회학계에서 '구조적 불평등을 연구하는 연구자 집단의 재생산 위기'를 논할 정도로 1990년대 이후 한국의 계급 및 계층 연구는 대학원 수준에서 심각한 인적 자원의 재생산에 어려움을 겪고 있는 것이 사실이다.

2) 성과 계급

그러나 1990년대 들어서 한국 사회학계에서 대두된 새로운 변화의 하나는 전통적인 계급 불평등이나 계층 대신에 성 불평등에 대한 관심이 폭발적으로 증대하였다는 점이다. 서구 사회학계와 마찬가지로 성 문제를 인식하지 못했던 한국 사회학계에서 이를 본격적으로 제기하는 학자들이 등장하였다. 서구에서 남성 중심적 사회학 연구에 대한 문제제기가 이미 1970년대 초반부터 이루어졌지만(Acker, 1973), 한국 사회학계에서 이러한 문제제기는 전혀 받아들여지지 못했다. 1970년대 들어서야 한국 사회학계에서도 전통적인 계층 및 계급 연구에서 상대적으로 소홀히 다루어졌던 성 불평등에 관한 새로운 인식과 문제제기가 본격적으로 이루어졌다(조은, 1990 및 2000). 페미니즘과 가부장제에 대한 비판적인 인식은 1980년대 후반부터 시작되었고, 대부분의 여성학 학술지들이 이 때 창간되었다.[7] 또한 이후 서구의 페미니즘 관련 서적들이 번역되기 시작하였다(밀러, 1990; 소콜로프, 1990; 우에노 치즈코, 1994).

점차 계급 및 계층 연구에서 성이 본격적으로 하나의 변수가 아니라 구조적인 요소로서 인식되기 시작했다. 이러한 인식은 경험적인 연구로 바로 이어진 것은 아니었지만, 성에 대한 새로운 인식은 남성 중심적 사회학에 대한 새로운 전환을 가져오는 계기가 되었다. 계급 및 계층 연구에서 성에 대한 연구는 동일한 계급 혹은 계층에서 남성과 여성의 차이에 대한 연구, 계급 이동의 성별 차이에 대한 연구(신광영, 조은, 1998), 노동시장에서 남성과 여성 불평등(조순경, 1998 및 1999) 등과 같이 성과 계급 및 계층 연구를 연결시켜 이루어졌다. 이들 연구들은 경험적으로 한국사회에서 어떻게, 그리고 어느 정도로 남성과 여성이 체계적으로 차이를 보이고 있고,

---

7 1884년 이화여대 여성연구원의 「여성학 연구」를 시작으로, 1985년 한국여성학회의 「한국여성학」, 1990년 인문학과 사회과학을 포괄하는 여성학 잡지인 창작과 비평사의 「여성과 사회」 등도 창간되었다. 이후 대부분의 대학에서 여성학 연구소가 만들어져 여성학 관련 연구들이 게재되기 시작했다. 그리고 1999년 여성문화연구소의 「여/성이론」은 문학계의 페미니즘을 대표하는 학술지로 등장했다.

이러한 차이는 사회학적으로 어떤 의미를 지니는가를 밝히고자 하였다.

성과 계급 문제는 추상적인 이론 수준의 문제라기보다는 사회와 역사에 따라서 각기 다른 방식으로 불평등을 구조화하는 요소들이다. 그러므로 구체적인 연구가 수반되지 않으면 논의 자체가 진전되기 힘들다는 점에서 보다 많은 경험적인 연구가 요구되는 분야이다. 이미 서구에서 많이 논의된 교차계급 문제나 조직 내부에서 이루어지는 성차별적인 고용과 승진 체제 그리고 가족을 매개로 해서 이루어지는 가부장제적 불평등 체계의 재생산에 대한 연구가 많이 이루어지지 못했다.

3) 계급문화

계급 및 계층과 관련하여 나타난 문화에 대한 관심은 주로 부르디외의 문제의식에서 출발한 계급 재생산과 계급이 학력성취에 미치는 영향 등으로 나타났다. 부르디외의 핵심적인 주장의 하나인 아비투스와 문화자본을 통한 계급 재생산 기능을 중심으로 계급에 따른 문화자본의 차이, 생활양식의 차이, 소비행태의 차이 등이 연구되었다(윤정로, 1991; 정선기, 1996; 장미혜, 2002). 부르디외는 취향이나 소비양식 등으로 나타나는 계급별 상징적 능력은 학습능력의 차이로 전환되어 학업성취에서 계급별 차이를 낳게 된다고 보았다. 계급은 생산관계에서 유래하지만 일상생활 속에서도 계급별 차이를 만들어내서 계급의 재생산을 가능케 한다고 보았다.

주로 베버와 부르디외의 관계를 이론적으로 다루면서 계급과 생활양식의 관계를 분석한 정선기(1996)는 계급에 대한 구조적 접근을 설득력 있게 비판했다는 점에서 부르디외를 평가하고 있다. 장미혜(2001)는 경험적인 분석을 통하여 한국에서 문화자본과 경제자본의 결합 형태에 따라서 소비 취향은 다르게 나타나고 있다는 점을 밝히고 있다. 계급문화나 생활양식에 대한 연구는 계급구조화의 과정과 계급 재생산 과정을 밝혀주는 매개적인 기제를 밝히는 데 기여할 수 있다. 계급은 노동의 문제일 뿐만 아니라 일상생활을 각기 다른 방식으로 구조화하는 '구조적인 힘'이라는 점에서 계급문화의 분석은 중요한 의미를 지닌다. 즉 계급 재생산의 미시적인 과정을 밝힌다는 점에서 거시적인 계급분석에서 간과된 '암흑 상자'를 여는 것이라고 볼 수 있다.

그러나 한국 사회학에서 부르디외 논의를 수용하는 것은 더욱 조심스러워야 할 필요가 있다. 브르디외의 논의가 프랑스 사회의 문화적 배경을 토대로 하고 있다는 점이다. 프랑스 사회는 계급에 따른 일상생활의 차이가 뚜렷하고, 가족생활을 중심으로 일상생활이 이루어짐으로써 가족문화를 통한 계급문화의 형성과 구별짓기가 일상적으로 이루어지고 있다. 반면에 한국사회는 프랑스와 같이 오랜 기간을 두고 형성된 가족 중심의 계급문화는 현재 초보적인 수준에서 형성 과정에 있다고 볼 수 있다. 대부분의 가정에서 가장은 회사형 인간으로서 기업 중심의 생활이 이루어지면서 가족생활은 존재하지 않는 경우가 대부분이다. 가족 단위의 독특한 문화적 소비와 취향을 만들 수 있는 조건이 형성되지 않았다는 점에서 부르디외의 논의는 좀더 조심스럽게 수용될 필요가 있다. 이러한 점에서 조은(2001)의 연구는 한국사회에서 문화자본과 경제적 자본 간의 관계와 문화자본이 계급 재생산에 미치는 영향을 분석한 연구라는 점에서 한 단계 진전된 연구라고 볼 수 있다.

4) 교육과 계급

오늘날 자본주의사회에서 불평등체제가 형성되는 과정 중 가장 중요한 제도적 요인은 교육이다. 개인적인 차원에서 교육은 평생의 경제활동을 준

비하는 과정으로 인식되지만, 사회적인 차원에서 교육은 고용과 경제적 보상 결정에서 중요한 기준이 되고 있다. 교육경쟁을 통한 교육기회의 획득과 교육 이후의 경제활동으로 이어지는 과정은 불평등체제 형성에서 핵심적인 과정 가운데 하나이다. 기회의 평등 혹은 능력주의사회를 상징적으로 내세우는 교육을 통한 세대간 계급세습이나 지위세습 등의 문제뿐만 아니라 교육을 통한 불평등체제의 정당화와 같은 이데올로기적인 기능을 둘러싼 고전적인 쟁점들이 제기되었다(Bowles and Gintis, 1976; Berstein, 1981; Bourdieu, 1984). 그러나 한국 사회학계에서 이루어진 논의들은 이론적인 논의보다는 주로 경험적인 수준에서 이루어진 분석이 주조를 이루고 있다.

한국 사회학에서 이루어진 계층화 과정에서 교육이 미치는 영향을 분석할 때 경험적인 분석은 주로 부모의 계급 혹은 계층이 자녀의 학력에 미치는 영향(장상수, 2000; 방하남, 김기헌, 2001 및 2002)과 교육이 사회이동에 미치는 영향(장상수, 1998; 김영화, 김병관, 1999; 방하남, 김기헌, 2001) 분석에 집중되어 있다. 이러한 연구들에서 공통적으로 발견된 사실은 크게 두 가지이다. 첫째, 교육기회의 불평등이 개선되지 않았다는 점과 그 결과 교육을 통한 계급세습 혹은 지위세습이 지속적으로 이루어지고 있음을 보여주고 있다. 교육기회의 확대가 지속적으로 이루어져왔지만, 사회계층에 따라서 교육기회의 불평등이 완화되고 있지 않다는 것을 보여주었다. 둘째, 가족배경이 학력성취에 미치는 효과가 줄지 않고 있다.

그러나 장상수(2000)와 방하남, 김기헌(2001 및 2002)의 연구는 가족배경의 학력단계별 영향력에 대해서 각기 다른 결론을 내리고 있다. 장상수는 상급 학력으로 진학할수록 출신 계급의 효과가 커지고 있다는 결론을 내리고 있는 반면에 방하남, 김기헌은 높은 학력단계보다 낮은 학력단계에서 계층의 효과가 더 크다고 주장하였다. 높은 학력단계로 진학할수록 가족배경보다는 개인의 능력이 더 중요해지고 있다는 것이다. 이러한 차이는 두 가지 요인에서 유래할 수 있다. 하나는 분석모형의 차이다. 장상수는 학력이행에 영향을 미치는 독립변수로서 주 성장지, 성과 아버지의 계급(골드소프의 계급범주), 아버지의 교육 수준을 분석에 포함하였고, 방하남과 김기헌은 성과 주 성장지, 아버지의 직업, 갠즈붐 등(Ganzeboom, De Graaf and Treiman, 1992)이 제시한 사회경제적 지수, 아버지 교육 수준, 어머니의 교육 수준, 출신고교 소재지, 형제자매 규모 등을 포함시켰다. 그러므로 두 분석은 종속변수는 동일하지만, 독립변수가 다르기 때문에 서로 다른 분석 결과를 낳을 수 있다. 다른 하나는 자료의 차이이다. 장상수는 1990년과 1995년 한국사회과학협의회에서 수집한 자료를 통합하여 하나의 자료로 분석한 반면, 방하남과 김기헌은 노동연구원에서 1998년부터 수집한 임금노동패널자료를 분석하였다. 자료의 질이나 자료의 신뢰성 등에서 차이를 보이고 있기 때문에 이러한 쟁점은 단일한 자료를 이용하여 검증할 필요가 있다.

교육이 사회이동에 미치는 영향에 대한 연구들도 직업이동표나 계급이동표 분석을 넘어서 직업이동이나 계급이동을 매개하는 요인으로서 교육의 효과를 분석하였다는 점에서 사회이동 분석을 한 걸음 진전시킨 연구라고 볼 수 있다. 사회적 유동성 혹은 상대적 사회이동은 산업화로 인한 변화에도 불구하고 시간적으로 큰 차이가 없다는 FJH(Featherman, Jones and Hauser) 가설은 이미 여러 연구에 의해서 확인되었지만(차종천, 1991; 신광영, 1994; 장상수, 1998), 이러한 연구들은 계층화 과정보다는 결과에 초점을 맞춘 연구들이었다. 이에 비해서 교육과 사회이동에 관한 연구는 계층화 과정 자체에 관심을 갖는 연구들이다.

계층과 과정에 대한 연구는 주로 미국 계층 연구에 영향을 많이 받아서, 주로 블라우와 던컨(P. Blau and O. D. Duncan, 1966)의 지위획득모형(status attainment model)을 토대로 이루어졌다. 차종천(1992 및 1997)과 장상수(1996)의 연구는 한국 자료를 이용하여 블라우와 던컨의 지위획득모형의 경로계수를 추정하였다. 이들의 연구는 아버지 직업보다는 학력이 본인의 학력에 미치는 영향이 크고, 본인의 처음 직업은 본인의 학력에 크게 영향을 받으며, 본인의 현재 직업은 본인의 처음 직업에 크게 영향을 받는다는 것이다.

　　김영화 · 김병관(1999)도 지위획득모형에 기초하여 가족배경, 학업성취와 직업지위와의 관계를 분석하고, 학력이 가족배경보다 직업성취에 더 큰 영향을 미쳐 성취지향적 사회의 모습을 보이고 있지만, 점차 아버지 교육과 가족배경이 교육성취에 미치는 영향이 커지고 있어서, 성취지향적 사회의 성격이 약화되고 있음을 보여주었다.

　　방하남 · 김기헌(2001)의 연구도 아버지의 학력 → 본인의 학력 → 본인의 초직 → 본인의 현직이 가장 지배적인 계층화 과정이라는 것과 산업화가 진행될수록 세대간 사회적 지위세습이 약화된다는 가설과는 달리 오히려 강화되고 있음을 보여주었다. 이전의 연구와는 달리 방하남과 김기헌의 연구는 남성과 여성의 지위 획득과정이 다름을 보여주었다. 여성은 남성보다 아버지의 학력에 더 영향을 받으며, 남성은 아버지의 직업에 더 영향을 받는다는 것이다. 그리고 지역별로도 차이를 드러내 영남지역 출신들이 호남지역 출신들에 비해서 부모의 사회경제적 지위가 자식의 사회경제적 지위로 세습되는 정도가 높은 것으로 나타났다.

7. 신자유주의적 세계화와 불평등에 대한 재인식

1990년대 동구권의 붕괴와 서구 복지국가의 위기 등으로 계급 및 계층, 불평등 문제 등은 관심의 대상에서 멀어졌지만, 역설적으로 1990년대는 세계화로 인하여 전지구적인 수준에서 불평등이 심화되고, 세계화에 대한 저항이 지구적인 차원에서 이루어지는 새로운 변화의 시기였다. 현실세계에서 진행된 세계화는 냉전체제에서 승리를 거둔 것으로 인식된 미국식 시장자본주의의 전지구적 확대과정이었다. 국가의 개입을 축소하고 시장에 의존하는 신자유주의적인 세계화가 새로운 흐름으로 전지구적인 수준에서 전개되었다. 시장주의의 지배는 시장에서 경쟁력이 없거나 시장에 적응하지 못하거나 혹은 시장에서 배제된 인구집단의 경제적 박탈을 심화시켰다.

한국의 경우 1997년 경제위기로 인하여 신자유주의 세계화의 흐름에 휩싸이면서 사회에서도 빈곤층의 확대와 불평등의 심화가 동일하게 나타나고 있어서, 다시 불평등문제가 전사회적으로 또한 정치적으로 중요한 담론의 주제가 되었다. 노동시장 유연화정책의 산물로서 기업의 자유로운 정리해고가 가능해지면서, 실업의 급격한 증가뿐만 아니라 비정규직의 증가와 고용불안의 심화가 가시화되었다.

경제위기를 계기로 불평등문제는 또다시 중요한 사회적 관심사와 학문적 연구 주제로 등장했다. 노동시장의 구조적 변화와 불평등 체제의 재편이 동시에 이루어지면서 한국사회는 전대미문의 극심한 불평등과 빈곤을 경험하고 있다. 그러나 한국 사회학이 이러한 문제들을 도외시했기 때문에, 점증하는 불평등이라는 사회적 현실과 이에 대한 사회학적 연구가 불충분한 학문적 현실 사이에 커다란 격차가 발생하였다. 결과적으로 한국 사회학이 한국 사회 현실과 괴리되는 결과를 가져왔기 때문에 한국 사회학의 무능함을 드러내는 계기가 되었다. 이러한 결과는 1990년대 한국 사회학계의 다양한 포스트주의와 문화에 대한 과도한 관심이 낳은 결과이다.

그 결과 전통적으로 불평등과 관련된 계급과 계층을 연구하는 사회학에서 점증하는 불평등에 관한 연구가 많이 이루어지지 않았다. 오히려 사회학보다는 경제학 분야에서 소득불평등에 관한 연구가 더 활발하게 이루어졌고(이정우, 이성림, 2001; 박성준, 2001), 사회학 내에서는 계급과 계층 분야에서보다는 산업사회학이나 노동사회학 분야에서 노동시장의 구조적 전환과 이에 따른 불평등이 활발하게 연구되었다(정이환, 2002). 이러한 연구들은 주로 노동시장 유연화로 인한 피고용자 내부의 변화와 소득불평등에 관한 연구들로 이루어졌다.

반면에, 전사회적으로 계급불평등에 대한 관심이 다시 커지기 시작하였다. 대중매체를 통해서 보도되는 심각한 수준의 불평등과 그에 수반된 빈곤, 자살, 가족해체, 범죄 등으로 인하여 사회 수준에서 경제적 불평등에 대한 인식은 대단히 고조된 상태에 달하였다. 한국사회에서 특수한 부동산 가격 상승으로 인한 빈부격차의 문제도 정치적인 문제가 될 정도로 심각한 수준에 이르렀다. 위화감으로 표현되는 경제적 불평등으로 인한 소외의식이나 사회갈등은 경제위기 이후 더욱 심해졌다.

21세기에 심화되고 있는 계급론에 대한 관심은 1960년대와 1970년대 계급론에 대한 관심과는 뚜렷한 차별성을 보여주고 있다. 먼저, 계급불평등의 문제가 한 국가 내의 문제로 다루었던 이전의 관점에 비해서 오늘날 계급불평등의 문제는 전지구적인 차원에서 이루어지는 경제적인 변화와 맞물려 이해되고 있다(Sklair, 2002). 특히 초국적기업에 의해서 주도되는 세계적인 차원의 경제적인 변화로 인하여 형성되는 불평등에 대한 새로운 인식이 더욱 확대되고 있다. 한 사회 내에서 경제적 자원의 분배에 국내적인 요인뿐만 아니라 국제적인 요인들이 크게 영향을 미치기 시작하면서, 계급과 계층 간의 소득분배도 직접적으로 국내 경제에 영향을 미치는 외국 자본가들의 활동에 따라 크게 영향을 받고 있다.

계급에 대한 관심의 부활은 세계화로 인하여 변화된 상황에서 심화되고 있는 불평등문제에 대한 관심에 기초하고 있다. 신자주유의 세계화로 인하여 심화되는 경제의 불안정성은 노동시장의 불안정과 이에 따른 고용 불안정, 소득 불안정으로 이어져서 사회 전체 수준에서 경제적 불평등과 새로운 형태의 빈곤층(노동빈곤층이 그 예이다)을 낳고 있다.

동구권의 붕괴와 산업자본주의의 발달로 인하여 불평등문제가 사라진 문제가 아니라 오히려 더 심각한 사회적·정치적 문제로 대두되면서, 계급과 계층 연구 또한 새로운 변화를 맞고 있다. 이러한 변화는 사회학이 사변적인 담론의 학문이 아니라 마르크스, 뒤르켐, 베버와 같은 고전 사회학자들이 보여준 사회 현실과 밀착된 학문이라는 초기의 전통으로 돌아가는 것이다.

8. 맺음말

한국 사회학에서 계급과 계층에 관한 연구는 사회학의 다른 어떤 분야보다도 더 한국사회의 역사적 변화와 맞물려 이루어졌다. 일제시대 이루어진 계급 및 계층에 관한 논의는 사회학자들보다는 대중적인 지식인들에 의해서 더 많이 이루어졌다. 일제시대 유학을 한 사회학자들의 경우 그 당시 미국이나 서구에서 위세를 떨쳤던 구조기능주의로부터 영향을 받았기 때문에, 이들에 의해서 논의되는 사회학은 식민지 사회 현실과는 동떨어진 학문이 되었다. 계층에 관한 연구가 일부 이루어졌지만, 당시의 계층 연구보다는 조선시대 계층을 연구함으로써 사회 현실을 회피하는 결과를 낳았다.

해방 후에도 사회학의 현실은 크게 변화를 보이지 않았다. 일단 사회학자 수가 적었기 때문에 사회학계에서 이루어지는 계급이나 계층에 대한 논의 자체가 대단히 적었다. 더욱이 한국전쟁 이후 계급에 관한 논의가 공산주의적인 용어로 인식되어 금기시되었다. 군사정권 시절 계급에 관한 논의는 금기시되었고, 계층에 관한 연구도 크게 이루어지지 못했다. 반대로 1980년대 민주화를 이루기 위한 전사회적인 투쟁과 맞물려 사회학 내에서 이루어진 계급론은 급진적인 변혁운동과 맞물려 논의되었다. 1980년대 봇물을 이룬 계급과 불평등에 관한 논의는 그 이후 여러 분야로 논의가 확산되면서 한국 사회과학의 혁신을 이룬 모태가 되었다. 1980년대 계급론은 사회학계를 지배해 온 이른바 오래된 금기를 깬 논의가 되었다.

이러한 조건에서 1990년대 사회학계 계급과 계층에 관한 논의는 이론적인 논의보다는 경험적인 연구의 형태로 더 많이 이루어졌다. 특히 경험적인 조사 연구와 통계적인 분석기법을 이용한 계급과 계층에 관한 연구들이 이루어지면서 양적 연구가 크게 늘어났다. 해외에서 학위를 받은 유학생들이 통계적인 분석기법을 경험적인 연구에 적극 활용하기 시작한 것이다. 이러한 현상은 계층 연구뿐만 아니라 계급 연구에서도 동일하게 나타났다. 그러나 1980년대 말 동구권 붕괴 이후 1980년대 한국 사회학계를 휩쓸어쳤던 계급에 대한 관심이 급격히 사라지면서 계급 연구는 양적으로 크게 줄어들기 시작하였다. 대신에 각종 포스트주의와 대중문화 현상에 대한 관심이 크게 늘어나면서 많은 사회학자들과 학생들이 문화 연구로 눈을 돌렸다.

이러한 변화들은 한국 사회학계에 긍정적인 변화를 낳기도 했지만, 부정적인 변화를 초래하기도 하였다. 긍정적인 변화는 1980년대 지나치게 많은 소장 사회학자와 학생들이 계급과 불평등에 관심을 가졌던 데서 벗어나 좀더 다양한 사회 현실을 인식하게 되었다는 점이다. 반면에, 부정적인 변화는 1990년대 가속화된 신자유주의적 세계화로 인한 불평등 심화 현상에도 불구하고 이러한 현실에 대한 사회학자들의 무관심을 낳았다는 점이다. 결과적으로 이러한 변화는 현실적인 학문이라는 사회학 전체의 정체성 위기를 가져왔다. '사회학의 위기'라고 부를 수 있는 정체성 위기로 중요한 현실 변화에 대해서 사회학자들이 이해가 부족한 상태가 야기되었다.

한국 사회학계에서 이루어진 거의 100년에 가까운 계급과 계층 연구에 대한 검토는 사회학이 궁극적으로 사회 현실을 분석하는 경험과학이라는 사실을 다시 한 번 확인시켜주고 있다. 또한 변화하는 사회 현실을 사회학적으로 이해하기 위해서는 우리가 일상적으로 경험하는 사회 현실을 넘어서 구조적인 변화를 이해할 수 있는 상상력이 필요하다는 점도 보여주고 있다.

사회학과 사회와의 상호작용을 통해서 한국 사회학도 발전할 수 있고 또한 한국사회의 발전에도 사회학이 기여할 수 있다는 점에서 한국 사회학계에서 이루어진 계급과 계층의 연구는 과거보다 앞으로 더 많이 이루어져야 한다. 이것은 사회학의 세계화와 더불어 이루어질 수밖에 없으며, 동아시아나 서구에서 이루지고 있는 계급과 계층 연구와 지속적인 교류를 통해서 이루어질 수밖에 없다. 이러한 추세는 1990년대 중반 이후 한국 대학들에서 안식년 제도 도입으로 더욱 확대가 되고 있기도 하다. 그러나 각국의 사회학 연구들은 각 사회의 구체적인 역사적 경험과 사회 변화 속에서 이루어지고 있기 때문에, 계급과 계층 연구에서도 역사성과 현실성이 강조될 필요가 있다. 사회학 연구 자체도 그 사회의 구체적인 역사적 현실이기 때문이다. 45년 전 미국의 사회학자 밀스(C. W. Mills)가 언급한 추상적 경험주의의 위험성은 한국의 계급과 계층 연구에서도 경청해야 할 진술이다.

제2부

계급과 불평등

4
계급과 임금

1. 머리말

개인들의 소득은 계급에 따라 어느 정도로 달라지는가? 계급은 소득 불평등을 설명할 수 있는 개념인가? 우리는 일상적인 차원에서 불평등을 너무 적나라하게 경험하고 또한 매일같이 경험하기 때문에 불평등에 익숙해졌다. 왜 사람들은 불평등한가 하는 질문을 사람들에게 던져보면 수백 가지 서로 다른 답을 얻게 된다. 교육 수준, 성, 계급, 나이, 연령, 사주팔자나 운, 노력 등 매우 다양한 답을 얻게 된다.

이 장에서는 한국사회에서 계급이 경제적 불평등에 미치는 효과를 소득결정 요인분석을 통하여 밝히고자 한다. 구체적으로 이 장은 다음 두 가지를 중심으로 사회계급이 소득결정에 미치는 방식과 정도를 경험적으로 밝힌다. 첫째, 경제활동에 참여하고 있는 사람들을 대상으로 이들의 월소득 '수준'이 계급관계 내에서의 위치에 따라 크게 달라진다는 것을 경험적으로 밝힌다. 둘째, 소득결정에 영향을 미치는 다른 변수들과 월소득 간의 '관계'도 계급위치에 따라 유의미한 차이를 보인다는 것을 경험적으로 밝힌다.

지금까지 한국사회에서 소득 불평등에 대한 접근은 경험적인 수준에서 크게 두 가지로 제시되었다. 하나는 교육 수준에 따라서 소득의 차이가 뚜렷한 차이를 보인다는 사실에 기초하여 인적자본(human capital)이 소득결정에 미치는 효과가 경험적으로 연구되었다(김황조, 1993). 여러 사회들에서 공통적으로 나타나는 교육 수준에 따라서 소득 수준이 다르게 나타난다는 사실을 이론화한 인적자본이론은 노동경제학에서 크게 통용되었다(Mincer, 1974; Schultz, 1976; Becker, 1975). 다른 하나는 직업에 따라서 소득차이가 나타나기 때문에 직업지위와 교육을 중심으로 소득결정을 분석하는 연구들이 제시되었다(차종천, 1992). 지위획득모형에 기초한 직업을 중심으로 한 연구들은 블라우-던컨 모형을 수정 발전시킨 다양한 논의를 바탕으로 하고 있다(대표적으로 Hauser and Featherman, 1977). 인적자본이론이나 지위획득모형은 개인들의 학력, 경력, 직업지위 등을 강조하기 때문에 불평등을 설명하는 개인주의적인 접근이라고 볼 수 있다. 이러한 접근법과는 달리 여기에서는 인과적으로 개인들의 인적자본이나 직업지위 이전에 개인들과 독립적으로 존재하고 있는 계급구조에 초점을 맞추어 불평등을 분석하고 있기 때문에 구조적 접근이라고 볼 수 있다. 구조적 접근은 개인들의 속성과 무관하게 개인들이 계급구조에서 어떤 지위를 차지하고 있는가가 개인들의 소득과 계층에 영향을 미친다는 점에 초점을 맞춘다. 계급구조 내의 위치를 차지하고 있는 개인들과 무관하게 '계급위치'자체가 소득에 직접 영향을 미치게 된다고 본다.

이 글에서는 라이트의 계급론(Wright, 1985 및 1997)에 기초하여 대단히 단순한 계급모델을 경험적인 분석에 사용하였다. 단순한 계급모델이란 계급범주를 단순화시켜 사용하고 있음을 의미하며, 분석에 이용된 계급범주는 자본가계급, 프티부르주아지, 중간계급과 노동계급을 포함하는 4계급모델이다. 먼저 경제활동인구는 생산수단의 소유 여부에 따라 생산수단을 소유한 소유계급과 생산수단을 소유하지 못하여 타인에게 노동력을 제공함으로써 생계를 유지하는 비소유계급으로 구분된다. 소유계급은 타인의 노동력을 고용하지 않는 프티부르주아지와 타인의 노동력을 고용하는 자본가로 구분된다. 비소유계급은 타인에게 고용되어 있지만 다른 피고용자를 통제하고 관리하는 지위에 있거나 혹은 전문적인 지식과 기술을 이용하여 배타적인 이익을 누리는 중간계급과 그렇지 못한 노동계급으로 구분된다.

1991년에 실시된 전국적인 조사를 통하여 수집된 조사자료를 분석한 결과는 개인들의 인적자본이나 직업과 무관하게 계급이 월소득결정에 유의미한 차이를 만들어내는 요인이라는 것을 보여준다. 이것은 개인적인 속성들과는 독립되는 구조적인 속성으로서 계급구조가 소득결정에 유의미한 영향력을 미치고 있음을 보여주는 것이다. 그리고 계급이 소득에 미치는 순수 효과가 교육이나 직업의 순수 효과보다 훨씬 큰 것으로 나타났다. 또한 계급에 따라서 교육이나 경력과 같은 인적자본이 월소득에 미치는 효과가 매우 다르게 나타났다. 이것은 개인들이 계급구조 내에서 차지하고 있는 계급위치에 따라서 동일한 수준의 인적자본이 월소득에 미치는 효가가 달라진다는 것을 의미한다. 자본가계급에서 교육은 월소득과 관계가 없는 것으로 나타난 반면, 중간계급에서 교육이 월소득에 미치는 효과가 가장 크게 나타났다. 이러한 결과는 중간계급이 교육의 혜택을 가장 많이 누리고 있는 계급임을 보여준다.

또 한 가지 중요한 발견은 남성과 여성 간에 계급이 소득에 미치는 효과가 큰 차이를 보이고 있다는 점이다. 여성과 남성을 구분하여 계급이 소득결정에 미치는 영향력을 살펴보면, 계급이 소득결정에 미치는 영향력은 여성들의 경우에 아주 낮게 나타났다. 그리고 여성들의 경우에 계급보다는 개인적인 수준의 교육이 월소득을 결정하는 가장 중요한 요인으로 밝혀졌다. 그리고 남성들의 경우 저임금부문에서 장시간의 노동이 이루어지기 때문에 노동시간과 소득은 역의 관계를 보이고 있지만, 여성들의 경우 노동시간과 소득 수준이 정의 관계를 보이고 있어 노동시간이 길어질수록 소득이 증가함을 보여주고 있다. 마지막으로 중요한 점은 남성들의 경우 경력이 소득에 유의미한 영향을 미치고 있지만 여성들의 경우 경력이 소득에 유의미한 영향을 미치지 않고 있는 것으로 나타나, 노동시장에서의 성차별이 소득결정 기제에서도 나타나고 있음을 알 수 있다.

2. 계급과 소득 불평등

누구에게나 관찰되는 경제적 불평등이 사회과학적으로 어떻게 설명될 수 있는가? 비록 이러한 경험적인 사실이 누구에게나 부정할 수 없는 사실로 인식되지만, 이러한 현상이 어떻게 발생하는지에 관한 논의는 단순한 형태로 존재하는 것은 아니다. 때로는 현상을 보는 대립적인 관점으로서 이데올로기적인 갈등의 핵심 주제로 인식되기까지 했다. 계급분석은 자본주의사회의 핵심적인 불평등 기제를 구조적인 차원에서 찾아내고 사회변동과 사회갈등을 이러한 구조적 차원에서 연유하는 것으로 인식한다.

1) 개인주의적 접근

불평등 현상을 설명하는 기존의 이론들은 크게 두 가지 형태로 존재해 왔다. 먼저 경제적 불평등을 여러 가지 개인적인 속성의 차이에서 발생하는 것으로 보는 개인주의적 접근이다. 개인주의적 접근은 대표적으로 노동경제학에서 발전된 인적자본론과 사회학에서 발전된 지위획득모형을 들 수 있다. 노동경제학에서 발전된 인적자본론은 개인들 간의 소득의 차이는 생산에 적용될 수 있는 개인들의 교육과 경력의 차이에서 발생한다고 본다(Becker, 1964; Mincer, 1975; Schultz, 1977). 교육은 미래의 보다 높은 수익을 위해서 이루어진 투자의 하나이기 때문에 고등교육을 받은 사람들이 높은 소득을 올리는 것은 바로 교육에 투입된 자본과 기회비용을 회수하기 때문이라고 본다. 그리고 경력이 소득과 관련을 맺는 이유는 경력이 직업이나 기업에서 필요로 하는 숙련이나 기업에 특수한 지식이나 기술 때문이라고 본다. 그러나 기술과 경력은 역U자 곡선 모양을 나타내 보인다는 것이다.

지위획득모형은 개인들의 직업지위가 세대간 계승되고, 그것이 경제적 보상에 미치는 과정에 초점을 맞춘다(Duncan, 1968; Featherman and Hauser, 1977). 직업의 사회경제적 지표(Socioeconomic Index, 이하 SEI)에 대한 주관적 평가를 의미하는 직업지위를 중심으로 부모의 사회경제적 지위, 교육 수준이 아들의 교육 수준과 첫번째 직업, 마지막으로 아들의 현재 직업에 영향을 미치는 과정을 강조한다. 이른바 계량적인 계층 연구의 주축을 이루고 있는 지위획득모형은 기본적으로 개인적인 수준에서 개인으로서의 부모와 개인으로서의 응답자 간의 관계를 연구의 핵심으로 하고 있다.[1] 그리고 직업을 중심으로 소득 불평등에 접근하고 있기 때문에 분석의 수준은 개인이다. 직업구조나 조직의 수준과는 다른 개인적인 수준에서의 접근이기 때문에 다양한 형태의 비판을 받아왔지만(Burawoy, 1977; Horan, 1978; Baron and Bielby, 1980), 계층론 연구의 거대한 패러다임을 형성하고 있다.

경제적 불평등에 관한 개인주의적 접근은 경제활동을 하는 행위자 중심의 접근이다. 경제적인 보상을 고려한 행위자들의 계산된 의도나 선택이 강조된다는 점에서뿐만 아니라 특정한 경제활동을 하는 행위자의 속성이 행위자들의 경제적 보상을 결정한다는 점에서 행위자 중심적 접근이라고 볼 수 있다.

2) 구조적 접근 : 계급분석적 접근

한 사회 내의 경제적 불평등에 구조적으로 접근하는 논의들은 대체로 계급분석을 중심으로 이루어졌다. 계급분석은 베버주의적 전통과 마르크스주의적 전통을 따르는 계급분석으로 크게 나뉘어 있다. 이 가운데 베버주의적 전통을 따르는 계급분석은 주로 계급이동(Goldthorpe, 1980; Erikson and Goldthorpe, 1992)이나 권력관계의 불평등(Parkin, 1980)에 초점을 맞추었다. 이에 반하여 마르크스주의적 계급분석은 경제적 불평등에 초점을 많이 기울였다. 경제적 불평등이 착취관계의 산물로 인식했기 때문에 경제적 불평등에 관한 논의가 마르크스주의적 전통에서 크게 발전되었다.

그러나 계급분석은 여러 가지 차원에서 논쟁의 대상이 되어 왔다. 한편으로 계급의 무용성을 주장하는 다양한 형태의 논의들(Nisbet, 1959; Bell,

---

1 지위획득모형은 계량적인 분석 방법의 발전에 힘입어 미국 사회학계 내에서 개별 사회 연구와 국제 비교 연구를 포함하여 가장 많은 경험적 연구를 만들어 내고 있다. 이에 대한 종합적인 평가에 관해서는 버턴과 그루스키(Burton and Grusky, 1993)를 참조할 것.

1973; Lispet, 1981; Ingelhart, Clark and Lipset, 1991; Sorenson, 1991) 은 사회구조의 변화로 인하여 계급은 더 이상 유의미한 사회학적 개념이 아님을 주장한다. 클라크와 립셋(Clark and Lipset, 1991: 397)은 "계급은 낡은 개념이 되었으며, 새로운 형태의 계층이 계급을 대체하고 있다"고 주장하고 정치와 경제에서 계급은 더 이상 유용한 개념이 아님을 선언하고 있다. 다른 이유에서 소렌슨(Sorenson, 1991)도 이러한 견해에 동조하여 계급이 더 이상 사회계층화나 불평등을 연구하는 데 유용한 개념이 아니라고 주장한다. 특히 소렌슨은 비소유계급 내의 불평등을 설명하는 데 골드소프(Goldthrope)와 라이트의 계급 개념은 부적절하며, 오히려 신고전파 경제학이나 제도학파의 이론들이 더 적합하다고 주장하기도 한다 (Sorenson, 1991).

이러한 견해에도 불구하고 계급분석의 유용성을 주장하는 논의들은 사회적 불평등의 지속과 장기간 실업에 따른 빈곤층의 지속으로 계급은 경제적인 상태뿐만 아니라 권력 불평등에도 직접적인 영향을 미치고 있다고 본다(Goldthorpe and Marshall, 1991; Hout, Brooks and Manza, 1993; Wright, 2000). 불평등에 관한 계급분석적 접근은 계급구조가 개인의 속성이나 능력과 독립적으로 존재하기 때문에 계급구조 내에서 특정한 위치를 차지하고 있는 특정 개인들의 속성보다 개인들의 불평등을 설명하는 데 선행되는 요인이라고 본다(Wright and Perrone, 1976; Wright, 1979; Kalleberg and Griffin, 1980; Winn, 1984). 이러한 연구들은 모든 경제적 불평등이 계급위치에 의해서 설명될 수 있다는 것을 밝히고자 했던 것은 아니다. 그보다는 특정한 계급위치를 점하고 있는 개인들의 속성과는 무관하게 개인들이 차지하고 있는 계급위치로 인하여 발생하는 불평등이 자본주의사회에서 불평등의 핵심을 이루고 있다는 것을 경험적으로 밝히고자 했다. 계급관계가 계급관계 내의 특정한 위치를 차지하는 개인들과는 독립적으로 존재하기 때문에 특정한 개인 행위자와는 독립적으로 존재한다. 개인들에 의해서 채워지는 계급관계상의 위치는 개인들의 속성과는 독립적으로 불평등을 만들어내기 때문에 소득에 독립적인 영향력을 행사한다는 것이다.

> **가설 1**: 계급은 개인적인 속성(교육, 능력, 기술 등)에 관계없이 경제활동의 대가에 유의미한 영향을 미친다(위치적 불평등 가설).

불평등을 만들어내는 복합적인 기제는 곧 계급위치와 관련된다. 고전적인 마르크스주의 계급론과는 달리 네오마르크스주의 계급론은 불평등을 만들어내는 복합적인 착취기제를 강조한다.[2] 대표적으로 라이트(Wright, 1985)는 착취관계가 발생하게 되는 요소는 생산수단만이 아니며, 경영관리자들에게 주어지는 높은 임금은 '충성지대'의 형태로 자본가들이 추구하는 이윤을 얻는 데 필요한 노동자들에 대한 감시와 통제를 담당하는 대가이며, 경영자들과 감독자들의 활동을 감시하거나 통제하는 것이 어렵기 때문에 경영자와 관리자들이 기업의 목적에 적합한 행동을 하도록 유도하기 위하여 높은 임금과 승진제도를 도입하였다고 주장한다. 또한 피고용

---

[2] 마르크스의 착취개념은 노동력의 가치와 노동에 의해서 생산된 가치의 차이를 의미한다. 노동력의 가치는 노동력을 공급하는 데 필요한 생계수단을 포함하며, 이는 자녀양육비를 포함한다(Marx, 1976[1876]: 284). 가변자본의 형태로 노동자들에게 지불된 이상으로 노동자들에 의해서 생산된 가치가 잉여가치로서, 착취율은 잉여가치와 가변자본의 비율이다. 마르크스의 추상적인 착취개념과는 달리 라이트(Wright, 1997: 9~13)는 착취관계가 한 집단의 물질적 복지가 다른 집단의 물질적 박탈에 인과적으로 의존하고 있고, 인과관계에 착취당하는 집단이 생산적 자원에 대한 접근이 배제되는 비대칭적 관계가 포함되어 있으며, 이러한 인과적 관계는 생산적 자원을 통제하는 사람들이 착취를 당하는 사람들의 노동의 산물을 전유하는 것을 포함하는 세 가지 기준으로 정의하고 있다. 마르크스의 고전적 착취개념과 수정된 착취 개념에 대해서는 코헨(Cohen, 1988: 209~238), 및 로머(Roemer, 1982a: ch. 7 및 1982b), 라이트(Wright, 1997: ch. 1)를 참조할 것.

자 내부에서 기술이나 지식을 갖춘 노동력 공급이 제도적으로 제한되어 있는 경우에 이러한 노동력을 지니고 있는 전문직, 기술직 노동자들에게 주어지는 프리미엄도 공급 제한이 없는 경우에 비해서 받게 되는 착취의 결과라고 본다(Wright, 1997: 22~23).

소유하고 있는 자산의 형태에 따라서 개인의 경제활동은 크게 달라진다. 자본과 노동의 분업의 형태로 등장하는 자본주의적 경제관계를 구성하게 된다는 점에서 일차적인 불평등 기제이다. 이차적인 불평등 기제는 생산수단을 소유하지 못하여 피고용자 지위로 경제활동을 하는 사람들 내부에서 나타는 불평등 기제로, 조직 내에서의 권위(authority)와 학력 및 기술(credential-skill)을 소유하고 있는 피고용자와 그렇지 못한 피고용자 사이에서 발생하는 불평등이다. 조직 내에서 작업을 조정·통제하고 중요한 의사결정을 담당하는 역할이 조직 내의 특정한 위치에서 유래하며, 조직 내의 특정한 위치는 생산과 관련된 자원이다. 위계적인 권위구조는 조직재의 외형적인 표현이다. 권위의 위계가 사라지는 경우(조직 민주화)에 권위를 행사할 수 있는 경영자, 관리자들이 경제적으로 손해를 보게 되며, 또한 조직재의 통제에 기초하여 생산된 잉여를 배타적으로 통제한다는 의미에서 착취의 원천이 된다(Wright, 1985: 78~82). 그러나 권위는 자본과는 달리 상속가능한 생산적 재화는 아니다. 조직 통제권은 특정한 조직에 고용되었을 때만 발생하는 것이기 때문에 자본재와는 속성이 다르지만, 조직 통제권이 경영자나 감독자로 하여금 사회적으로 생산된 이윤을 통제할 수 있게 한다는 점에서 착취를 만들어내는 중요한 기제로 작동한다.

학력 및 기술은 사람들이 원하기만 하면 접근 가능한 학력이나 기술을 의미하는 것이 아니다. 사회적으로 배타적인 통제를 통하여 지식이나 기술을 희소하게 만들고, 이에 기초하여 시장가격 이상의 '독점지대' 형태로 경제적인 혜택을 누리게 되는 경우에 학력 및 기술은 경제적 불평등의 이차적인 기제를 구성하는 요소이다. 학력이나 기술을 소유한 사람들이 경제적인 혜택을 누리는 근거로서 그것들을 습득하는 데 쓰인 기회비용을 포함한 비용이나 혹은 생산성에 기여한 대가라고 보는 인적자본론과는 달리, 학력이나 기술에 대한 자유로운 접근을 막는 제도적인 장치와 국가의 통제로 인하여 형성된 독점지대로 보는 것이다.

오늘날 자본주의사회에서는 자본, 권위, 학력 및 기술에 기초한 착취가 복합적으로 존재하게 된다(Wright, 1985 및 1997). 그리고 이러한 착취관계의 결합형태에 따라 계급관계가 형성된다. 자본을 소유한 사람들은 자본가계급이다. 조직재나 학력 및 기술을 소유한 계급은 중간계급으로서 자본을 소유하지 못했기 때문에 착취를 당하고 있지만, 조직재나 학력 및 기술을 소유하지 못한 노동자들을 착취하는 '착취관계 내의 모순적인 위치'를 차지하고 있다. 자본재나 조직재나 학력 및 기술을 소유하지 못한 계급은 노동계급으로 3중 착취를 경험하고 있는 계급이다.

그리고 자본주의사회에서 잉여의 생산과 전유를 중심으로 이루어지는 계급관계는 한편으로는 불평등관계를 '반영'하면서, 다른 한편으로는 불평등관계를 '결정'하는 구조적인 요인이다. 불평등관계를 반영한다는 것은 생산에 이용할 수 있는 재산의 유무에 따라 개인들의 경제활동상의 선택이 제약된다는 것을 의미한다. 생산수단을 소유했거나 생산수단으로 전환시킬 수 있는 재산이 있는 경우, 개인들의 선택은 타인의 노동력을 이용하거나, 타인의 노동력을 이용하지 않고 자기노동 혹은 가족노동을 통하여 경제활동을 하거나, 혹은 타인에게 재산을 대여하여 소득을 획득할 수 있다. 생산수단을 소유하지 못했거나 생산수단으로 전환시킬 수 있는 재산이 없는 사람들은 생존을 위하여 타인에게 노동력을 판매하지 않으면

안 된다. 소유계급과 비소유계급의 경제적 선택의 차이는 사적으로 소유된 생산수단의 불평등한 소유구조에서 기인한 것이다.

앞에서도 언급한 바와 마찬가지로, 비소유계급도 생산관계 내에서 동일한 위치를 차지하고 있지는 않다. 생산과정에서 타인의 노동을 통제, 관리, 감시하는 역할을 담당하는 사람들은 조직의 위계 속에서 권위를 행사할 수 있는 위치(position)을 차지하고 있다. 그리고 개인들의 역할은 개인들의 속성이나 성향에 의해서 결정되는 것이 아니라, 조직위계 속에서의 위치에서 연유한다. 권위란 바로 조직의 직위에서 발생하는 권위를 지칭하는 것이다. 다만 이것이 착취의 원천이 되는 이유는 권위를 행사하는 사람과 그렇지 못한 사람 간의 관계가 "대립적이면서 동시에 상호의존적인" 관계에 기초하여 이윤의 불평등한 분배가 이루어진다는 점이다. 개인의 속성과는 무관하게 특정한 개인 이전에 그리고 개인과 독립적으로 존재하는 조직위계 속에서의 위치가 그 위치를 차지한 사람들의 역할과 소득 수준을 규정한다.

자본주의사회에서 대규모 조직 속에서 이루어지는 임노동관계에 들어와 있지 않은 많은 수의 인구가 존재한다. 이들은 생산과정에서 자본이나 노동과 직접 연관되어 있지 않으며, 유통이나 소비의 차원에서 연관되어 있다. 그러므로 이들은 타인의 노동력을 구매하거나 타인에게 노동력을 판매하지도 않는 독립적인 위치를 차지하고 있다. 흔히 구프티부르주아지(Poulantzas, 1975: ch. 6)나 프티부르주아지(Wright, 1978 및 1985)로 불리는 이 계급은 자영농과 도시 자영업자를 포함하고 있다. 그리고 주변부 자본주의사회에서는 영세상인과 노점상, 행상을 포함하고 있어 내부적으로 이질성이 가장 높은 계급이다. 한국의 경우 프티부르주아지의 규모도 커서 전체 경제활동인구의 약 38%를 차지하고 있고, 내부구성도 대단히 다양함을 보여주고 있다(조은, 강정구, 신광영, 1991).

> **가설 2**: 자본주의사회에서 계급간 경제적 수준은 자본, 권위, 학력 및
> 기술이라는 다차원적인 생산적 자원의 소유 정도에 따라 다르
> 게 나타났다(다차원적 착취요인 가설).

3) 계급구조와 개인적 속성과의 관계

개인에 선행하는 계급구조의 존재를 강조한다고 해서 개인적 속성이 경제적인 보상을 결정하는 데 전혀 영향이 없다고 주장하는 것은 아니다. 계급구조 내의 특정한 위치가 경제적 보상에 영향을 미친다는 사실은 개인적인 속성이 동일하더라도 계급위치에 따라서 경제적으로 다르게 보상된다는 것을 의미한다. 동일한 학력, 능력을 보유하고 있을지라도, 개인의 소득은 계급위치에 달려 있다. 예를 들어, 자본가계급의 소득결정에 교육수준과 같은 개인적인 속성은 중요한 영향을 미치지 못한다. 오히려 자본의 규모가 더욱더 중요한 요인으로 작용할 것이다. 인적자본론이 주장하듯이 개인들이 지니고 있는 생산적인 능력의 지표로서 교육 수준이나 혹은 투자의 지표로서 개인들의 교육투자 규모와 무관하게, 개인들의 능력지표에 대한 보상은 개인들의 계급위치에 따라서 다르게 나타난다.

타인의 노동을 통제하고 감독하는 사람들의 경우 이들의 통제를 받는 사람들보다 높은 소득을 받는다. 이것은 위계 – 소득 일치원리(hierarchy-income correspondence principle)이다. 이것은 두 가지 조건에서 나타나는 현상이다. 첫째, 자본주의사회에서 통제와 감독을 담당하는 사람들이 높은 소득을 받는 이유는 자본주의사회에서 소득이 권위의 차이를 가시화하는 지표이기 때문이다.[3] 소득이 동일한 사람들 사이에 존재할 수 있

는 불평등한 위계관계는 장기적으로 안정된 관계로 유지되지 않는다. 자본주의 사회에서 위계-소득의 일치는 시장 메커니즘을 통해서 이루어진다. 여기에서 시장은 이른바 시장가격의 형성을 통하여 위계상의 지위와 소득상의 지위가 불일치하는 경우에 이를 조응시켜주는 기능을 한다. 자본주의사회에서 모든 것이 화폐로 전환되어 표시되기 때문에, 타인의 노동을 통제하거나 관리하는, 즉 권위를 보유한 사람들은 보유하지 못한 사람에 비해서 높은 임금을 얻는 경향이 나타나게 된다. 전자본주의사회에서 사회적 위신이나 신분이 불평등한 위계관계의 지표였듯이, 자본주의사회에서 월급 수준의 차이가 불평등한 위계관계의 지표로써 작용한다.

두번째, 차별적인 임금의 형태는 경영과 통제를 담당하는 사람들이 지속적으로 조직에 남아 있게 하기 위해 동기부여를 목적으로 주어진다. 통제를 담당하는 사람들이 동일한 피고용자임에도 불구하고 통제를 당하는 사람들보다 높은 임금을 얻게 되는 것은 자본가가 조직 내에서 권위를 행사하는 위치를 임금결정의 기준으로 삼기 때문이다. 자본가는 생산에 필요한 감시와 통제를 담당하는 사람들에게 감시와 통제의 지속성을 유지하기 위하여 잉여의 일부를 수취하도록 한다. 초기 자본주의에서 감시와 통제가 자본가 자신들의 역할이었지만, 조직의 규모가 커지면서 자본가의 역할을 부분적으로 대신하는 피고용자가 등장하였고, 이들이 노동자들과 연대하기보다는 자본가에게 충성하도록 또는 자본가들의 이해를 충실히 대변하도록 이에 상응하는 동기를 부여해야 한다. 노동자들에 비해서 경영과 통제를 담당한 사람들이 받는 높은 임금은 충성을 만들어내고 유지

---

3 전자본주의사회에서 위계적인 질서는 화폐관계만을 중심으로 구조화되어 있지는 않았다. 전자본주의사회에서 권력, 신분, 재산 관계가 착종되어 있었기 때문에 경제적인 불평등은 정치적 불평등과 분리되지 않았다. 자본주의의 등장은 권력, 신분, 재산관계가 분화되면서 경제관계가 지배적인 사회가 되었다. 즉 권력, 신분, 기타 모든 사회정치적 관계들이 화폐관계에 종속되는 경향을 보여주고 있다.

하는 데 필요한 특혜로서 충성지대(loyalty rent)에 해당한다.

가설 3: 생산과 관련된 개인적인 속성들이 동일할지라도 개인들이 차지
하고 있는 계급위치에 개인적인 속성들에 대한 보상이 달라진다
(계급 매개 가설).

위에서 제시된 세 가지 가설은 다음과 같은 그림으로 요약될 수 있다.

〈그림 1〉은 소득이 크게 세 가지 요소에 의해서 영향을 받고 있음을 나
타낸다. 소득이 인적자본이나 지위획득모형과 같은 개인주의적 접근이 강
조하는 생산과 관련된 개인적인 속성에 영향을 받는다는 것을 보여준다
(1). 개인적인 속성과는 독립적으로, 계급이 소득에 영향을 미친다(2). 그
리고 계급은 인적자본이 소득을 규정하는 방식에 영향을 미친다(3). 그러
나 여기에서 제시된 개인적 속성과 계급구조 이외에 위에서 논의되지 않
은 요인들이나 혹은 알려지지 않은 요인들에 의해서도 소득이 영향을 받
고 있음을 보여준다(4).

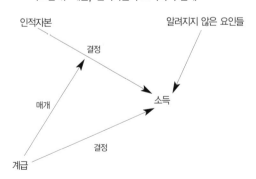

〈그림 1〉 계급, 인적자본과 소득과의 관계

3. 자료 및 분석

1) 자료

이 연구에 사용된 자료는 1991년 3월 제주도를 제외한 전 지역에서 20세 이상 65세 이하의 경제활동인구를 모집단으로 하여 실시된 『경제활동 및 생활실태조사』에 기초한 것이다. 이 조사는 라이트의 주도하에 이루어지고 있는 『계급구조와 계급의식 국제비교 프로젝트』의 한국판으로 실시되었다.[4] 이 자료는 인구비례확률표집(pps)을 원칙으로 3단계 층화표집 방법을 이용하여 표집을 하였다(자세한 표집 방법에 관해서는 조은 외, 1992: 33 참조). 최종적으로 면접을 통하여 수집된 자료는 1,943개로 96%의 높은 회수율을 보였다. 그러나 설문에 대한 응답은 설문의 종류에 따라 달라서 본 연구에서 종속변수로 사용된 월소득의 경우 374개 표본에서 응답회피나 무응답이 나타나 높은 무응답 비율을 보여주고 있다. 그리고 최종학력에 대한 응답도 상대적으로 낮아서 독립변수나 종속변수 가운데 무응답이 있는 경우 최종분석에서 제외시켰다. 최종적으로 분석에 사용된 사례 수는 1,569개였다.

2) 변수

월소득은 근로소득과 비근로소득을 모두 합친 응답자의 개인 월소득이다. 응답자의 월소득은 만 원을 단위로 하였으며, 분석에서는 개인들의 월소득에 대수값을 취하여 변형시켰다. 월소득을 묻는 질문에 대한 응답은 다른 질문에 비해서 무응답의 비율이 높아, 전체 표본 수 1,942개 가운데 359명이 월소득에 대한 응답을 회피하였다.

---

4 『계급구조와 계급의식 국제비교 프로젝트』에 대해서는 라이트(Wright, 1989)를 참조할 것.

교육은 최종학력을 기준으로 최종수학년수(years of schooling)를 계산하여 측정하였다. 교육을 학력(credentials)이나 자격(qualification)으로 인정하는 학력사회에서 교육년수보다는 최종학력이 학벌로서 더 중요하게 작용할 것이다. 반면에 교육을 투자와 생산성으로 보는 인적자본론에서는 바로 교육년수를 등간척도로 사용하고 있다. 그러나 실제분석에서 교육년수를 이용한 경우와 교육을 학력으로 보아서 범주적 변수로 분석한 경우가 큰 차이를 보이지 않았기 때문에, 교육을 총수학년수로 전환하여 사용하였다. 이러한 경우 통계적인 분석에서 사용하는 독립변수 수가 줄어들기 때문에 자유도를 줄일 수 있어서 보다 효율적인 모델구성이 가능하게 될 수 있다.

경력은 정확하게 측정하는 것이 어렵기 때문에 추정치로서 일반적으로 사용되는 방식인 표준적인 민서(Mincer, 1974)의 방식을 채택하여, 나이에서 교육년수와 취학 당시 나이를 빼서 추정하였다. 구체적으로 '경력 = 연령 - 교육년수 - 7'로 계산하였다. 이것은 구체적인 경력과 완전하게 일치하는 것은 아니지만, 경력을 추정하는 방법으로 통상적으로 이용되는 방식이기 때문에 이러한 방법을 이용하였다(Mincer, 1974; Willis, 1986). 그럼에도 불구하고, 이러한 방식이 여성들의 경우 잘 들어맞지 않을 수 있다. 결혼이나 출산 때문에 직장을 포기하는 여성들이 다시 재취업하는 경우에 실제 여성들의 경력은 단순하게 나이에서 교육년수와 취학기 나이를 뺀 값보다 더 적을 수 있다. 그리고 이전의 연구들에서 경력이 소득과의 관계에서 역U자 곡선을 보여주고 있기 때문에 경력의 제곱을 소득함수에 도입하였다.

직업은 7개의 직업범주로 나누었다. 7개의 직업범주는 전문관리직, 사무직, 판매직, 서비스직, 생산직, 농어민, 미취업으로 구분하였다. 지위획득모형에서 이용하는 던컨(O. D. Duncan)이나 트라이만(Donald Treiman)의 직업지위지수를 이용하는 것은, 직업지위지수가 주관적인 직업지위에 대한 평가를 중심으로 이루어지는 것이기 때문에 미국에서 만들어진 직업에 대한 주관적인 평가를 한국에서 그대로 사용할 수는 없다. 여기에서는 표준적인 직업코드를 이용하여, 이들을 7개의 범주로 구분한 뒤에 범주적 변수로 사용하였다.

계급은 전통적인 방식과는 달리 라이트의 착취 중심적 계급이론에 기초하여 〈그림 1〉과 같이 조작화하였다. 전통적으로 사회학자들은 다양한 직업집단을 분류하여 계급으로 구분하였다. 직업집단을 직업의 사회적 지위나 일의 성격 등에 기초하여 몇 개의 동질적인 집단으로 구분하고 이것을 계급범주화에 이용하여 왔다(Drudy, 1991). 화이트칼라와 블루칼라 계급을 구분하고 이를 상, 중, 하로 구분하는 방식이 전통적으로 직업을 기초로 한 계급분류로 사용되었다(대표적으로 Goldthorpe, 1980). 여기에서는 먼저 생산수단의 소유 여부를 중심으로 소유계급과 비소유계급을 구분하였다. 그 다음 타인의 노동력을 고용하는가의 여부에 따라 소유계급을 다시 자본가계급과 프티부르주아지로 구분하였다. 비소유계급은 경영이나 감독의 권위를 행사하거나 조직의 의사결정에 참여하는 사람들과 전문적 지식이나 기술을 소유한 사람들인 중간계급과 이외의 모든 피고용자인 노동계급으로 구분된다. 그러므로 노동계급은 비감독직 육체노동자와 일상적인 화이트칼라 노동자를 포함한다. 구체적으로 4개의 계급은 조은, 강정구, 신광영(1991: 32)의 연구에서 제시된 12개의 계급위치(class locations)를 4개의 계급위치(class positions)로 줄인 것이다(〈그림 2〉 참조).

<그림 2> 계급의 조작화

계급 범주	지영	타인 고용 여부	경영관리직, 전문직 종사 여부
자본가	그렇다	그렇다	
프티부르주아지	그렇다	아니다	
중간계급	아니다	아니다	그렇다
노동계급	아니다	아니다	아니다

3) 분석 방법

본 연구에서 사용하는 분석 방법은 OLS 회귀분석 방법이다. 회귀분석은 변수들간에 직선적인(linear) 관계와 부가적인(additive) 관계를 가정한다. 예비적인 자료 분석에서 월소득과 다른 변수들과의 관계가 직선관계가 아니기 때문에 월소득의 자연대수 값을 취하여 월소득의 대수변형(logarithmic transformation)을 가하였다. 계급이 소득에 미치는 두 가지를 검증하기 위해서는 먼저 계급의 독립적인 영향력을 측정해야 하는데 직업이나 교육과 같은 변수들과의 영향을 회귀결정계수를 비교하여 검증할 수 있다. 이것은 동일한 소득함수에 계급을 추가시켜 계급의 독립적인 효과, 즉 위치적 불평등 가설을 검증하기 위한 것이다. 이것은 다음과 같은 축약형(reduced form) 방정식을 여성과 남성을 대상으로 개별적으로 분석한다.

$$y = x\beta + u \qquad (1)$$

여기에서 y는 n × 1 벡터이고, X는 n × k 행렬로 k개의 독립변수로 구성되며, u는 k × 1 벡터로 알려지지 않은 계수로서 E(u)=0, Var(u)=o라고 가정한다. 우리는 교육, 직업, 계급, 노동시간, 경력 등을 독립변수로 사용하여 분석한다. 여기에서 다차원적인 생산적 재화를 계급으로 구성하면 다차원적 착취 요인 가설은 자연스럽게 검증된다. 즉 다차원적인 착취의 행렬을 통해서 계급을 구성하면, 계급효과와 다차원적 착취요인의 효과를 동시에 검증할 수 있다.

그 다음 계급의 매개효과를 검증하기 위하여 계급별로 동일한 소득함수를 적용하여 다음과 같은 축약방정식을 분석한다.

$$y_i = x_i \beta_i + u_i \ (\ i = 1 \cdots 4) \tag{2}$$

(1 = 자본가 계급, 2 = 프티부르주아지, 3 = 중간계급, 4 = 노동계급)

여기에서 y_i는 각각 $n_1 \times 1$, $n_2 \times 1$, $n_3 \times 1$, $n_4 \times 1$ 벡터로서 $n_1 + n_2 + n_3 + n_4 = n$이며, x_i는 각각 $n_1 \times k_1$, $n_2 \times k1$, $n_3 \times k1$, $n_4 \times k1$ 분할된 행렬(partioned matrix)로 k1개의 독립변수로 구성되며(단 k1 < K), u_i는 $n_1 \times 1$, $n_2 \times 1$, $n_3 \times 1$, $n_4 \times 1$ 분할된 행렬로 알려지지 않은 계수를 지칭한다. 개인적인 속성을 매개하는 계급 매개효과는 각 계급의 소득함수에서 나타나는 회귀계수(β_i)의 차이를 통하여 나타난다. 그러므로 회귀계수가 계급간에 동일한지를 검증하는 것이 필요하다.

4) 분석 결과

① 계급별 소득분포

계급위치(class location)[5]에 따른 월평균소득은 〈표 1〉에 제시되어 있다. 〈표 1〉에서 우리는 월소득이 자본가와 프롤레타리아트를 양극으로 하여 분포되어 있음을 알 수 있다. 프롤레타리아트의 월평균소득이 44만

<표 1> 계급위치에 따른 평균임금

소유계급	비소유계급(임금취득자)			
1 자본가	4 전문경영자	7 반전문경영자	10 비전문경영자	
2,196,927 a)	1,285,950	887,197	900,000	+ 권
2,197,727 b)	1,273,750	892,403	900,000	
2,186,986 c)	1,500,000	750,000	−	
─── 자본가계급 ───	─── 중 간 계 급 ───			
2 소자본가	5 전문관리자	8 반전문관리자	11 반전문관리자	
1,296,929	1,095,020	817,880	602,253	⟩0
1,360,733	1,103,636	834,054	669,118	
1,141,155	1,023,107	409,334	550,000	
3 프티부르주아지	6 비경영직전문가	9 반숙련노동자	12 미숙련노동자	
673,746	882,154	641,807	440,903	− 위
750,970	894,504	713,520	546,414	
558,151	854,025	516,148	322,707	
	+	⟩0	−	

노동계급

학력과 기술

사례 수 = 1,569
참고 : a) 월평균소득, b) 남성의 월평균소득, c) 여성의 월평균소득

900원에 불과하지만, 자본가계급의 월평균소득은 219만 7,000원으로 프롤레타리아트의 월평균소득의 약 4.98배 정도로 서구 자본주의국가들보다 더 큰 차이를 보이고 있다. 미국의 경우 자본가계급의 연평균소득이 프롤레타리아트의 4.71배이고, 스웨덴의 경우 2.39배와 비교해 볼 때 (Wright, 1985: 235), 한국이 이들 사회들보다 상대적으로 더 큰 차이를

---

5 계급위치(class location)는 계급위치(class position)를 경험적으로 연구하기 위한 조작적 범주화에서 특정 범주를 의미한다. 동일한 class position에서 class location은 하나 이상의 수로 나타날 수 있다. 이 연구에서 중간계급 position에서 7개의 class location을 경험적인 연구과정에서 사용하고 있다.

보이고 있다. 2명 이상 10명 이하를 고용하고 있는 소자본가의 경우 소득은 비소유계급 내의 모든 계급위치보다 높은 월평균소득을 보여주고 있다. 소유계급 가운데 프티부르주아지의 월평균소득은 중간계급 가운데서 비전문감독인을 제외한 모든 중간계급위치보다 낮다. 이것은 서구 자본주의사회들의 분석 결과와 대체로 일치하고 있음을 보여주는 결과이다. 그리고 서구 자본주의사회들에서 프티부르주아지의 소득이 전통적인 프롤레타리아트보다는 높고 숙련노동자들보다 약간 낮지만, 한국의 경우 프티부르주아지의 월평균 소득이 반숙련노동자나 프롤레타리아트보다 약간 높은 것으로 나타났다.

피고용자들을 중심으로 월평균소득을 살표보면, 피고용자들의 월평균소득은 기술재와 조직재의 차원에서 수준이 달라짐에 따라 월평균소득의 차이가 나타남을 알 수 있다. 조직재의 소유 여부에 따라 차등적으로 월평균소득이 나타나고 있고, 기술재의 소유 여부에 따라서도 월평등소득이 차등적으로 다르게 나타나고 있다. 〈표 1〉에서 (4, 5, 6), (7, 8, 9), (10, 11, 12) 계급위치 집락의 내부를 각각 살펴보면, 권위의 수준에 따라서 월평균소득의 차등적인 감소를 관찰할 수 있다. 또한 〈표 1〉에서 (4, 7, 10), (5, 8, 11), (6, 9, 12) 계급위치 집락의 내부를 살펴보면, 학력과 기술 수준에 월평균소득이 차등적으로 감소함을 알 수 있다. 다만 예외적으로 비전문경영인(10)의 월평균소득이 반전문경영인보다 약간 높게 나타나고 있는데, 이는 표본에서 1명의 응답자만이 비전문경영인에 속하여 나타난 결과로서 〈표 1〉에서 제시된 90만 원을 비전문경영인의 월평균소득으로 보기 어렵기 때문에 논의에서 제외시키는 것이 타당할 것이다.

〈표 1〉에서 알 수 있는 중요한 한 가지는 남성과 여성의 월평균소득의 차이이다. 동일한 계급위치에 있다고 할지라도 여성이 남성에 비해서 일관

되게 낮은 월평균소득을 보여주고 있다. 예외적으로 여성 전문경영인의 월평균소득이 남성 전문경영인에 비해서 높게 나타났지만, 이 경우에 해당하는 응답자가 1명뿐이어서 신뢰하기 힘들다는 점을 고려하면, 전반적으로 여성들의 월평균소득이 남성의 월평균소득에 비해서 낮음을 알 수 있다. 그리고 남성과 여성의 월평균소득의 비율을 살펴보면, 자본가의 경우 거의 차이를 보이고 있지 않은 반면, 프롤레타리아트의 경우 여성의 월평균소득이 남성의 59%에 불과하였다. 반전문감독인의 경우 여성의 월평균소득이 남성의 49%에 불과하여 가장 낮은 비율을 보이고 있다.

전체적으로 자본을 소유한 계급 가운데서 불리한 처지에 있는 계급인 프티부르주아지나, 임금취득자 가운데 불리한 처지에 있는 계급인 반숙련 노동자와 프롤레타리아트에서 여성의 월평균소득이 남성의 월평균소득에 비해서 낮게 나타났다.

5) 소득결정과 계급

〈표 2〉는 인적자본 변수와 직업에 의해서 소득이 어느 정도 설명되는지를 밝히고 이것을 계급에 의해서 소득이 설명되는 정도를 비교한 것이다. 먼저 단일 변수로서 가장 큰 회귀결정계수, 즉 월소득 대수값의 전체 분산에서 특정한 변수에 의해서 설명되는 분산의 정도를 살펴보면, 남성의 경우 계급에 의한 설명력이 가장 크게 나타난 반면, 여성의 경우 직업에 의한 분산의 비율이 가장 크게 나타났다. 남성의 경우 직업과 교육에 의해서 설명되는 분산의 비율이 각각 11.51%와 11.26%였던 것에 비해서, 계급에 의해서 설명되는 분산의 비율은 17.06%로 가장 컸다. 여성의 경우 계급과 교육에 의한 비율은 각각 14.60%와 10.82%였고, 직업에 의해서 설명되는 분산의 비율은 18.95%로서 직업의 영향력이 가장 크게 나타났다.

〈표 2〉계급, 직업, 교육, 노동시간의 결정계수(R2) 비교

모 형	남 성	여 성
(1) 교육	0.1126	0.1082
(2) 직업	0.1151	0.1895
(3) 노동시간	0.0028	0.0952
(4) 계급	0.1706	0.1460
(5) 교육 + 직업	0.1676	0.2083
(6) 계급 + 교육	0.2308	0.2266
(7) 계급 + 교육	0.2536	0.2688
(8) 계급 + 직업 + 교육	0.2774	0.2805
(9) 직업 + 교육 + 노동시간	0.1541	0.2976
(10) 계급 + 교육 + 노동시간	0.2233	0.3066
(11) 계급 + 직업 + 노동시간	0.2443	0.3322
(12) 계급 + 직업 + 교육 + 노동시간	0.2661	0.3486
설명력		
계급　　　　(12) − (9)	0.1120*	0.0510*
직업　　　　(12) − (10)	0.0428*	0.0420*
교육　　　　(12) − (11)	0.0218*	0.0164@
노동시간　　(12) − (8)	−0.0113	0.0681*

참고 : @ p 〈 0.05, * p 〈 0.01

그리고 노동시간의 영향력도 매우 커서 거의 월소득 분산의 10%가 노동시간에 의해서 설명되고 있다. 남성의 경우 노동시간의 효과는 거의 없는 것과 뚜렷한 대조를 보여주고 있다.

다른 변수들과의 공분산을 제거하고 순수하게 계급에 의해서 설명되는 월소득 대수값의 분산 비율을 포착하기 위하여 월소득에 영향을 미치는 것으로 이전의 연구들에서 제시된 변수들을 포함한 소득함수를 분석하여 얻은 결정계수와, 특정한 변수를 뺀 소득함수의 결정계수를 비교하여 특

정한 변수의 순수한 영향력을 추적하였다.[6] 〈표 2〉의 (12)는 소득에 영향을 미치는 네 가지 변수를 모두 포함한 소득함수를 회귀분석한 결과 얻은 결정계수이다. 남성의 경우 대수변환을 시킨 월소득 분산의 26.6%가 4개의 변수에 의해서 설명되었고, 여성의 경우는 34.86%였다. 〈표 2〉의 아랫부분은 모델 (12)와 비교하여 특정 변수의 효과를 제시한 것이다. 남성의 경우 계급이 가장 중요한 변수로서 월소득의 분산 가운데 11.2%가 순수하게 계급에 의해서 설명되고 있다. 반면에 직업은 4.3%로 낮았고, 교육의 영향력은 더욱 낮아 2.2%에 불과하였다. 더구나 노동시간은 설명력을 더 낮추는 변수로서 전혀 월소득 분산을 설명하는 데 도움을 주지 못하는 것으로 나타났다.

반면에 여성의 경우는 남성과 크게 달라서, 여성의 월소득 분산을 설명하는 데 계급의 효과는 상당히 줄어들어서 5.1%로 낮아졌다. 그러나 계급의 효과는 직업의 효과인 4.2%와 교육의 효과인 1.6%에 비해서 더 높기 때문에 여성의 경우에도 계급은 여전히 중요한 설명변수임을 알 수 있다. 그리고 여성의 경우 남성과 큰 차이를 보이는 결과는 월소득 분산에 영향을 미치는 노동시간의 순수 효과에서 찾을 수 있다. 노동시간이 월소득 전체 분산 가운데 6.8%를 설명하고 있다. 이것은 노동시간이 계급보다도 더 높은 영향력을 행사하고 있음을 보여주고 있다. 이러한 결과는 남성과 여성의 월소득이 서로 다른 메커니즘을 통하여 결정된다는 것을 의미한다. 그리고 남성과 여성을 구분하지 않고 분석하는 경우, 회기계수들이 전체

---

6 이것은 제약을 가한 회귀방정식(RRSS)과 제약을 가하지 않은 회귀방정식의 잔차 자승의 합(URSS)을 이용하여 검증 가능하다. 공식은 다음과 같다.

$$F = \frac{(RRSS - URSS)/r}{URSS/(n-k-1)}$$

여기에서 r은 두 방정식의 독립변수 수의 차이이며, n은 전체 표본수, k는 제약되지 않은 방정식의 독립변수 수이다.

적으로 편기됨을 보여주는 증거이기도 하다.

〈표 3〉은 〈표 2〉에서 제시된 모델 가운데 일부를 선택하여 회귀분석한 결과이다. 여기에서의 분석은 노동경제학의 인적자본(human capital)을 도입하여 계급모델과 분석비교하고 있다. 소득에 영향을 미치는 요소들이 여러 가지이기 때문에 여기에서는 전통적인 인적자본론에서 제시하고 있는 교육과 경력을 독립변수로 도입하였다. 〈표 3〉의 (1)은 각각 남성과 여성의 월소득에 영향을 미치는 변수로 사용되고 있는 전형적인 인적자본 변수들을 월소득에 회귀시킨 결과이다. 남성의 월소득의 대수값을 교육, 경력과 경력제곱에 회귀시켰을 때, 월소득 대수값 분산의 19.39%가 설명되었다. 이 때 교육의 회수율(return to education)은 6.3%로 나타났다.[7]

경력도 유의미하게 월소득에 영향을 미치는 것이 밝혀졌다. 〈표 3〉의 (2)는 인적자본모델에 노동시간을 추가한 것이다. 남성의 경우 노동시간은 월소득과 부의 관계를 갖는 것으로 나타났다. 노동시간의 길이와 소득이 부의 관계를 보이는 이유는 노동시간이 긴 프티부르주아지의 월소득이 노동시간이 짧은 자본가나 중간계급에 비해서 더 낮기 때문에 나타난 결과이다. 그리고 이 모델의 결정계수를 살펴보면, 노동시간을 추가했을 때 오히려 월소득 대수값 전체분산의 18.77%만이 설명되어 오히려 설명력이 떨어졌다. 이것은 전체 남성들의 월소득 대수값을 설명하는 데 노동시간이 중요하지 않다는 것을 의미한다. 계급 효과를 살펴보면, 4계급모델을 회귀분석에 도입하였을 때, 전체 월소득 대수값의 분산 가운데 17.76%가 설명됨을 알 수 있다. 자본가계급, 프티부르주아지, 중간계급 모두가

---

7 회수율은 이자율과 마찬가지로 투자 또는 저축한 자본에 대한 보상으로 보는 인적자본론에서 사용하는 개념이다. 구체적으로 회수율은 교육에 투자했을 때 이에 대한 보상으로서 교육을 마치고 취업이 된 후에 이루어지는 것으로서 교육 1년 증가로 인해서 발생하는 소득의 증가율을 의미한다.

독립변수	남성				여성			
	(1)	(2)	(3)	(4)	(1)	(2)	(3)	(4)
상수	2.9758	3.1268	4.0493	3.2739	2.1778	1.5461	3.3283	1.8977
교육	.0633*	.0594*		.0423*	.1995*	.1043*		.0800*
경력	.0473*	.0483*		.0448*	.0238#	.0238#		.0188#
경력제곱	-.0008*	-.0008*		-.0008*	-.0002	-.0003@		-.0003@
노동시간		-.0018@		-.0019@		.0134@		.0118*
자본가			.6743*	.5581*			1.0374*	.7124*
프티부르주아지			.0899@	.0889@			.3436*	.1080
중간계급			.3976*	.2576*			.7134#	.3740#
노동계급			───	───			───	───
교정된 R2	.1939	.1877	.1776	.2847	.1341	.2607	.1460	.3133
F-test	78.5512	56.3123	68.0941	55.4383	31.2936	51.7444	34.5317	38.5160

인적자본과 계급의 설명력		남성	여성
인적자본	(4) - (3)	.1071	.1763
계급	(4) - (2)	.0970	.0526

참고 : *p 〈 .001, #p 〈 .01, @p 〈 .05 (two-tailed t-test)

노동계급과 유의미한 월소득 대수값의 차이를 보이고 있으며, 또한 프티 부르주아지, 중간계급, 자본가계급 순으로 노동계급 월소득과 더 큰 차이 를 보였다. 〈표 3〉의 (4)에서 볼 수 있듯이, 남성의 경우 인적자본모델에 계급을 추가했을 때 설명력은 크게 증가하여 월소득 대수값 분산의 28.47% 설명되었다. 그리고 남성 월소득을 설명하는 데 인적자본과 계급 에 의한 공동분산(joint variance)을 제거한 후에 인적자본과 계급에 의한 순수한 분산을 살펴보면, 인적자본에 의해 설명되는 분산이 10.7%, 계급 에 의해 설명되는 분산이 9.7%로 나타났다.

계급을 추가함으로써 교육이 월소득에 미치는 효과는 5.94%에서 4.23%로 감소하고 있다.[8] 이것은 계급을 고려하지 않았을 때, 교육이 소득에 미치는 효과가 실제보다 크게 추정된다는 것을 의미한다. 그리고 경력의 회귀계수가 0.0448로 교육의 회귀계수 0.0423보다 약간 커서, 경력 1년을 추가하는 것이 교육 1년을 추가하는 것보다 월소득을 높이는 데 약간 더 유리함을 보여주고 있다.[9] 또한 계급이 월소득에 미치는 효과도 크게 변화하여 자본가계급은 노동계급에 비해서 67.43% 더 많은 월소득을 얻었지만, 인적자본을 통제하였을 때 그 효과는 55.81%로 감소하였다. 중간계급의 경우도 교육을 통제하였을 때, 중간계급의 효과가 39.76%에서 25.76%로 감소하였다.

그러나 전체 여성들의 월소득 대수값을 인적자본 변수와 계급에 회귀시켰을 때, 남성의 경우와는 여러 가지 점에서 차이를 보였다. 먼저 여성의 경우 남성의 경우와는 달리 노동시간이 정(+)의 부호를 보여주고 있어서 노동시간이 증가하면 할수록 월소득이 증가함을 보여주고 있다. 〈표 2〉의 (1)과 (2)를 비교하면, 노동시간을 추가했을 때 설명력이 크게 증가하여 모델에 의해서 설명되는 월소득 대수값의 분산이 13.41%에서 26.07%로 12.66%가 증가하였다. 그리고 여성 표본을 분석하는 거의 모든 모델에서

---

8 퍼센트 증가를 계산하기 위하여, 회귀계수에 역대수를 취하여 다음과 같이 계산할 수 있다.

$$e^b - 1$$

이것은 정확한 것은 아니며, 정확한 값은 다음과 같이 구할 수 있다.

$$\ln(Y_2) = a_0 + b_1 X_2$$
$$\ln(Y_1) = a_0 + b_1 X_1$$
$$\ln(Y_2) - \ln(Y_1) = b_1(X_2 - X_1)$$
$$\ln(Y_2/Y_1) = b_1 \Delta X$$
$$b_1 = \ln(1 + \% \Delta Y) / \Delta X$$
$$\% \Delta Y = e\, b_1 \Delta X - 1$$

Y값의 비율변화가 적을 때, 회기계수 b_1은 실제 퍼센트 변화의 근사치가 된다. 왜냐하면 $\ln(1 + \% \Delta Y) = \% \Delta Y$이기 때문이다.

9 경력이 월소득에 미치는 효과는 경력을 미분하여 경력의 회귀계수 - (2)(경력2의 회귀계수)(1)로 계산할 수 있다.

상수가 남성에 비해서 낮지만, 단위 교육년수에 대한 보상은 남성에 비해서 더 높게 나타났다. 이것은 교육이 월소득 증가에 미치는 효과가 남성에 비해서 여성에게서 더 높게 나타나고 있음을 보여주고 있다. 그러나 경력의 효과는 남성에 비해서 더 낮게 나타나서, 여성의 경우 취업을 한 이후에 월소득의 증가가 남성의 경우에 비해서 훨씬 낮음을 알 수 있다. 마지막으로 계급의 효과를 살펴보면, 계급간 월소득 차이가 남성에 비해서 여성에게서 더 큼을 알 수 있다.

여성의 경우 노동시간을 통제하였을 때 교육이 월소득에 미치는 효과는 급격한 변화를 보이고 있다. 교육이 1년 증가함에 따라 이루어지는 소득의 증가는 19.95%로 커졌지만, 계급을 통제하였을 때, 노동시간 증가로 인한 소득증가율은 19.95%에서 10.43%로 감소하여 무려 9.52%의 감소를 보이고 있다. 그리고 노동시간과 계급을 동시에 통제하였을 때, 교육 1년 증가는 월소득 8%의 증가로 낮아졌다. 그렇지만 여전히 이것은 남성에 비해서 높은 것이다. 교육을 통제하였을 때 계급이 소득에 미치는 정도도 크게 달라져, 노동계급에 비해서 자본가계급의 상대적인 소득 차이는 103.74%에서 71.24%로, 프티부르주아지는 34.36%에서 10.8%로, 중간계급은 71.34%에서 37.40%로 크게 줄어들었다. 그러나 남성과 비교해 볼 때, 여성의 경우에 노동계급과 다른 계급 간의 월소득 차이가 더 크다는 것을 알 수 있다.

여성들의 경우 소득에 영향을 미치는 경력의 효과는 남성에 비해서 훨씬 낮게 나타나고 있다. 경력 1년 증가가 개인들이 월소득 증가에 미치는 효과는 여성의 경우 1.82%로 남성의 4.32%의 절반이 안 되고 있다. 여성의 경력 중단이 남성에 비해서 많기 때문에 경력의 효과가 일반적으로 과도하게 추정된다는 점을 고려하면, 여성의 경력 효과는 남성에 비해서 비

교할 수 없을 정도로 낮다고 볼 수 있다.[10]

구조적 접근으로서의 계급분석은 개인들이 보유하고 있는 생산적인 능력과 독립적으로 개인들의 소득에 영향을 미친다는 것을 강조하지만, 또한 개인들의 속성이 소득에 미치는 효과가 계급에 따라 달라진다는 계급 매개효과를 강조한다. 이것은 계급구조의 매개적인 효과로서 '개인적 속성과 소득 간의 관계'에 영향을 미치고 있음을 의미한다. 이것은 구체적으로 교육이 월소득에 미치는 효과가 개인들이 속해 있는 계급에 따라서 달라진다는 것을 의미한다.

〈표 4〉는 계급별로 교육, 경력, 노동시간이 월소득에 미치는 효과를 알아보기 위한 회귀분석 결과이다. 먼저 두드러지게 나타난 결과는 교육의 효과가 계급에 따라 뚜렷하게 다르다는 사실이다. 자본가계급의 경우 개인들의 교육은 월소득에 영향을 미치지 못하고 있다. 즉 교육계수는 99% 수준에서 0과 유의미하게 다르지 않다고 볼 수 있기 때문에 월소득에 미치는 교육의 실제적인 효과는 없다고 판단할 수 있다. 교육의 효과가 가장 크게 나타난 계급은 중간계급이다. 중간계급의 경우 교육의 회귀계수는 0.0642로 교육 1년 증가에 월소득 6.42%의 증가가 나타났다. 노동계급의 경우 교육의 회귀계수는 0.0457로 교육 1년 증가에 월소득이 4.57로 증가하는 것으로 나타났다. 중간계급인 경우 노동계급에 비해서 교육 1년 증가에 따라서 월소득 증가가 6.42%로 1.85% 더 많이 증가하게 된다.[11] 중간계급의 경우 승진이나 임금 결정에 최종학력이 중요한 기준으로 작용하고 있기 때문에 중간계급에서 교육에 대한 보상이 가장 크게 이루어지

---

10 여성들의 경제활동 참가가 자주 중단되기 때문에 실제 여성들의 경력은 연령−수학기간−7로 추정하는 경력추정치보다 적으므로 여성들의 경력추정치는 과도하게 편가(upward bias)가 나타난다.
11 이것은 B_i들간의 차이가 유의미한 차이인가를 검증하는 것으로 t-테스트를 통하여 검증한 것이다.

고 있는 것이다. 프티부르주아지의 경우 교육에 대한 보상은 3.77%로 노동계급에 비해서 더 낮게 나타나고 있다. 이것은 프티부르주아지의 경우도 자본가와 마찬가지로 교육 수준이 월소득에 직접적인 영향을 미치지는 않지만, 교육 수준이 높을수록 수입이 좋은 사업에 종사하기 때문에 나타난 결과로 보인다.

여성들의 경우도 남성과 유사한 유형을 보여주고 있다. 여성자본가들의 월수입은 교육에 의해서 영향을 받고 있지 않다. 또한 중간계급에서 교육에 대한 보상이 가장 높게 이루어져 교육 1년 증가에 따른 월소득 증가는 13.93%로 노동계급의 8.46%에 비해서 5.47% 높게 나타났다.[12] 프티부르주아지의 교육에 대한 보상이 노동계급의 교육에 대한 보상과 유사하게 나타났다.

6) 남성계급과 여성계급

〈표 4〉는 계급간 차이뿐만 아니라 남성과 여성의 차이가 매우 뚜렷함을 보여주고 있다. 먼저 전체적으로 여성의 기본 월소득이 남성에 비해서 전부 낮음을 알 수 있다. 상수에 의해서 보여지는 절편의 규모가 교육이나 노동시간과 경력이 같을 때, 월소득 결정에 영향을 미치는 기준이다. 여성자본가나 여성 프티부르주아지의 교육과 경력이 각각 0일 때 월소득의 대수값을 의미하는 상수가 각각 2.4796과 2.087으로서, 남성 중간계급과 남성 노동자 3.0312와 3.2807보다 더 낮게 나타났다.

그러나 교육년수의 증가분에 대한 보상은 여성의 경우에 남성에 비해서 더 크게 나타나고 있다. 여성 중간계급과 여성 노동계급의 경우 각각 남성

---

12 월소득에 미치는 회귀계수값의 실제 효과는 대수함수를 지수로 바꾸어 e^{xB}의 값으로 나타난다. 이때 회귀계수의 효과는 곱셈의 형태이기 때문에 상수의 값에 의해서 영향을 받게 된다.

〈표 4〉 계급별로 월소득을 인적자본에 회귀시킨 결과

남성				
독립변수	자본가	프티부르주아지	중간계급	노동계급
상수	4.3867	3.5735	3.0312	3.2807
교육	.0236	.0377**	.0642***	.0457***
노동시간	-.0094+	.0013	-.0011	-.0025*
경력	.0520	.0246	.0543***	.0380***
경력제곱	-.0009	-.0006*	-.0009***	-.0006***
교정된 R2	.0657	.1435	.3007	.1873
F-테스트	2.8703	10.6769	17.6594	27.6194

여성				
독립변수	자본가	프티부르주아지	중간계급	노동계급
상수	2.4796	2.0872	.9198	.7560
교육	.0592	.0858***	.1393***	.0846***
노동시간	.0077	.0086***	.0177	.0148***
경력	.0415	.0263	.0452	.0163
경력제곱	-.0002	-.0004	-.0004	-.0003
교정된 R2	.0478	.2693	.0510	.2165
F-테스트	1.4913	15.0048	1.4460	25.0405

참고 : *p 〈 .001, #p 〈 .01, @p 〈 .05 (two-tailed t-test)

중간계급과 남성 노동계급에 비해서 두 배 정도 높은 교육에 대한 보상을
받고 있는 셈이다. 그리고 남성보다 여성에서 계급에 따른 교육에 대한 보
상이 더욱 뚜렷한 차이를 보여주고 있음을 알 수 있다. 남성의 경우 중간
계급과 노동계급 간 교육에 대한 보상의 차이는 1.85%에 불과하였으나,
여성의 경우 5.74%에 달하여 여성들에게서 계급에 따른 교육에 대한 보
상, 즉 계급의 매개 효과가 크게 나타나고 있음을 알 수 있다.

남성과 여성에서 뚜렷한 차이를 보이고 있는 점은 남성들의 경우 경력이 월소득에 긍정적인 영향을 미치고 있지만, 여성들의 경우 경력이 전혀 월소득에 영향을 미치지 못하고 있음을 알 수 있다. 남성 중간계급과 노동계급의 경우 경력과 월소득과의 관계가 역U자 형의 관계를 보여주고 있지만, 여성 중간계급과 여성 노동계급의 경우 경력과 월소득과의 관계는 없다고 판단할 수 있다.

노동시간의 경우도 남성과 여성 사이에 뚜렷한 차이를 보여주고 있다. 남성들의 경우 시간당 임금이 적거나 수입이 적은 사람들이 초과노동을 통하여 수입을 증대시키고자 하기 때문에 노동시간이 많음에도 불구하고 월소득은 낮아서 노동시간이 월소득에 미치는 효과는 부(-)로 나타나고 있다. 그러나 여성들의 경우 노동시간이 월소득에 미치는 효과는 정(+)으로 나타나서, 노동시간이 증가함에 따라 월소득이 증가함을 보여주고 있다.

〈표 4〉는 단적으로 동일한 계급임에도 불구하고 남성과 여성의 소득결정 방식이 매우 다름을 보여주고 있다. 교육, 노동시간, 경력 등의 개인적인 능력이나 노력이 월소득에 미치는 효과가 남성과 여성 사이에 뚜렷하게 다르기 때문에 남성과 여성을 불리하여 분석하는 것이 타당함을 보여줄 뿐만 아니라 통합하여 분석하는 것은 모집단의 속성이 다른 두 개 모집단을 합하여 분석하는 것이기 때문에 추정치에 편기(bias)가 생긴다는 것을 함의하고 있다(Chow, 1970).[13]

---

13 이것은 두 개의 표본을 합하여 회귀분석을 했을 경우에 발생하는 잔여값의 제곱의 합과 하나의 표본에서 회귀분석을 한 후, 잔여값의 최소자승합을 비교하는 차우테스트(Chow test)로 알려진 F-테스트를 이용하여 손쉽게 검증할 수 있다(Chow, 1970; Maddala, 1986: 459~460).

7) 교육과 계급

소득결정에 있어서 남성과 여성이 보여주는 차이는 교육과 계급 간 관계상의 차이에서 유래한다. 남성의 경우 교육 수준에 따라서 계급의 위치가 뚜렷하게 달라지고 계급위치에 따라서 소득이 달라지기 때문에 교육이 소득에 미치는 직접 효과는 매우 적다. 다시 말해서 계급이 교육과 소득을 매개하는 매개변수(mediating variable)로 작용하기보다는 오히려 중간변수(intervening variable)로 작용하고 있는 것이다. 남성의 경우, 학벌이 중시되는 사회에서 남성의 교육이 결정적으로 남성의 계급을 결정하는 요소이기 때문에, 남성의 소득결정에 미치는 학력의 직접 효과는 계급을 고려했을 때 급격하게 약화된다. 흔히 한국사회에서 강하게 제시되고 있는 주장인 학벌이 곧 계급이라는 인식은 학력과 계급 간의 관계가 매우 높기 때문에 나타난 결과이다. 그러므로 학력에 따른 소득의 차이는 계급을 통하여 나타나고 있으며, 자본가계급의 경우 학력은 소득과 무관하기 때문에 학력이 곧 계급이라는 주장도 타당하지 않다. 여성의 경우 성차별로 인하여 교육이 계급을 결정하는 정도가 낮고, 교육이 직접 소득에 영향력을 행사하게 된다.

이러한 결과는 외형상으로 여성의 경우 능력주의 혹은 업적주의(meritocracy)가 작동하고 있음을 보여준다. 그러나 여성의 경우 실질적인 인과관계를 보면 계급이 교육과 소득을 연결시키는 중간변수로서의 역할이 약하기 때문에 소득과 계급 간의 상관관계가 약하게 나타났고, 그 결과 여성의 소득결정에서 '유사 업적주의'가 나타나고 있음을 알 수 있다. 즉 여성의 경우 남성에 비해서 교육에 대한 상대적인 보상비율은 높지만, 절대적으로 소득의 출발점이 낮기 때문에 여성들의 평균 월소득은 남성에 비해서 낮을 수밖에 없다. 그러므로 여성들에서 나타나는 교육과 소득의 높은 상관관계는 업적주의의 표시가 아니라 여성차별이 또 다른 형태로 나타난 결과이다.

4. 결론

이 글은 계급이 월소득에 미치는 효과를 경험적으로 밝히고자 하였다. 계급론에 기초한 경험적 연구들이 상대적으로 적기 때문에 논의의 경험적 타당성이 항상 계급론을 비판하는 학자들에 의해서 의문시되었다. 이 글은 노동소득과 자산소득을 포함한 월소득이 계급에 의해서 결정적으로 영향을 받고 있으며, 특히 남성들의 경우 월소득이 교육이나 직업과 같은 전통적으로 많이 사용되는 변수보다 계급에 의해서 더 결정적으로 영향을 받는다는 사실을 밝혔다. 교육이나 직업은 사회과학자들이 아니더라도 일반인들이 생각하는 불평등의 요소들이다. 가시적으로 교육 수준이나 직업의 종류에 따라서 소득이 다르기 때문이다. 그러나 보다 구조적인 요소인 생산수단의 소유 여부 등에 대해서는 주류 사회과학자들도 불평등의 요인으로 인식하려고 하지 않았다. 그것을 마르크스주의적인 사고라고 생각했기 때문이다.

하지만 실제적인 불평등은 개인적인 속성보다 구조적인 속성에 의해 더 크게 영향을 받는다. 생산수단의 소유 여부가 계급경계를 구분하는 핵심적인 기준으로 작용하며, 생산수단의 소유 이외에 조직 내의 권위나 희소한 학력 및 기술의 소유에 따라 경제적 불평등이 결정된다. 다시 말해서 자본주의체제하에서 이러한 요인들에 의해서 결정되는 계급이 경제적 불평등을 만들어내는 구조적인 요인으로 작용하고 있는 것이다. 생산과 관련된 개인적인 속성 이외에 개인과 독립적으로 존재하는 계급구조가 경제적 불평등에 영향을 미친다는 점에서 위치적 불평등(positional inequality)의 중요성을 알 수 있다. 이것은 개인적인 속성들이 무의미하거나 혹은 논의의 대상이 될 수 없다는 것을 의미하지 않는다. 보다 중요한 점은 자본주의사회의 불평등구조를 계급론적인 접근을 통해서 접근할 때, 이론적으로나 경험적으로 더 설명력이 높다는 것이다. 즉 현실 정합성이 높다는 것이다.

그 다음 계급에 따라서 교육, 경력과 같은 인적자본이 월소득에 미치는 정도가 다르다는 사실이다. 생산수단을 소유하고 타인을 고용하는 자본가의 경우 교육이나 경력은 월소득에 영향을 미치지 못하고 있다. 교육의 효과가 크게 나타나고 있는 계급은 중간계급으로서, 교육을 통한 소득증대가 중간계급에서 가장 높게 나타나고 있다. 계급간 소득에 미치는 인적자본의 효과가 다르다는 점은 계급이 단순히 인적자본이나 교육과 독립적으로 영향을 미친다는 사실뿐만 아니라 인적자본과 소득을 매개한다는 계급매개 가설을 증명하는 것이다.

그러나 다른 사회들을 연구한 결과와 비교해 볼 때(Wright and Perrone, 1976; Winn, 1984; Ishida, 1993: 228), 한국 남성의 경우 계급의 매개 효과보다는 계급의 직접 효과가 더 큰 영향력을 행사한다. 그 이유는 교육과 계급과의 관계가 매우 높은 학벌주의사회이기 때문에 교육 → 계급 → 소득으로 이어지는 인과관계가 서구사회보다 더 뚜렷하게 나타나고 있기 때문이다.

마지막으로 중요한 발견은 남성계급과 여성계급 간 월소득을 결정하는 기제가 다르다는 사실이다. 여성들의 경우 교육과 노동시간이 계급위치에 비해서 소득결정에 더 큰 영향력을 행사하고 있다. 반면에 남성의 경우 계급위치가 소득결정에 더 결정적인 영향을 미치며, 노동시간과 월소득이 부(-)의 관계를 보여주고, 교육의 효과도 매우 낮게 나타났다. 그 대신 계급매개 효과는 여성에게서 더욱 뚜렷하게 나타난 반면, 남성에게서는 유의미하지만 여성에 비해서 더 뚜렷하게 나타났다. 이것은 여성과 남성을 구분하지 않고 분석하는 경험적인 연구 결과들에 대해서 재분석할 필요가 있음을 말해준다.

5
한국의 사회계급과 불평등

1. 머리말

19세기 사회학이 태동한 이래 현재 21세기에 이르기까지 사회적 불평등에 대한 사회학자들의 관심은 지속되고 있다. 20세기 후반부터 사회적 불평등이 더 심화되는 추세를 보이고 있기 때문에, 아직도 이 문제는 사회학자들 사이에서 관심을 끄는 핵심적인 연구 주제로 남아 있다. 물론 불평등은 사회학자들만의 관심사는 아니다. 그것은 사회와 인간에 관한 근본적인 질문이기도 하기 때문에, 윤리적인 혹은 철학적인 질문이기도 하다. 또한 이러한 사회과학적, 철학적 질문들은 여러 형태로 제기되었다. 예를 들면 종교적으로, 철학적으로 모든 인간은 평등한데 현실에서는 왜 그토록 극심한 불평등이 존재하는가? 현실에 존재하는 불평등은 정당한 것인가 혹은 정당하지 않은 것인가? 만약 정당하지 않은 불평등이 존재한다면 그러한 불평등을 제거하거나 약화시키는 제도적인 혹은 정책적인 방안은 무엇인가?[1]

이러한 질문들에 대한 답들은 한편으로 학문적인 차원에서 커다란 쟁점이 되었지만, 다른 한편으로 정치적인 차원에서도 중요한 갈등의 기반이 되었다. 서구에서 사회적 불평등을 둘러싼 이해의 갈등은 19세기 말과 20세기 초에 좌파와 우파라는 이데올로기 차원의 대립으로 등장하였고, 이러한 이데올로기적 갈등은 오늘날 주로 의회 내의 좌파와 우파 정당들에 의해서 대변되고 있다. 좌파와 우파를 막론하고, 사회적 불평등이 정치적으로 첨예한 갈등의 원인이라고 인식하였기 때문에 20세기의 모든 사회들에서 사회적 불평등을 약화시키기 위한 다양한 노력들이 이루어져왔다. 구체적으로 임금정책, 조세정책, 복지정책들이 이러한 맥락에서 도입된 정책들이었다.

한국사회에서는 사회적 불평등을 둘러싼 정치적인 이해 대립은 첨예하게 발달하였으나, 이와는 대조적으로 '사회적 불평등' 자체에 대한 연구는 활발하게 이루어지지 못했다. 다른 분야에 비해서, 한국 사회학에서 사회적 불평등에 관한 이론적인 연구나 경험적인 연구는 대단히 적은 편이다. 이것은 사회적 불평등에 관한 규범적인 평가를 넘어서 사회적 불평등의 정도나 불평등을 낳는 요인들에 관한 사회학적 연구들이 제대로 이루어지지 못했다는 것을 의미한다. 사회적 불평등이 모든 사람들이 일상적으로 경험하는 사회문제의 하나로 인식되었음에도 불구하고, 전체 사회 수준에서 불평등 구조와 추이를 분석하는 연구는 사회학계에서 크게 진전

---

1 이러한 논의는 역으로 평등주의(equalitarianism)에 관한 논의와 직접 관련되어 있다. 정의로운 불평등은 무엇인가가 평등주의 논쟁의 핵심이다. 1971년 존 롤스(J. Rawls)의 「정의론(A Theory of Justice)」 (황경식 역, 이학사, 2003)이 이러한 논의를 본격적으로 제기한 이래, 이러한 평등주의와 관련된 논의는 법학자 드워킨(R. Dworkin), 철학자 코헨(G. A. Cohen), 경제학자 센(A. Sen), 경제학자 로머(J. Roemer) 등에 의하여 법학, 철학, 정치학, 사회학, 경제학 분야의 논쟁으로 확산되었다.

되지는 못했다.

불평등에 대한 연구자들의 관심 부재는 크게 두 가지에서 연유한다. 첫째, 1990년대 들어서서 국내외 학계에서 사회계층과 계급에 관한 연구가 급속히 퇴조했기 때문이다. 1980년대 한국 사회과학계에서 큰 흐름을 유지했던 계급 연구가 동구권의 붕괴와 한국 민주화를 계기로 점차 관심에서 벗어나기 시작했다. 그 대신 다양한 포스트주의(포스트모더니즘, 포스트구조조의, 포스트마르크스주의, 포스트식민주의 등)가 대두되면서, 구조적 불평등에 관한 관심이 크게 줄어들었다. 둘째, 사회적 불평등을 경험적으로 연구하는 데 적합한 통계 자료가 적었기 때문이다. 서베이 자료들은 확률 표집에 기초하여 만든 자료이기 때문에, 실제로 수가 적은 한국의 재벌이나 부유층이 서베이 자료에 포함될 확률은 대단히 낮다. 그 결과 일상적으로 경험하는 부유층과 빈곤층의 격차가 서베이 자료에 의해서는 제대로 파악되기 힘들다고 인식되었다. 그 결과 불평등 연구는 현실적으로 하기 힘든 연구로 인식되거나 혹은 하더라도 제한적인 의미를 지니는 연구로 인식되었다.

이 장에서의 분석은 두 가지 목적을 포함하고 있다. 하나는 1997년 말 시작된 경제위기 이후 심화되는 한국의 계급 불평등을 경험적으로 분석하는 것이다. 즉 계급간 경제적 불평등의 실체를 통계적인 자료를 중심으로 분석하는 것이다. 다른 하나는 계급 불평등 연구 방법론으로 관심대상집단(focused group)을 중심으로 하는 계급 불평등 연구의 가능성을 살펴보는 것이다. 구체적으로 서베이 자료 대신에 관심대상집단을 중심으로 계급 불평등을 연구하는 것이 불평등 실태를 파악하는 데 어느 정도 정합성을 갖는가를 살펴보는 것이다. 관심집단들을 중심으로 불평등을 연구하는 것은 우리가 일상적으로 경험하는 현실에 근접하는 불평등의 실태를 분석할 수 있다는 장점을 지니고 있다. 특히 수는 적지만, 부의 대부분을 독점하고 있는 소수인구집단에 대한 분석을 통하여, 한국의 사회적 불평등에 대한 실체적 접근이 가능할 수 있다. 또한 관심대상집단을 중심으로 사회적 불평등을 연구하는 것은 일종의 할당 표집(quata sampling)을 통한 연구와 유사한 점을 지니고 있다. 할당 표집은 무작위 표집(random sampling)을 통해서는 표본으로 들어올 수 없는 소수집단을 연구하는 데 적합한 연구 방법이다. 그러므로 주로 확률 표집에 의해서는 표집이 제대로 되기 어려운 사회집단을 연구하는 데 사용되는 표집 방법이다. 그러나 관심집단을 중심으로 연구하는 것은 할당 표집과는 달리 관심집단의 전체를 대상으로 한다는 점에서 근본적인 차이를 보인다.

관심대상집단을 중심으로 불평등을 연구하는 것도 관심 대상에 관한 충분한 자료가 있을 경우에는 가능하지만, 충분한 자료가 없는 경우에는 연구 자체가 어렵게 된다. 여기에서는 주로 각종 정부기관과 금융기관에서 만들어낸 통계 자료를 이용하여 특정 집단의 소득과 재산을 파악하는 방법을 취했다. 이러한 접근은 서베이 자료 분석의 경우처럼, 단일한 자료를 분석하는 것이 아니기 때문에, 서베이 자료를 이용한 연구에 비해서 체계성이 떨어진다. 그러나 일반인들이 체감하는 불평등의 실태를 파악하는 데는 훨씬 더 현실과 부합하는 연구 결과를 얻을 수 있다는 점에서 나름대로 중요한 연구 방법이라고 평가할 수 있다.

2. 사회적 불평등에 관한 계급론적 접근

흔히 사회적 불평등은 경제적 불평등, 권력 불평등과 사회적 지위 혹은 명예의 불평등을 모두 포함하고 있는 포괄적인 개념으로 사용되어왔다. 그러나 일반적으로 사회적 불평등에 관한 논의는 경제적 불평등에 관한 논의와 동일시되었다. 그러나 경제적 불평등도 그 내용이 간단하지는 않다. 예를 들어 경제적 불평등도 시간당 임금 불평등, 월소득 불평등, 자산소득을 포함하는 소득 불평등, 자산의 가치를 포함하는 재산의 불평등 등 구체적인 내용에 따라서 그 의미를 달리하게 된다.

사회적 불평등은 경제적 차원의 불평등으로 한정되는 것은 아니다. 미국에서 백인이 흑인에 비하여 누리는 상대적 특권이나 남성이 여성에 비해서 누리는 특권 등도 사회적 불평등의 중요한 내용이다. 그러므로 사회적 불평등은 경제적 차원에서 부의 불평등과 이에 수반된 사회적 지위나 권력의 불평등을 포함한다. 그럼에도 불구하고 자본주의사회에서 경제적인 부가 경제적 차원에 그치는 것이 아니라, 소비, 여가, 교육, 혼인, 문화 등 모든 사회생활 영역으로 확산되기 때문에 특히 경제적 불평등이 사회과학자들의 관심이 되어왔다.[2]

사회적 불평등에 관한 논의에서 구체적으로 불평등의 분석단위도 중요하다. 개인소득 불평등을 논의하는 경우, 부부가 경제활동에 참가하는 경우(가)와 부부 중에서 한 명만이 경제활동에 참여하는 경우(나)에 가구소득은 큰 차이를 보이게 된다. (가)와 (나)의 경우, 개인을 분석단위로 하는 소득 불평등에서는 큰 차이를 보이지 않을 수 있지만, 가구를 분석단위로 하는 경우 월소득뿐만 아니라 주택, 소비, 여가활동, 교육투자 등에서 대단히 큰 차이를 보일 수 있다. 그러므로 사회적 불평등의 분석단위가 개인인 경우와 가구인 경우 불평등의 내용은 크게 달라질 수 있다. 여기에서는 사회적 불평등을 개인과 가구 두 차원을 동시에 고려하여 한국의 경제적 불평등 양상을 논의한다.

---

2 베버나 부르디외는 경제적 불평등 이외에 문화적, 정치적 불평등의 중요성을 이론적으로 논의하고 있다.

경제적 불평등에 관한 사회학적 접근은 크게 두 가지로 나누어진다. 하나는 불평등을 경제적인 차원에서 측정할 수 있는 양적인 차이라고 보는 차등적 접근(gradational approach)이다. 이것은 소득이나 사회경제적 지위 등 양적인 차이에 따른 위계를 중심으로 해서 사회적 불평등을 이해하려는 접근방식이다. 일상적으로 소득계층을 상·중·하로 구분하거나, 통계청이 사용하는 10분위 소득계층 구분이 전형적인 차등적 접근의 예이다. 다른 하나는 관계적 접근(relational approach)으로 외형적으로 나타나는 사회적 불평등을 일상적으로 드러나지 않는 사회적 관계의 산물이라고 본다. 이것은 사회적 불평등이 계급관계, 인종관계, 성별관계 등 구조적인 사회적 관계의 산물이라고 본다. 사회학에서 카를 마르크스나 막스 베버의 계급이론이 이러한 관계적 접근의 대표적인 예이다.[3]

산업자본주의사회가 진화하면서 21세기 자본주의는 19세기 자본주의와 다른 계급 불평등을 보여주고 있다. 현대 산업자본주의사회들의 계급구조 변화와 새로운 계급 불평등체제의 등장은 계급론의 새로운 논쟁을 촉발시켰다. 대표적으로 1970년대에 등장한 서구 신좌파 내에서 이루어진 계급경계 문제(class boundary question)를 둘러싼 논쟁[4], 그리고 1990년대 등장한 계급론의 유용성 논쟁[5]은 모두 20세기 자본주의의 변화

---

3 마르크스와 베버의 계급론에서 '관계'의 의미는 다르지만, 베버의 계급론도 관계적 접근에 기초하고 있다. 마르크스의 계급론과 베버의 계급론 간의 차이에 대해서는 다음을 참조할 것. Anthony Giddens, *The Class Structure of the Advanced Capitalist Society*(New York: Harper & Row, 1973), Frank Parkin, *Marxism and Class Theory* (New York: Columbia University Press, 1979), Erik Olin Wright, *Class Structure and Income Determination*(New York: Academic Press, 1979) ch. 1 및 *Class Counts*(Cambridge: Cambridge University Press, 1997) pp.29~37.

4 대표적으로 1970년대 풀란차스와 라이트의 논쟁은 노동계급과 비노동계급 임금취득자를 구분하는 계급경계를 둘러싼 논쟁이었다. Nicos Poulatnzas, *Classes in Contemporary Capitalism*(London: New Left Books, 1975)와 Erik Olin Wright, *Class, Crisis and the State*(London: New Left Books, 1976)를 볼 것. 이러한 논쟁은 1980년대 한국에서도 재현되었다. 한국에서 이루어진 논쟁에 대한 종합적인 평가는 신광영, 「90년대 한국 계급 연구의 심화를 위하여」, 『창작과 비평』, 1990, 69호 참조.

된 속성과 관련된 계급론 논쟁들이었다. 이러한 논쟁들은 20세기 자본주의의 진화와 이에 따른 계급 불평등체제의 속성을 둘러싼 논쟁들이다.

계급론은 다양한 형태로 발전하였다. 후기 자본주의사회 계급구조를 분석하기 위한 가장 체계적인 계급론은 라이트에 의해서 제시되었다.[6] 라이트의 계급론은 한편으로는 변화된 자본주의 현실을 설명할 수 있는 계급론을 모색하는 것이고 다른 한편으로는 마르크스주의적 관점에서 체계적인 계급론을 제시하려는 목적을 지니고 있다. 경험적 적합성과 이론적 체계성 및 논리적 정합성은 모든 사회이론이 갖추어야 할 요소이지만, 계급론의 경우 지나치게 이론적인 체계성만을 강조하여 현실 설명력이 떨어지는 경우가 많았고, 계층론의 경우 이론적인 체계성이 결여된 상태에서 현실 설명력만을 강조하는 경향을 보여주었다. 그러나 라이트의 계급론은 이러한 이론적 체계성과 경험적 적합성을 모두 갖춘 이론으로 평가되고 있다.[7]

현대 계급론은 자본주의 진화과정에서 등장한 새로운 형태의 피고용자(관리직, 전문직 종사자)를 노동계급과 구분하는 계급경계 논쟁을 통해서 발전되었다. 이 논쟁은 이미 1970년대에 제시된 논쟁이지만, 최근 피고용자의 계급구분은 대표적으로 신마르크스주의자인 라이트와 신베버주의자인 골드소프에 의해서 새롭게 제시되었다. 라이트는 전통적인 육체노동자와

---

5 계급론 무용성 논쟁은 다음을 참조. 무용성을 주장하는 논의는 Jan Pakulski, "The dying of class or Marxist class theory," *International Sociology* 8(1993): 279~292 및 Jon Kingston, *The Classless Society*(Stanford: Stanford University, 2000)를 참조. 이에 대한 반박은 John Goldthorpe and Gordon Marshall, "The promising future of class analysis," *Sociology* 26(1992): pp.382~400 및 Hout, Michael, Clem Brooks, Jeff Manza, "The persistence of class in the post-industrial society," *International Sociology* 8(1993): pp.259~277 및 John H. Goldthorpe, *On Sociology*(Oxford: Oxford University, Press, 2000) ch. 8을 참조.

6 Erik Olin Wright, Classes(London: Verso, 1985) 및 *Class Counts*(Cambridge: Cambridge University Press, 1997)를 참조.

7 앤서니 기든스(A. Giddens)는 라이트의 계급론을 마르크스와 베버의 계급론과 비교되는 후기 자본주의 계급론이라고 평가하고 있다. Anthony Giddens, *Sociology*(Cambridge: Polity Press, 2002).

는 다른 관리직, 전문직 피고용자들이 계급관계 내의 '모순적 계급위치 (contradictory class locations)'를 차지하고 있다고 규정한다.[8] 이들은 한편으로 생산수단을 소유하지 못하였기 때문에 육체노동자와 마찬가지로 피고용자의 지위에서 생산수단을 소유한 집단으로부터 착취당하는 피착취집단이다. 중간계급에 해당하는 모순적 계급위치는 비소유계급 내에서의 계급경계를 구분하기 위한 개념으로 제시되었다. 골드소프는 이를 '서비스계급'이라고 불렀다. 육체노동자들의 경우 고용계약은 노동 결과를 측정하기 쉽고 또한 용이하게 감시할 수 있는 노동을 전제로 하는 노동계약(labour contract)이며, 서비스계급의 경우 고용계약은 전문성을 지니고 있고 또한 감시가 어려운 서비스를 제공하는 노동의 대가로 임금을 받는 서비스관계에 기초한다는 것이다.[9]

라이트는 자본주의체제에서 계급관계와 경제적 불평등을 낳는 세 가지 차원으로 재산, 통제와 지배의 원천인 조직 내 권위 그리고 개인이 보유한 학력 및 전문적 지식을 제시하고 있다. 자본주의사회에서 생산수단의 소유 여부는 마르크스주의자나 베버주의자들이 공통적으로 인정하는 것으로서 계급을 구분하는 핵심적인 기준이다.[10] 생산수단의 소유 여부에 따라서 경제활동은 타인 고용, 자기 고용(자영), 피고용으로 나누어진다. 피고용자들 내의 계급과 불평등은 권위와 기술 및 학력에 의해서 결정된다. 노동통제를 목적으로 다양한 형태의 조직을 통해서 노동자들을 지배하고 감

---

8 모순적 계급위치 개념의 초기와 후기에 약간 변화를 보였다. 초기의 개념에 관해서는 E. O. Wright, *Class, Crisis and the State*(London: New Left Review, 1976), ch. 2를 참조. 후기의 개념에 관해서는 *Class Counts*(Cambridge: Cambridge University Press, 1997), pp.20~24 참조.

9 John Goldthrope, *On Sociology*(Oxford: Oxford University Press, 2000), ch. 10.

10 베버주의 전통을 따르는 학자들도 베버와 마찬가지로 생산수단의 소유 여부를 중요한 계급구분의 기준으로 인정한다. 대표적으로 Richard Erikson and John Goldthorpe, *Constant Flux*(Oxford: Oxford University Press, 1992) 및 John Goldthorpe, *On Sociology*(Oxford: Oxford University Press, 2000) ch. 10 참조.

독하는 것이 필요하며, 이러한 지배를 담당하는 사람들이 행사하는 것이 조직 내의 권위이다. 조직의 특정 지위에 부여된 권위는 그 지위를 차지하고 있는 개인과 무관하게 조직 내 지위 자체에서 유래하는 권위이다. 그리고 이러한 권위를 행사하는 직위를 차지하고 있는 사람들은 지배를 받는 노동자들에 의해서 생산된 결과물 가운데 일부를 임금의 형태로 받는다. 권위를 행사하는 피고용자들이 받는 임금은 직접 생산자들의 임금보다 대체로 높게 나타난다. 이것은 권위를 행사하는 피고용자들에게 주어지는 임금이 '충성지대(loyalty rent)' 성격을 지니기 때문이다.

피고용자들 사이의 계급과 불평등은 기술과 전문성의 소유 여부에 따라서 결정된다. 제도적으로 노동력 공급을 통제함으로써 노동시장에서 희소성을 유지하는 경우, 시장 경쟁을 통해서 결정되는 임금보다 높은 임금이 보장된다. 일부 전문직의 경우는 입학정원 통제와 같은 제도적 제약을 통해서 전문적인 지식과 기술을 습득할 수 있는 기회를 제한하여 얻어지는 독점적인 혜택을 누린다. 직업에 대한 접근을 제한하는 진입장벽을 제도적으로 만들고 또한 국가가 각종 면허증제도를 이용하여 이러한 전문직업 집단의 특권을 보장하는 경우, 이들 집단은 시장을 통한 소득보다 훨씬 높은 특권적인 소득을 누리게 된다는 것이다. 이러한 소득은 일종의 '기술지대(skill rent)'로 볼 수 있다.

산업자본주의사회에서 나타나는 계급구조와 계급 불평등은 산업사회에서 보편적으로 나타나는 현상이지만, 구체적인 불평등의 내용은 산업자본주의의 발전 정도, 산업자본주의 발전 방식, 노사관계, 국가의 조세와 복지정책 등에 따라서 대단히 큰 편차를 보이고 있다. 그러므로 구체적인 수준에서 나타나는 불평등을 분석하기 위해서는 자본주의 경제 일반에서 관찰되는 구조적인 차원의 계급 불평등과 개별 사회들이 근거하고 있는 역사적 경험에 따른 다양한 변이를 동시에 고려할 필요가 있다.

3. 한국사회 불평등의 특수성

1) 투기적 자본주의와 경제 불평등

서구에서 발전된 계급이론은 산업자본주의체제를 전제로 하고 있다. 20세기 후반 서구의 계급론은 산업혁명과 더불어 등장한 공장생산체제의 진화와 독점자본주의의 발달, 전문직 종사자의 증대, 서비스부문의 발달 등으로 새로이 등장한 피고용자를 다루고 있지만, 20세기 후반부터 나타나기 시작한 자본주의의 변화를 충분히 반영하는 계급관계의 변화와 불평등 체제를 설명하는 데는 몇 가지 점에서 한계를 지닌다. 이러한 한계는 한편으로 산업자본주의와는 다른 논리에 의해서 움직이는 비제조업(금융, 서비스, 부동산 투기 등) 자본주의의 발달에 따른 결과이다. 많은 재산을 소유하였지만, 타인을 고용하지 않고 또한 스스로 일도 하지 않는 다양한 형태의 임대 자본가들이 크게 늘어나고 있다. 이들은 직업을 가지고 있지 않기 때문에 비경제활동인구나 실업자로 분류되는 집단이지만, 현금, 주식, 채권, 각종 부동산 등을 소유하여 부를 누리는 비취업자(non-employment) 집단이다. 그리고 이들은 노동을 하지 않는 집단이지만, 소득 수준이 높고 구매력 또한 높아서 가장 왕성한 소비자집단을 이루고 있다. 이들은 기존의 계급이론에서는 포착되지 않는 새로운 사회계급이다.

건물을 포함한 부동산 임대를 통하여 임대소득을 올리는 집단 가운데는 자본가계급도 포함되어 있다. 기업 활동에서 얻은 이윤을 부동산에 투자한 경우 이들은 기업 활동에서 발생한 이윤과 임대소득과 같은 지대를 동시에 얻고 있다. 임대를 목적으로 토지, 주택, 건물 등을 소유한 인구는 전체 가구의 거의 5.8%인 83만 가구에 이르며, 이 중에서 연간 3,000만 원 이상 임대소득을 올리는 가구의 비율은 0.3% 정도로 약 4만 2,000가구에 달하는 것으로 나타났다.[11] 이러한 수치는 자본가계급의 0.7% 혹은 1.34%보다 낮지만,[12] 건물을 임대하여 지대를 획득한다는 점에서 노동을 통한 소득이 아닌 부동산 소유를 통한 고소득이 불평등의 한 요인으로 크게 기능하고 있음을 알 수 있다. 더구나 부동산 가격 자체가 크게 상승하면서, 부동산 소유가 지대를 만들어 낼 뿐만 아니라 부동산 자산가치의 증대도 발생한다.

한국의 경우 1970년대부터 부동산 가격이 급등하면서, 대부분의 사람들에게 부동산 소유 여부가 부의 수준을 결정짓는 가장 중요한 요인이 되었다. 부동산 투기는 두 가지 점에서 불평등의 심화를 가져왔다. 첫째, 주택을 소유한 집단과 소유하지 못한 집단 간의 재산 격차가 더욱 확대되었다. 1,431만 가구 가운데 주택을 전세나 월세로 주택을 임대하여 사는 615만 세대와 주택을 소유한 775만 세대 간의 재산 격차는 부동산 가격의 상승폭만큼 벌어져왔다. 주택이 가족생활의 공간이 아니라 단기간에 돈을 벌 수 있는 투기의 수단이 되면서 주택 소유의 불평등은 심각한 수준에 이르렀다. 특히 부동산 가격 상승이 가장 심한 서울지역의 경우 309만 주택 가운데 57.3%에 해당하는 177만 채의 주택이 전세나 월세 주택이라는 점에서 주택을 소유한 집단과 그렇지 못한 집단 사이의 빈부격차는 더욱 심

---

11 이 통계 자료는 한국노동연구원에서 수집한 2001년도 한국노동패널 4차 자료를 분석한 결과이다. 임대소득과 금융 소득이 많은 사람들이 실제보다 적게 응답하거나 혹은 응답하지 않는 경우가 많다는 점을 고려하면, 실제로는 여기에 제시된 수치보다 훨씬 높다고 추정할 수 있다. 건축물 통계를 보면, 상업용 건물이 전국적으로 약 88만 채에 이르고, 서울에만 13만 6,000채가 있다(http://www.moct.go.kr/DataCenter/StatisticData/ 02sta/statlist.html). 서울의 건물 임대료를 고려한다면, 4만 2,000가구는 매우 낮은 수치인 셈이다.

12 서관모(1985)의 연구에 따르면, 1985년 자본가계급의 비율은 전체 경제활동인구에서 1.34%를 차지했다. 한편 신광영, 조돈문, 조은(2003)의 연구에서는 1991년 한국에서 10명 이상을 고용한 자본가계급의 비율은 0.7%였으며, 1~9명을 고용한 소자본가는 7.3%였다. 신광영, 조돈문, 조은, 「한국사회의 계급론적 이해」(한울, 2003), p.23.

하게 나타났다.[13]

둘째, 지역간 부동산 가격 상승 격차로 지역간 불평등이 심화되었다. 서울과 수도권을 중심으로 부동산(특히 아파트) 가격이 상승하면서, 서울이나 수도권 지역에서의 주택 소유 여부가 개인이나 가족의 빈부를 결정짓는 요소가 되기에 이르렀다. 또한 지방도시와 수도권 도시 간 아파트 가격이 크게 벌어지면서, 특정 지역에 거주하는 것 자체가 신흥 부유층이 되는 지름길이 되었다. 서울, 수도권, 광역도시 지역 거주자들이 부동산 가격 급등으로 쉽게 부를 축적할 수 있었고, 이는 세대를 통해서 계승되는 경제적 불평등의 요인으로 작동하고 있다.

〈표 1〉에서 알 수 있듯이, 지난 2000년 지역간 소득 수준의 격차도 컸지만, 아파트 가격 상승률의 지역간 격차는 훨씬 더 큰 것으로 나타났다. 그러나 일부 지역에서는 1986년도에 비해서 2002년 아파트 가격이 더 낮게 나타났다. 특히 전라지역의 아파트 가격 상승은 전국에서 가장 낮았다. 더구나 1986년 아파트의 가격은 전국 단일분양가체제로 인하여 신규 분양 아파트 가격 자체가 큰 격차를 보여주지 않았다는 점을 고려한다면, 분양가 자율화로 지역간 불평등은 급격히 확대되었다. 서울의 경우 2002년 아파트 가격은 1986년 아파트 가격보다 3.124배가 올랐고, 특히 강남의 경우 3.353배로 가장 크게 올랐다. 이것은 강남지역에서 아파트를 소유하고 있다는 것 자체가 별다른 노력을 하지 않고도 부를 증식시킬 수 있는 방법이라는 것을 보여준다. 서울지역에 주택을 소유하는 것 자체가 다른 지역에 거주하는 사람들보다 상대적으로 부유해지는 길이 되었고, 역으로 지방에 자기 집을 가지고 사는 것 그 자체가 한국사회에서 상대적으로 가

---

13 주택소유별 통계는 건설교통부 홈페이지(http://www.moct.go.kr/DataCenter/StatisticData/02sta/statlist.html)를 참조

<표 1> 지역별 연간소득 분포와 아파트 가격 상승률

(단위 : 만 원)

행정구역(시도별)	가구(2인 이상)당 가계수지 (2000)	서울 대비 아파트 상승률 (1986~2002)	아파트 상승률 (1995=100)
전체	3,035.9(86.71)	–	
시부	3,117.0(89.02)	2.788	
시부-광역시	3,136.2(89.57)	–	
군부	2,444.0(69.80)	–	
서울특별시	3,501.4(100.00)	3.124(강남, 3.353)	171.1
부산광역시	2,726.6(77.87)	2.834	126.1
대구광역시	2,873.0(82.06)	2.169	122.1
인천광역시	2,733.5(78.07)	2.984	168.9
광주광역시	2,831.7(80.87)	1.689	88.5
대전광역시	2,829.4(80.81)	1.788	144.1
울산광역시	3,384.0(96.65)	2.115	114.2
경기도	3,162.0(90.31)	–	
강원도	2,666.0(76.14)	1.445(춘천)	
충청북도	2,640.5(75.41)	1.285(청주)	
충청남도	2,598.1(74.20)	1.148(천안)	
전라북도	2,491.6(71.16)	1.078(전주)	
전라남도	2,738.5(78.21)	0.974(목포)	
경상북도	2,946.1(84.14)	1.707(구미)	
경상남도	2,925.3(83.55)	1.864(마산)	
제주도	2,756.6(78.73)	–	

자료 : 통계청, 행정구역별 가구당 가계수지(2000) 및 국민은행, 도시 주택가격 동향 조사(2003. 2).

난해지는 확실한 길이 되었다. 1995년과 비교한 아파트 가격 상승률도 서울에서 171.1%로 가장 높게 나타났고, 광주에서 88.5%로 가장 낮게 나타났다. 1995년의 경우에도 서울의 아파트 가격이 광주에 비해서 훨씬 높았다는 사실을 고려하면, 아파트 가격 상승으로 인한 절대적인 부의 증가는 훨씬 더 컸다는 것을 알 수 있다. 물론 1986년 당시에도 서울과 지방의 토지 가격 차이로 인하여 어느 정도 아파트 가격의 차이가 있었지만, 분양가 자율화가 시작된 1999년 이전까지는 아파트 가격의 지역간 차이는 오늘날과 같이 극단적인 형태로 나타나지는 않았다.

〈표 2〉는 2003년 4월 현재 31평 혹은 32평 크기의 주요 도시별 아파트 가격 분포를 보여준다. 동일한 아파트 가격은 춘천과 서울 강남의 경우 10배 이상의 차이를 보여주고 있다. 이러한 차이는 1999년 분양가 자율화가 이루어진 이후 급격히 더 커졌다. 1999년부터 2002년까지 4년 사이에 전국 도시의 아파트 가격이 1.5배 올랐고, 이러한 가격 상승은 특히 서울과 수도권에서 집중적으로 이루어졌다. 1999년부터 2002년까지 광역시의 아파트 가격 상승은 1.43배였지만, 서울 강남의 아파트는 1.997배, 수도권 아파트는 1.725배 올라서, 임금 상승률과 물가 상승률을 훨씬 웃돌았다. 같은 기간 동안 비수도권 중소도시 아파트 가격은 거의 오르지 않았다. 아파트 분양가 자율화가 이루어진 이후, 곧바로 신규 아파트 분양가 상승이 나타났고, 그것이 땅값을 상승시키고 또한 기존 아파트 매매가격을 상승시키면서, 아파트 투기 현상으로 나타났다. 그 결과 아파트 소유자와 비소유자, 서울과 지방 주민들 간의 주택 자산 불평등은 더욱 커졌다.

아파트 투기 열풍으로 아파트 가격이 상승하면서, 서울에서도 극심한 아파트 가격 차이가 나타나기 시작했다. 최근 3년 동안 아파트 가격 폭등 현상이 지속되면서 서울의 경우 3억 이상의 아파트가 11.5%에서 15.8%, 4억 원대 아파트가 3.4%에서 10.5%, 5억 원대 아파트가 2.0%에서 6.4%로 늘어났다. 서울에서도 지역간 아파트 가격 상승이 크게 다르게 나타났고 주로 강남지역에서 아파트 가격 폭등 현상이 나타났다. 그 결과 아파트의 가격 차이가 크게 벌어졌다. 〈그림 1〉에서 알 수 있듯이, 대표적으로 부

〈표 2〉 지역간 아파트 가격 분포(2003년 4월 현재)

(단위 : 만 원)

서울		광주	
개포 우성	67,000(31평)	자산 삼성	9,000(32평)
마포 현대	35,000(33평)	내방 해태	9,500(32평)
관악 우성	30,000(31평)		
경기		전주	
분당 효자현대	34,000(31평)	송천 현대1차	9,000(32평)
부천 중동대림	21,500(33평)	호성1동 동아	8,300(31평)
부산		청주	
반여동 삼익그린	12,000(31평)	복대 현대1차	12,500(32평)
범천 경남	17,000(32평)	개신 현대	8,200(32평)
대구		춘천	
수성 청구하이츠	18,000(31평)	퇴계 현대1차	9,300(31평)
달서 삼성래미안	16,500(32평)	우두 극동	6,500(31평)
대전			
대덕 송촌선비마을	16,500(32평)	유성 그린삼성	13,000(32평)

자료 : http://www.r114.co.kr/z/apt/asyse/

유층이 몰려 있는 강남구와 상대적으로 빈곤층이 몰려 있는 도봉구를 비교해 보면 아파트 투기 열풍이 강남지역에 집중되면서 두 구 사이에는 더욱 큰 격차가 벌어졌다. 극단적인 형태로 나타나는 부동산 자산 불평등은 경제위기 이후에 더욱 심해져서 소득 불평등뿐만 아니라 자산 불평등을 가중시키고 있는 한국의 특수한 현상 가운데 하나가 되었다. 그러므로 한국의 불평등을 논의하는 데 소득 불평등만을 논의하는 것은 현실적으로 타당하지 않게 되었다. 그리고 부동산자산 증식 과정은 경제활동인구에 의해서 이루어지기보다는 일을 하지 않으면서 부동산 투기를 업으로 하는 집단에 의해서 이루어지고 있다는 점에서 계급, 성, 인종 등과는 다른 기

〈그림 1〉 강남구와 도봉구 아파트 금액대별 비율

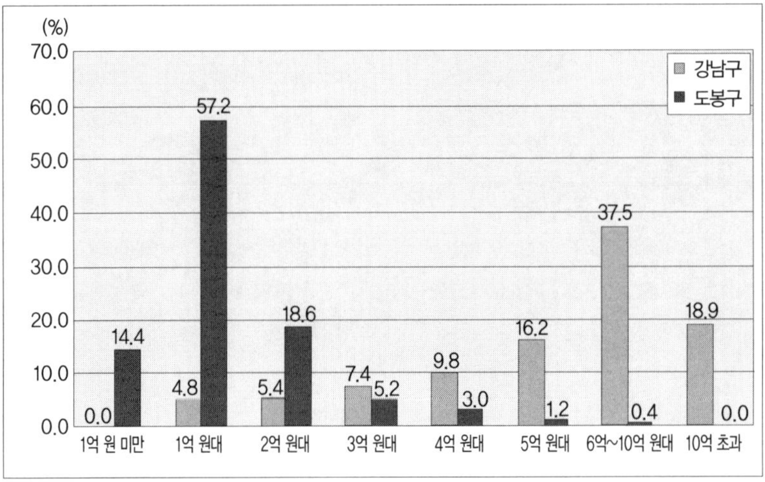

자료 : 부동산뱅크, 2004년 8월 12일.

제에 의거하고 있다.

2) 경제위기, 노동시장의 구조적 전환과 노동계급 분화

1997년 시작된 경제위기는 피고용자들에게 실업과 비정규직화의 위험 증대로 나타났다. 외환위기 직후부터 대량 해고를 중심으로 하는 기업 구조조정이 경제위기 극복 수단으로 도입되면서, 노동계급과 중간계급에서 모두 대량 해고가 나타났다. 제조업뿐만 아니라 금융, 유통, 서비스업 등에서도 노동시장의 유연화를 내세워 관리직, 전문직 종사자들이 대량으로 해고되었다. 이것은 곧바로 실업자와 비정규직 피고용자의 급격한 증가로 이어졌다.

1998년 이후 실업률은 점차 낮아졌지만, 〈표 3〉에서 알 수 있듯이, 임시직과 일용직을 포함한 비정규직의 비율은 꾸준히 증가하여 임시직 종사

<표 3> 종사상의 지위별 분포(%)

종사상 지위 \ 연도	1995	1996	1997	1998	1999	2000	2001	2002
정규직	58.14	56.81	54.33	53.14	48.45	47.87	49.15	48.39
임시직	27.89	29.60	31.60	32.87	33.60	34.49	34.60	34.45
일용직	13.97	13.59	15.07	13.99	17.96	17.64	16.24	17.16

자료 : 통계청, 경제활동인구 조사, 1995~2002년.

자는 2002년 현재 1,418만 명의 피고용자 가운데 약 52% 정도인 730만 명에 달하고 있다. 1995년부터 2002년까지 정규직은 64만 명이 줄어들었고, 임시직과 일용직을 포함한 비정규직은 약 192만 명이 늘었다. 고용구조의 급격한 변화에 따른 임시직과 일용직 종사자의 증가는 곧바로 경제적 불평등의 심화를 가져왔다. 비정규직의 종사자들은 정규직 종사자들에 비해서 임금이 훨씬 낮은 것은 물론이고, 연금, 보험, 각종 수당 등의 혜택을 받지 못하기 때문에, 경제활동을 하고 있지만 가난한 '노동 빈곤층'으로 전락하기 쉽다.

〈표 4〉는 2001년 임금근로자의 고용형태별 월평균 임금 및 시간당 임금 통계이다. 여기에서 두드러진 사실은 경제활동인구의 1/3 정도를 차지하는 임시직의 경우, 월평균임금이 상용직 근로자 임금의 55.9%에 불과하였고, 시간당 평균임금도 63.4%에 불과하였다는 점이다.[14] 결과적으로 고용불안정을 겪고 있는 489만 명 정도의 임시직 노동자들의 경우, 경제활동을 하고 있음에도 불구하고 빈곤에서 벗어나기 어려운 가난한 노동자들인 셈이다. 왜냐하면 임시직 월평균임금 73만 4,000원은 2001년 국민

---

14 은행의 비정규직 노동자의 연봉은 대졸 초임 연봉의 47.5%에 불과한 것으로 나타났다. 시중 은행 비정규직 노동자의 연봉은 1,609만 원으로 시중 은행 대졸 초임 연봉인 3,388만 원의 47.5%에 불과하였다(경향신문, 2004. 7. 15).

〈표 4〉 임금근로자의 고용 형태별 월평균 및 시간당 임금

고용 형태		월평균임금(만 원)	시간당 평균임금(천 원)
종사상 지위	상용직	131.4	6.58
	임시직	73.4	4.17
	일용직	82.5	5.30

자료 : 한국노동연구원, 한국노동패널 기초분석보고서(IV), 2003, 133쪽.

기초생활보장제도에 의해서 지급되는 3인 가족 최저생계비인 76만 원에
도 미치지 못하는 낮은 임금 수준이기 때문이다.[15] 이러한 사실은 이미 한
국사회에서 취업하여 일을 하고는 있지만 만성적인 빈곤에서 벗어날 수
없는 '노동 빈곤층'이 광범위하게 형성되고 있음을 보여준다.

결론적으로 경제위기 속에서 나타난 기업 구조조정과 노동시장 동요의
직접적인 결과는 피고용자 내의 소득 불평등의 심화로 이어졌다. 그 결과
사회 전체적으로도 소득격차가 더 크게 벌어졌다. 통계청 발표에 따르면,
경제위기가 시작된 이후 피고용자 사이에서 소득 불평등은 지속적으로 심
화되었다. 상위 20%의 소득과 하위 20% 소득의 비율은 1998년 5.41,
1999년 5.49, 2000년 5.32, 2001년에는 3·4분기 5.43, 2002년 3·4분
기 5.5배로 나타났다. 2000년 일시적으로 소득 불평등이 약화되었으나
2001년부터 다시 크게 증가하여 피고용자들 사이에서도 경제적 불평등이
계속해서 심화되고 있다는 것을 알 수 있다.

---

15 2001년 재산 기준 3,400만 원의 3인 가구 최저생계비는 76만 원, 4인 가구의 경우는 96만 원이었다.

4. 사회계급별 자산과 소득 실태

1) 소유계급 : 자본가계급과 자산계급

경험적으로 자본가계급을 포함한 부유층의 부를 정확하게 측정할 수 있는 방법은 없다. 대부분 서베이 조사를 통하여 소득 불평등의 정도를 파악하고 있지만, 대자본가들은 이러한 서베이 조사 표본에 포함되기 힘들며, 포함되더라도 이들은 자신들의 소득을 정확하게 밝히기를 거부하고 있기 때문에 서베이 조사를 통하여 계급 불평등의 전체적인 내용을 정확하게 파악하기는 불가능하다. 또한 자영업자인 경우에도 조사과정에서 실제 소득보다 낮게 대답하거나 혹은 소득을 밝히지 않는 경우가 많아서 소득 파악이 힘들다. 이에 반해서 피고용자들의 경우는 전산화된 임금자료를 이용하여 소득 파악이 용이하기 때문에, 상대적으로 피고용자들의 소득 파악은 쉬운 편이다. 그리하여 대부분의 소득 불평등 연구는 임금소득의 불평등에 초점을 맞추고 있다[16](황일청 편, 1992; 석현호 편, 1997).

대자본가들의 경우 주로 최고경영자(CEO)의 형태로 경제활동을 하고 있기 때문에, 이들의 연봉은 최근에 일부 알려졌다. 예를 들어 2002년 삼성전자 최고경영자의 경우 연봉 35억 7,000만 원이었고, 국내 100대 상장기업 최고경영자의 연봉은 평균 1억 9,139만 원이었으며, 상위 20개 사의 최고경영자의 경우는 5억 3,163만 원인 것으로 밝혀졌다.[17] 2003년도 삼성전자 등기이사(사회이사 제외)는 평균 58억의 연봉을 받았고, LG전자 등기이사도 10억 6,000만 원의 연봉을 받았다.[18] 그러나 이들이 사용하는

---

16 대표적으로 황일청 편(1992), 『한국사회의 불평등과 형평』과 석현호 편(1997), 『한국사회의 불평등과 공정성』을 볼 것.
17 파이낸셜 뉴스, 2002년 6월 6일.
18 삼성SDI는 2003년도 20억 6,000만 원의 연봉을 사내이사에게 지급하였고, 삼성물산은 14억 3,000만 원, 삼성중공업 10억 8,000만 원의 연봉을 지급하였다. SK텔레콤은 5억 5,000만 원, 포스코는 4억 5,000만 원의 연봉을 지급하였다(서울신문, 2004년 8월 3일). 50대 상장기업 가운데 국민은행, SK네트웍스, 신세계, 외환은행을 제외한 46개 사의 임원 보수는 6억 2,000만 원이었다(한겨레신문, 2004년 8월 2일).

다양한 형태의 비용이 소득에 포함되지 않았다. 여기에 기업 활동으로 취급되는 판공비 지출까지를 포함하면, 이들의 실제 소득은 훨씬 더 높은 수준일 것이다.

2002년 313만 개 사업체 가운데 1~4명을 고용한 사업체가 263만 개 정도에 이르렀고, 5명 이상을 고용한 사업체는 50만 개 정도였으며, 이중에서 50명 이상을 고용한 기업체 수는 2만 9,871개였다(http://kosis.nso.go.kr/cgi-bin/sws_999.cgi). 전체 사업체를 조직 형태별로 살펴보면 개인사업체가 271만 6,022개였고, 회사법인이 25만 2,837개였으며, 회사 이외의 법인이 9만 588개, 비법인단체가 7만 2,516개였다. 이 가운데 2003년 법인세를 납부한 기업체는 27만 1,353개였다. 여기에서 1억 원 이상의 자본금을 보유한 법인은 16만 4,014개였으며, 10억 이상은 2만 3,643개였다(국세청, 2003: 표 2-3-11).

고소득을 누리는 집단으로 자본가들 이외에 금융자산, 주식, 부동산 등을 소유하고 이들로부터 수익을 올리는 비취업집단들이 있다. 2002년 6월 말 현재 5,000만 원 이상을 은행에 예금하고 있는 고액 예금자는 120만 명에 달했다.[19] 이는 예금보장 한도 금액인 5,000만 원 이상을 예금한 사람 수로 예금계좌를 복수로 개설한 고액예금자가 많다는 점을 고려하면, 실제로 5천만 원 이상의 고액 예금자는 이보다 크게 낮은 수치일 것이다.[20] 저축성 예금, 금전신탁, 양도성 예금증서 등에 1억 이상을 예금한 계좌 수는 25만 8,000계좌로서 금액은 176조 7,790억 원에 달하여, 이는

19 서울경제, 2002년 8월 8일.
20 한 은행의 경우 고액 예금자(5,000만 원 이상 예금)를 대상으로 하는 프라이빗뱅킹(PB) 서비스 대상자는 1.17%에 불과하며, 이들의 총예금이 전체 예금의 56%를 차지하는 것으로 알려졌다(동아일보, 2001년 10월 4일). 다른 시중은행은 PB고객 기준이 되는 1억 원 이상 예금자가 전체의 2%인데 이들이 예금한 금액은 전체 예금의 80%를 차지하고 있고, 또 다른 은행은 2002년 말 기준 1억 원 이상 예금자인 PB고객이 전체 고객의 0.8%에 불과하지만 예금은 67%를 점유하고 있는 것으로 알려졌다(서울경제, 2002년 10월 23일).

계좌 수로는 전체 예금자 1,376만 명의 2%에 불과하지만, 전체 예금액 312조 3,460억 원의 56.6%에 달하는 것으로 나타났다.[21] 이중에서 법인 고객을 제외한 경우 은행권 거액 예금자는 100조 원에 이르는 것으로 추정된다. 최근 일부 은행에서 시작된 고액 예금자들을 대상으로 등장한 프라이빗뱅킹(PB)은 10억 이상의 금융자산을 가지고 있는 고객을 대상으로 하며, 대상자는 5만 2,000~5만 6,000명 정도에 달하는 것으로 알려졌다.[22] 이들 거액 예금자들은 자본가, 전문직 종사자(의사, 변호사 등), 거액 유산 상속자 등이 주류를 이루고 있다.

증권시장의 경우를 살펴보면, 2002년 9월 현재 전체 주식에서 1억 원 이상의 주식을 소유한 사람은 전체 주식 소유자의 2.1%에 불과한 것으로 알려졌다.[23] 1991년 1억 원 이상의 계좌(현금+유가증권)는 2만 5,794개로 전체 주식 263만 1,780계좌 가운데서 0.91%를 차지하였다.[24] 1990년대 들어 점차 고액 투자자가 늘어나기 시작해서 2002년 9월 현재 2.1%에 이르렀다. 추정해서 국내 주식소유자의 규모가 380만 명 정도라고 한다면, 약 8만 명 정도의 거액 주식투자자가 있다고 볼 수 있다.[25] 이는 전체 주식 소유자의 2% 정도에 불과하지만, 이들이 전체 주식투자액의 절반 이상을 차지하고 있기 때문에 증권시장에서 큰 영향력을 행사하는 것으로 알려졌다. 이른바 '큰손'이라 불리는 거액 투자자들의 투자에 따라서 증권시장의 상황이 변하기 때문에 이들은 증권시장에서 초미의 관심사가 되었다. 2001년 1월 초 증권시장에서 1만 주 이상의 호가 건수가, 주가 상승기에

---

21 매일경제, 2002년 4월 11일.
22 이들이 보유한 금융자산의 규모도 200조에서 250조에 달하는 것으로 알려졌다. 한국경제, 2003년 1월 18일.
23 조선일보, 2002년 9월 19일.
24 대한매일, 1991년 7월 17일.
25 주식투자인구 추이는 코스닥이 개장한 1999년부터 급증하였다. 1998년 192만 명이었던 주식투자자가 2001년에는 389만 명에 달하였다(http://www.kse.or.kr/common/print/kse_print.jsp 2003년 5월 4일 접속).

호가 건수 154만 2,190건 가운데 4만 1,401건이 넘었고, 이는 큰손들에 의해서 이루어진 것으로 알려졌다.[26]

한국사회에서 구조적인 문제로 인식되는 부동산 투기를 통한 소득 증대도 현금 동원이 가능한 자산가들에만 가능한 자산소득 증식의 일종이다. 부동산을 소유하고, 이를 바탕으로 임대 수입으로 살아가는 사람들뿐만 아니라 단기적인 차익을 목적으로 부동산에 투자하는 자산가들의 규모를 추정하기는 대단히 힘들다. 그러나 은행, 주식, 부동산 등으로 자금의 순환이 이루어지면서, 단기적인 수익을 도모하는 투기자금이 부동산으로 몰리기 때문에, 은행, 주식 및 부동산에 투자하는 집단은 대체로 동일한 사람들이라고 볼 수 있을 것이다. 그렇다면 추정해서 대체로 5만 내지 8만 명의 자산가들이 대규모로 부동산에 투자하고 있다고 볼 수 있을 것이다.[27]

마지막으로 종합소득세 통계를 중심으로 부유층의 규모를 추정할 수 있다. 2002년 종합소득세 확정 신고자 수는 201만 363명이었다. 이 중에서 상위 20%에 해당하는 40만 4,072명이 전체 세액의 87.8%를 차지하고 있어서 나머지 80%가 세액에서 차지하는 비중은 대단히 적었다.[28] 과세표준액이 4,000만 원 이상인 고액 납세자는 전체 9.6%로 17만 6,221명이었다. 2002년 과세표준에서 소득이 1억 원 이상 되는 종합소득세 신고자는 4만 617명으로 2002년 3만 9,700명보다 917명 늘었다.[29] 세금으로 포착되지 않은 재산과 소득이 많기 때문에 국세청 통계를 통해서 소득분배를

---

26 이는 2001년 1월 2일에서 17일까지 주식시장 상승기 동안 '큰손' 이라 불리는 거액 투자자 활동에 대한 분석 결과이다(대한매일, 2001년 1월 23일).

27 최근 행정수도 후보지로 떠오른 충청지역에서 토지를 구입한 사람들을 대상으로 한 조사에서, 국세청은 2만 7,095명을 대상으로 투기혐의로 세무조사를 실시하고 있다. 이들이 모두 거액 금융자산을 보유하고 있다고 보기는 힘들지만, 대부분이 현금 동원력이 있는 재력가라고 판단된다.

28 국세청, 「국세통계연보 2003」, 〈표 2-1-8〉 종합소득세 과세자의 10분위 분포(2002년 귀속).

29 과세표준 소득이 4,000만 원 이상인 경우는 17만 6,211명으로 국세청, 「국세통계연보 2003」, 〈표 2-1-7〉 과세표준 계급별 종합소득세 신고 현황(2002귀속).

〈표 5〉 연도별 재산세 결정 현황
(단위 : 명)

	합계	양도소득세	상속세	증여세
1998년	388,147	336,053	3,455	48,639
1999년	244,936	206,519	2,020	36,397
2000년	361,799	323,245	1,389	37,165
2001년	408,044	356,417	1,982	49,645
2002년	637,033	580,323	1,661	55,049

정확하게 파악하기는 힘들지만, 드러난 소득을 바탕으로 한 소득분포는 어느 정도 확인할 수 있다. 국세청이 발표한 재산세 납부 통계에 의하면, 2002년도 재산세 납부 대상자는 63만 7,003명으로 2000년 36만 1,799명, 2001년 40만 8,044명과 비교하여 약 23만 명 늘어났다.[30] 양도세는 부동산 거래에서 발생하는 세금인 반면, 상속세이나 증여세는 부동산이나 현금의 이전에서 발생하는 세금이다. 2002년 양도세 과세 대상 인원은 58만 323명으로 2001년의 35만 6,417명에 비해서 크게 늘어났다. 2002년 상속세를 내는 피상속인은 모두 24만 1,193명이었으나 대부분이 과세 미달이었고, 과세 대상자는 1,661명에 불과하였다. 증여는 순수하게 재산의 이전이 이루어지는 것으로 2002년 5만 5,049명이 증여세 과세의 대상이 되었다.[31]

〈표 5〉는 재산세 부과 현황에 대한 종합적인 지표이다. 재산상의 변동이 있는 사람들에게 재산세가 부가되기 때문에, 여기에서 제시된 수치가 부유한 사람들 전체를 다 보여주는 것은 아니다. 2002년 재산세의 경우 과세의 대상은 각각 토지 52.9%, 건물 11.2%, 금융자산 12.7%, 기타 상

---

30 국세청, 「국세통계연보 2003」, 〈표 2-2-1〉 연도별, 지방국세청별 재산세제 결정 현황.
31 국세청, 「국세통계연보 2003」, 〈표 2-2-10〉 연도별, 지방국세청별 증여세 부과.

<表 6> 자본가계급과 자산계급의 규모 추정치

항 목	기 준	추정 규모
재산세	납세자	640,000명(2002년)(개인)
종합소득세	1억 이상	39,700명(2002년)
주식	1억 이상	80,000명(2003년)
고액 예금자	1억 이상	258,000계좌(2003년)
	10억 이상	52,000∼56,000명(2004년)
임대를 목적으로 하는 건물		830,000채(2001년)
아파트	10억 이상	30,585채(2004년)
기업 규모	50명 이상 고용	29,871개 기업(2002년)
자본금 규모	10억 이상	23,643개 기업(2002년)

속재산 9.8%로 나타났다. 여기에서 토지의 경우 농민들의 토지도 포함되어 있기 때문에, 보다 현실적으로 건물과 금융·자산이 더 중요한 자산가치를 지닌다고 본다면, 재산세 납부 대상자 전체가 부유층에 속한다고 볼수 있다. 또한 소득세와 재산세 납세자가 중복되는 경우가 많다는 것을 고려한다면, 국세청 자료를 통하여 추정되는 부유층은 63만 7,033명보다훨씬 적을 것으로 추정된다.

〈표 6〉은 앞에서 살펴본 내용을 종합한 것이다. 또한 자본가계급뿐만 아니라 자산을 가지고 있는 모든 사람을 총망라하였다. 여기에서 제시된 수치는 자본가계급, 프티부르주아지, 경제활동을 전혀 하지 않고 임대료 수입이나 이자 수입으로 사는 사람들을 모두 포함한 수치이다. 이들은 대부분이 중복되기 때문에 전혀 중복되지 않았다고 가정할 때 약 114만 명 정도가 된다. 그러나 실제로 중복되는 경우가 대부분이고, 자산을 포트폴리오 형태로 운용하기 때문에 부유층에 속하는 자본가계급과 자산계급의 규모는 64만 명 이하라고 추정된다. 이들의 부는 대부분 직접 노동을 통하여

얻어지는 것이 아니라 건물임대, 지대, 이자, 거래차익 등의 방법으로 사적으로 소유한 물건을 통하여 얻어지는 것이기 때문에 이른바 자산소득이다. 그러나 이러한 자산소득이 있는 사회집단이 가장 많은 부를 차지하고 또한 향유한다는 점에서, 그리고 이들의 부는 더욱 빠르게 증가하고 있다는 점에서 형평성 혹은 사회적 정의에 대한 문제제기를 유발시키고 있다.

2) 피고용자

한편, 피고용자의 소득도 큰 변화를 보였다. 피고용자들 전체의 평균소득은 2001년 119만 원이었다. 〈표 7〉은 임금근로자들의 직종별 임금 격차지수의 변화를 보여준다. 이 표에서 알 수 있는 점은 두 가지이다. 첫째, 단순노무자의 월소득을 준거로 할 때, 직종간 임금 격차가 더욱 벌어지고 있음을 알 수 있다. 1993년 단순노무자와 기업 임직원 및 관리자의 월소득 비율은 1 대 2.77이었으나, 2001년에는 1 대 3으로 더욱 크게 벌어졌다. 둘째, 저임금 직종보다 고임금 직종에서 월소득이 더 많이 올라서, 직종간 임금 격차는 더욱 크게 벌어졌다. 월소득이 가장 많은 임직원 및 관리자 집단에서 월소득 증가가 가장 두드러져서 1993부터 2001년 사이 월소득 증가액은 99만 4,000원이었다. 그리고 전문가의 월소득도 같은 기간 89만 2,000원 올랐다. 그러나 월소득이 가장 낮은 단순노무자의 경우 1993년부터 2001년 사이 월소득 증가분은 28만 6,000원에 그쳐서 가장 적었다. 그 다음이 농어업 종사자로 35만 4,000원 증가에 그쳤고, 종사자가 가장 많은 사무직과 장치 · 기계 조작 및 조립원의 경우에도 50만 원을 약간 상회하는 수준의 증가에 그쳤다.

1990년대 이후 피고용자 내부에서 '부익부 빈익빈' 현상이 뚜렷해져, 소득이 높은 직종이 더 높은 소득 증가를 경험한 반면, 소득이 낮은 직종

〈표 7〉 직종별 임금격차 지수(단순노무자 월소득 기준)

(단위 : 만 원)

직종＼연도	1993	1996	1997	1998	1999	2000	2001	증가액
전체	142.0	148.0	151.3	155.7	156.6	162.2	170.2	63.6
임직원 및 관리자	277.4	291.4	290.2	291.0	272.2	285.4	300.1	99.4
전문가	193.0	197.3	196.6	207.0	218.0	220.4	234.6	89.2
기술자 및 준전문가	170.2	170.8	171.9	178.2	173.0	184.0	195.2	69.1
사무 종사자	134.6	134.3	139.8	144.0	140.1	144.5	149.4	50.6
서비스 및 판매직	109.5	119.6	117.3	117.8	122.4	124.9	128.7	47.0
판매직 종사자*	–	–	–	–	–	122.0	125.6	3.9
농어업 종사자	126.4	138.4	160.6	164.0	132.6	133.3	137.9	35.4
기능원	125.0	137.1	141.0	141.7	141.9	148.6	156.3	61.3
장치·기계 조작 및 조립원	130.8	134.9	134.5	134.8	140.1	144.3	150.0	53.1
단순노무자	100.0	100.0	100.0	100.0	100.0	100.0	100.0	28.6
최고 소득－최저 소득(만 원)	92.9	134.2	142.3	140.8	133.1	150.2	163.8	

자료 : 노동부, 「임금구조 기본조사」 각 연도 자료를 기준으로 재구성.
＊ 노동부는 2000년부터 서비스 및 판매직 종사자를 서비스직 종사자와 판매직 종사자로 구분하여 조사.

은 소득 증가도 더 낮은 소득 양극화 현상이 나타났다. 소득 격차가 더욱 커지는 경향은 〈표 7〉의 마지막 줄에서 잘 알 수 있다. 맨 마지막 줄은 월소득이 가장 높은 직종의 월소득과 월소득이 가장 낮은 직종의 월소득 간의 차이를 나타낸다. 1992년 최고 월소득 직종의 월소득과 최저 월소득 직종의 월소득 간의 격차가 92만 9,000원이었으나, 1997년에는 142만 3,000원, 1999년에는 133만 1,000원으로 줄었다가 다시 2001년에는 163만 8,000원으로 늘어났다. 이러한 결과는 시간이 지남에 따라서 직종 간 소득 격차가 더욱 크게 벌어지고 있음을 보여준다.

〈표 7〉의 마지막 칸은 1993년부터 2001년 사이의 직업간 소득 증가를

보여준다. 여기에도 소득이 높은 임직원 및 관리자, 전문직, 기능공 및 준전문가집단에서 평균소득 증가액인 63만 6,000원보다 많은 소득 증가가 있었고, 소득이 낮은 직업집단에서 평균소득 증가액보다 낮은 소득 증가가 있었다. 특히 농림어업 종사자의 경우 지난 8년 동안 소득 증가액은 36만 원도 되지 않았고, 단순노무자는 더욱 심각하여, 소득 증가분은 29만 원에 불과하였다. 이러한 양상은 중간계급과 노동계급 간의 소득 격차가 더욱 커지고 있음을 보여준다.

〈표 7〉에서 드러나는 또 다른 점은 중간계급과 노동계급 간의 임금 격차가 더욱 커지고 있지만, 노동계급 내부에서도 임금 격차가 커지고 있다는 것이다. 1993년 단순노무자의 월소득을 100으로 했을 때, 조립노동자들의 월소득은 130.8이었고, 기능원은 125였다. 그 이후 격차는 지속적으로 확대되어 2001년 단순노무자의 월소득을 100으로 했을 때, 조립노동자의 월소득은 150으로 증가하였고, 기능원은 156.3으로 크게 증가하였다. 판매서비스직 종사자의 월소득과 단순노무자 월소득 차이도 더 크게 벌어졌다. 그리고 판매서비스직 종사자와 조립원이나 기능원과의 월소득 격차도 더욱 커졌다. 이러한 추세는 노동계급 내부에서도 소득 불평등이 지속적으로 커지고 있다는 점을 보여주고 있다.

종합적으로, 한국사회의 경제적 불평등은 더욱 커지고 있다. 이러한 점은 불평등 측정 지수로 사용되는 지니계수(Gini Coefficient)의 변화에서도 확인할 수 있다. 1995년의 소득 불평등 지니계수는 0.332였으나, 2000년에는 0.389로 분배구조가 극도로 악화되었음을 보여준다.[32] 이러한 지니계수는 한국의 불평등 정도가 선진 자본주의사회들 가운데 불평등이 가장 심

---

32 유경준, 「외환위기 이후 소득 분배구조 변화와 재분배정책 효과 분석」, KDI 연구보고서 2002-8, 2002년.

한 미국에 근접하는 수준이며, 아시아 국가들 중에서도 불평등의 정도가 높은 수준임을 보여준다.[33] 이러한 결과는 5년 사이에 분배구조가 급격히 악화되면서 나타난 결과이다. 재산의 불평등 차원에서도 동일한 형태가 나타나고 있다. 금융자산과 부동산자산을 포함한 총자산 불평등 지니계수는 1993년 0.571, 1994년 0.573, 1995년 0.577, 1996년 0.570, 1997년 0.600, 1998년 0.655로 나타나, 1996년 일시적으로 불평등이 약화되었으나, 경제위기 이후 총자산 불평등이 크게 심화되고 있음을 보여준다.[34]

5. 결론

이 장에서는 한국사회의 계급과 사회적 불평등의 실태를 관심대상집단과 서베이 조사 자료를 동시에 활용하여 분석하였다. 모든 계급의 소득과 재산을 분석하기보다는 자산계급(유산계급) 가운데서도 산업자산, 금융자산, 부동산자산을 소유한 집단과 무자산계급(무산계급)의 재산과 소득을 중심으로 분석하였다. 이러한 분석은 서베이 자료 한 가지를 중심으로 분석하는 방법에 비해서 체계성은 훨씬 떨어지지만, 보다 현실적인 부의 실태와 불평등의 정도를 파악할 수 있는 접근법이 될 수 있다.

자본주의사회에서 계급 불평등은 생산체제의 구조적인 속성에서 유래하지만, 현실적으로 나타나는 불평등의 정도는 국가의 정책, 노동운동의

---

33 불평등이 가장 낮은 사회는 슬로바키아 공화국으로 지니계수가 0.195였고, 그 다음이 유럽의 오스트리아(0.231), 사민주의 국가들인 덴마크(0.247), 스웨덴(0.250), 노르웨이(0.252), 핀란드(0.256)가 뒤를 이었다. 독일 0.281, 영국 0.326, 프랑스 0.327이었으며, 미국은 0.405로 선진 자본주의사회들에서 가장 불평등이 심한 것으로 나타났다. 아시아 사회들의 경우 지니계수는 인도 0.297, 파키스탄 0.312, 몽골 0.332, 베트남 0.357, 인도네시아 0.365, 중국 0.415, 필리핀 0.429, 태국 0.462로, 한국은 태국, 필리핀, 중국을 제외한 아시아 국가들에서 가장 불평등이 심한 수준을 보였다. World Bank, *World Development Report*, 1999.

34 이정우, 이성림, 「한국의 부의 불평등 추계」, 『경제발전연구』 7권 1호, p.19.

성격과 경제상황 등에 따라서 크게 달라진다. 집권 정당의 정치적 이념에 따라서 국가정책도 크게 달라지며, 그 결과 한 사회의 불평등의 정도나 경제적 복지수준도 크게 달라진다. 또한 노동조합의 조직력과 활동노선에 따라서 전체 사회 불평등뿐만 아니라 피고용자들 사이에서 나타나는 불평등의 정도도 크게 달라진다. 스웨덴과 같이 블루칼라 노동자의 95% 정도가 노조를 조직하고 연대임금정책을 내세웠던 경우, 피고용자들 사이에서 경제적 불평등은 크게 약화된다. 그리고 거시경제 상태에 따라서도 불평등 정도는 크게 변한다. 경제위기 시기와 같이 실업이 증가하고, 기업이 생존을 위하여 고용 방식에 변화를 가져와 고용 불안과 소득 불안정을 낳는 경우 피고용자들 사이에서 불평등은 더욱 심화된다.

경제위기 이후 한국사회의 계급 불평등은 더욱 심화되었다. 한국사회에서 피부로 느낄 수 있는 경제적 불평등은 계급관계가 한국사회에 특수한 여러 가지 상황과 맞물려서 나타난 결과이다. 부를 독점하고 있는 부유층에는 타인을 고용하여 이윤을 추구하는 전통적인 자본가뿐만 아니라, 특별한 직업은 없지만 금융, 부동산, 증권 등을 소유하고 이로부터 고수익을 누리는 '큰손'도 포함된다. 또한 이들 집단에는 대기업 임원이나 관리직 종사자들과 의사, 변호사와 같은 전문직 종사자들도 포함된다. 이들은 중간계급에 속하지만, 다른 직업집단에 비해서 큰 소득을 올릴 수 있는 조건(의사공급 통제와 시장 중심의 의료서비스, 법률가의 양적 제한 등)으로 인해서 높은 수준의 부를 누리고 있다.

한국의 특수한 상황은 극심한 지역간 불균등 성장으로 인한 주택 자산가치의 격차로 인한 불평등의 심화현상이다. 지역간 불균등 성장과 부동산 투기와 맞물려 아파트를 포함한 자산가치의 격차 심화는 이제 해결하기 힘든 구조적인 문제가 되었다. 이는 주로 아파트 가격을 중심으로 혹은 부동산 가격의 불균등 상승으로 나타난 결과로서, 특정 지역의 아파트를 소유한 집단과 그렇지 못한 집단 사이의 부의 격차는 평생 임금노동을 통해서 극복될 수 없는 정도로 확대되었다. 이것은 전형적으로 정부정책의 실패가 가져온 결과였다.

또 다른 상황은 1997년 이후의 경제위기이다. 경제위기로 인하여 노동계급 내부의 불평등이 심화되었다. 노동시장 유연화로 비정규직이 크게 늘었고, 정규직과 비정규직 종사자 간의 임금의 격차가 커지면서, 노동계급 내에서 양극화 현상이 나타나고 있다. 저임금 노동자들의 양적 증가와 최저생계비 수준을 밑도는 비정규직의 저임금으로 빈곤한 노동자 집단이 생겨나고 있다.

현재와 같은 신자유주의적 국가정책이 지속되는 한, 한국의 계급 불평등은 더욱 심화될 수밖에 없다. 노동시장의 유연화를 촉진시키기 위한 노동정책과 금융자본의 자유로운 이동을 가능케 한 금융시장 개방정책 등 신자유주의 경제정책이 지속되는 한, 계급 불평등은 더욱 커질 것이다. 시장에 모든 것을 맡기는 경우, 자원을 독점하고 있는 기득권 집단이 더욱 더 부를 독점하게 될 것임은 분명하다. 생산적인 경제활동에 참여하지 않는 금융, 부동산, 증권 등의 자산을 소유한 집단들이 한국경제에 큰 영향을 미치는 현실에서, 이들 집단에게 부가 독점 되는 현상이 더욱 강화될 것이다. 현재와 같이 노동을 하지 않는 많은 사람들이 부를 독점하는 사회, 그리고 비정규직 종사자들의 경우처럼 노동을 하더라도 최저생계비조차 얻지 못하는 사회는 분명히 정의롭지 못한 사회이다. 한국의 21세기 과제는 이러한 사회체제를 개혁하는 일이다. 이것은 땀흘린 만큼 대접받는 사회를 만드는 일이다.

마지막으로 불평등을 경험적으로 연구하는 연구 방법과 관련하여, 관심

대상집단을 중심으로 하는 불평등 연구는 장단점을 동시에 지니고 있다고 볼 수 있다. 먼저 관심대상집단을 중심으로 불평등을 분석하는 것은 일상적으로 경험하는 불평등 현실과 크게 괴리되지 않은 결과를 보여준다. 이러한 접근은 분명히 한 가지 조사 자료를 이용한 불평등 연구보다 훨씬 더 현실에 적합한 불평등 실태를 보여준다고 평가할 수 있다. 특히 자본가계급을 포함한 부유층의 실태를 파악하는 데 적절한 방법이 될 수 있다. 이 글에서는 부유한 집단을 분석하기 위하여 관심대상집단을 중심으로 생산수단, 금융자산과 부동산의 소유 실태를 살펴보았다.

그러나 동시에 관심대상집단을 중심으로 한 불평등 연구는 단점을 지니고 있다. 매우 다양한 자료를 이용하여 소득과 재산의 불평등을 분석하는 것이기 때문에, 체계적으로 분석결과를 얻는 것이 용이하지 않다. 이 점은 관심대상집단을 중심으로 하는 연구 방법에서 가장 취약한 점이다. 이러한 취약점을 어느 정도 보완하기 위하여 여기에서는 피고용자들을 대상으로 한 조사 자료를 동시에 분석하였다. 실제로 사회적 불평등에 관한 보다 총체적인 분석을 위해서는 전통적인 조사 자료를 이용한 분석과 관심대상집단을 중심으로 한 분석 두 가지 접근법이 적절하게 활용될 필요가 있을 것이다.

6
지역과 불평등 : 서울시 사례 연구

1. 머리말

지난 40년간의 산업화 과정에서 서울은 산업화로 인한 변화를 가장 크게 경험한 도시이다. 서울뿐만 아니라 주변에 수도권 도시들이 형성되면서 서울은 산업화된 한국의 상징으로 자리잡았다. 산업화와 더불어 이루어진 급격한 도시화로 한국의 인구 1/4이 서울에 집중되어 과잉 도시화가 이루어졌고, 서울 주변 수도권지역으로도 인구가 집중되어 한국 전체 인구의 절반 정도가 이곳에 집중되었다.

이와 더불어, 지난 40년 동안 한국사회는 산업구조와 거주지역이 크게 변화를 겪었다. 1960년 농업을 중심으로 하는 농업사회에서 1980년대부터 제조업을 중심으로 하는 산업사회로 점차 전환되었다. 그리고 제조업 중심 사회에서 서비스업과 정보통신업이 중심이 되는 탈산업사회로 점차 변화하고 있다. 이러한 변화는 공간 구조의 재편을 수반한 변화로서 대규모 인구이동을 통해 거주지역의 재편이 이루어졌다. 도시화로 불리는 도시와 도시인구의 급격한 팽창은 일상생활 구조를 전면적으로 변화시켰다. 1960년대와 1970년대에 본격적으로 이루어진 이농 현상으로 농촌지역 인구가 급격히 줄어들어 1960년 전체 인구에서 58.2%를 차지했던 농가의 비율은 2002년에는 7.5%로 크게 줄어들었고, 시 단위 거주 인구 비율도 1960년 28%에서 2000년 79%로 늘어났다. 이러한 변화들은 거의 한 세대에 일어난 급격한 변화였다.

권위주의적 정권에 의해서 주도된 경제성장은 지역간 불균등 성장을 기본적인 특징으로 하였고, 이러한 불균등 성장은 서울 내부에서 계급에 따른 공간적 분리 현상을 촉진시켰다. 전국적인 차원에서 지역간 불균등 성장은 대규모 인구이동을 촉발시켜, 대규모의 인구가 서울과 도시로 유입되었고[1] 서울 인구가 급팽창하였다. 그러나 농촌에서 서울로 이주한 인구들 가운데 상당 부분이 서울에서 주거 공간과 일자리를 확보하지 못하였다. 이들은 서울 외곽지역에 대규모 영세민 거주지역을 형성하면서 도시빈민이 되었다. 점차 서울은 경제성장의 혜택을 누리는 집단과 배제된 집단에 의해서 공간적으로 분할되었다. 대표적으로 강남을 중심으로 하는 신흥 부유층지역과 과거 난곡, 봉천동, 사당동, 월곡동 등지에 형성된 달동네로 불렸던 영세민 지역이 형성되었다.

서울을 중심으로 이루어진 자본주의적 산업화는 사회계급간 불평등을 낳았다. 1960년대 중반부터 본격적으로 시작된, 국가가 주도한 산업화는 계급관계의 변화를 가져와, 전통적인 프티부르주아지 이외에 새로운 계급으로서 자본가계급, 중간계급과 노동계급이 등장하였다. 산업화 과정에서

---

[1] 1960년대 중반까지 10%대에 불과했던 인구이동률은 1970년대 중반부터 2배 정도 증가한 20%대로 증가하여 1990년대 중반 다시 10%대로 접어들었다(통계청, 1996: 73).

대재벌이 형성되었는가 하면, 농촌에서 공장으로 이전한 대규모 도시노동자계급도 형성되었다. 또한 산업화가 지속되면서 전문·관리직 종사자들의 비율도 크게 증가하여 1983년 경제활동인구에서 6.1%에 불과했던 전문·행정·기술·관리직 종사자가 2000년에는 18.4%로 증가하였다(통계청, 2002: 186). 이러한 변화는 피고용자 가운데 전통적인 노동계급뿐만 아니라 중간계급도 큰 비중을 차지하고 있음을 보여준다.

이 글에서는 자본주의적 산업화를 통하여 이루어진 변화 가운데 특히 서울지역 내의 계급 불평등의 실태를 분석하고 계급 불평등이 지역적으로 어떻게 분포되었는가를 분석한다. 구체적으로 서울의 계급 불평등이 지리적으로 어떻게 공간구조와 연계되어 있는가를 분석한다. 한편으로 서울은 한국사회가 겪은 급격한 변화들을 보여주는 한국사회의 축소판일 뿐만 아니라, 더욱 심화된 형태로 변화가 이루어진 공간이다. 그러므로 서울시의 불평등 분석은 전체 한국사회의 불평등을 이해하는 데 큰 도움을 줄 수 있을 것이다.

2. 서울의 불평등 : 계급과 지역

1) 배경

해방 직후 90만 1,371명에 불과하였던 서울시의 인구는 1959년 200만을 넘어섰고, 1988년에는 1,000만을 넘어섰다. 1993년부터 분당이나 일산과 같은 수도권 신도시로 인구가 유출되어 서울시 인구가 약간 줄어들고 있는 추세이지만, 2002년 현재까지도 서울시 인구는 1,028만 523명에 달하고 있다. 1960년대부터 1980년대 중반까지 전형적인 제3세계 도시 팽창과정을 거친 서울은 1990년대부터 점차 금융, 통신, 운송 등의 허브 역할을 하는 도시로 변화를 보이기 시작하였다. 2001년 서울의 산업총생산에서 1차 산업과 2차 산업이 차지하는 비중은 16.8%에 불과하였다 (http://kosis. nso.go.kr/Magazine/GP/GP0304.xls).[2]

직업구조도 크게 변모하여 2003년 서울시 경제활동인구의 직업 분포를 살펴보면, 전문직 종사자, 기술직 종사자, 행정관리직 종사자의 비율이 약 28%였고, 기능 · 기계조작 · 조립 · 단순노무직 종사자는 약 30%, 판매 · 사무 · 서비스직 종사자는 약 42%였다. 기능직 · 조립 및 단순노무직 종사자의 비율은 1995년 33%에서 2002년 30%로 줄어들었다. 반면에 전문직, 기술직, 행정관리직 종사자의 비율은 26%에서 28%로 늘었고, 판매 · 서비스 · 사무직 종사자의 비율은 37%에서 42%로 늘었다. 우리는 이러한 변화가 단지 7년 사이에 일어났다는 점에 주목할 필요가 있다. 즉 서울시의 직업구조는 급격하게 재편되고 있음을 알 수 있다.

이러한 변화는 1997년 외환위기를 계기로 해서 더욱 촉진되었다. 〈그림 1〉은 1995년부터 2002년 사이 서울시 직업구성비 추세를 보여준다. 먼저 여기에서 알 수 있는 점은 중간계급에 속하는 직업군인, 관리직, 기술직, 전문직 종사자들의 비율은 1997년 이후 계속해서 증가추세를 보여주고 있는 반면, 지속적으로 감소하고 있던 노동계급에 속하는 직업군인, 기능직, 조립직, 단순노무직 종사자의 비율은 1997년 이후 더욱 빠르게 감소하고 있다는 점이다. 화이트칼라 노동계급에 속하는 직업군인, 사무직, 판매직, 서비스직 종사자의 비율도 빠른 증가추세를 보이다가 외환위기를 거치면서 크게 줄었지만, 다시 증가추세를 보이고 있다는 점에서 블루칼라 노동계급과 차이를 보여주고 있다. 종합적으로 직업을 중심으로

---

2 2001년 1차 산업과 2차 산업이 지역 내 총생산에서 차지하는 비중은 부산 32.2%, 대구 35.7%, 인천 50.3%, 광주 40.5%, 대전 33.8%였다.

해서 볼 때, 서울은 빠르게 화이트칼라 도시로 변모하고 있다.

전체 한국 인구의 24% 정도가 서울에 집중되면서 주택난이 사회문제로 크게 대두되고 있다. 현재 서울시민의 약 1/3이 집을 소유하지 못하고 있고, 이들은 전세, 월세로 타인이 소유하고 있는 주택을 임대하여 살고 있다. 서울의 집값이 세계적으로 높다는 점을 고려한다면 서울에서 주택을 소유한 사람들과 그렇지 못한 사람들의 재산 불평등은 극단적인 수준이라고 볼 수 있다.[3] 서울이 기회의 도시로 인식되었기 때문에 지방에서 서울로 인구가 집중되었지만, 주택을 소유하지 못한 사람들에게 서울은 사회적 배제의 도시이다.

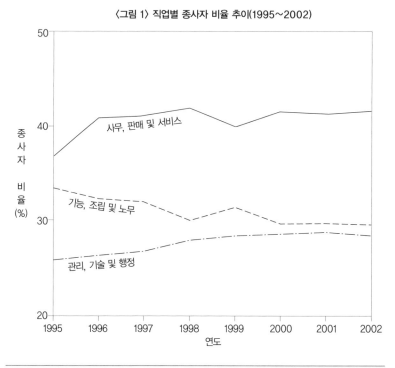

〈그림 1〉 직업별 종사자 비율 추이(1995~2002)

---

3 제5장을 참조할 것

2) 자료

서울의 불평등을 분석하기 위하여 사용한 자료는 2002년 시정개발연구원이 코리아리서치에 의뢰해서 수집한 1,500개 표본 자료이다. 이 자료는 서울시내 25개 구에 살고 있는 20세 이상 70세 미만의 성인 인구를 모집단으로 하고, 구별 인구비례에 기초한 인구비례표집을 통해 표본을 추출하여 만들어졌다. 피면접자 조사는 전화면접을 통하여 이루어졌다. 코리아리서치에 의해서 수집된 최종 자료는 1,500개 사례를 포함하고 있다. 여기에서는 자료에 포함된 학생(118명), 주부(301명), 군인(3명), 연금생활자(2명), 실업자(21명)를 분석에서 제외시켰다. 이들은 경제활동인구가 아니어서 계급 분류가 불가능하기 때문에 경제활동에 참여하고 있는 응답자만을 분석에 포함하였다. 최종적으로 분석에 사용된 사례 수는 1,054개 사례이다.

3) 변수

① 계급

계급은 크게 4개의 계급으로 구분하였다. 이미 제4장에서 논의한 것처럼, 4개의 계급은 자본가계급, 프티부르주아지, 중간계급과 노동계급이다. 다만 제4장에서 논의된 자본가계급의 조작적 정의와 다른 점은 자본가계급을 3명 이상의 타인을 고용하는 사람으로 분류했다는 점이다. 이것은 경제위기 이후 서울과 같은 지역에서 도시 자영업자들 가운데 1~2명의 아르바이트 학생을 고용하거나 파트타이머를 고용하는 사람들이 대단히 많기 때문이다.[4] 이러한 여건을 고려할 때, 과거와 같은 조작적 정의를

---

4 많은 고등학생들과 대학생들이 편의점이나 식당에서 아르바이트를 하고 있으며, 복사점이나 김밥을 파는 작은 식당에서도 임시로 1~2명의 중년 여성을 고용하는 경우가 크게 늘었다.

〈표 1〉 계급의 조작화 기준

생산수단 소유	타인 고용	직업	계급범주
소유	3명 이상		자본가
	0~2명		프티부르주아지
비소유		전문직	중간계급
		관리직	
		비전문직	노동계급
		비관리직	

그대로 적용하는 것은 타당하지 않다. 이러한 이유에서 〈표 1〉과 같은 조작적 기준을 적용하였다.

② 지역

전체 1,054개 표본을 25개 구로 나눌 경우, 각 지역의 표본수는 평균적으로 42개 정도가 된다. 42명을 분석하여 특정 구의 소득 수준을 파악하는 것은 표본 수가 너무 적기 때문에 어렵다. 즉 표본오차가 커서 정확하게 추정을 하는 것이 힘들다. 또한 계급, 학력, 연령 등을 통제하고 분석할 수 없다. 이러한 문제를 피하기 위하여 25개 구를 5개 지역으로 구분하였다. 5개 지역 구분은 강남(강남구, 서초구, 송파구, 강동구), 동북(동대문구, 성동구, 중량구, 광진구, 성북구, 도봉구, 강북구, 노원구), 서북(서대문구, 마포구, 은평구), 서남(강서, 양천구, 영등포구, 구로구, 금천구, 동작구, 관악구), 도심(종로구, 중구, 용산구)이다.

③ 분석 결과

전국적인 차원에서 보면, 서울로 부가 집중되고 있지만, 서울의 모든 사람들이 그러한 부의 혜택을 누리는 것은 아니다. 서울은 그 자체가 계급적으로 분화되어 있고 공간적으로 분리되어 있는 불평등사회이다. 더구나 서울시 내에서 계급과 공간의 결합 양상이 두드러져서 영세민 밀집지역이 사라지기는 했지만, 부유층이 밀집되어 있는 지역들이 형성되고 있어서 새로운 계급에 따른 공간 분리 현상이 나타나고 있다. 이러한 현상은 주택 가격이 비싼 지역에서 고가의 아파트들이 건설되면서 더욱 가속화되고 있다. 특정 지역의 주택 자산가치가 높아지면서, 이 지역으로의 진입장벽은 더욱 높아져서 계급간 공간적 분리 현상이 더욱 촉진될 가능성이 있다.

먼저 지역별 계급 분포를 살펴보면, 강남지역의 경우 중간계급 비율이 서울에서 가장 높은 것으로 나타났다. 피고용자 가운데 전문직, 경영·관리직에 종사하는 사람들인 중간계급의 비율은 강남지역에서 18%로 가장 높았고, 도심지역에서는 6.8%로 가장 낮았다. 도심지역이 행정과 상업지역이지만, 이곳에서 일하는 전문직, 경영관리직 종사자들이 강남에 살고 있기 때문에 이러한 결과가 나타났다고 볼 수 있다. 반면에 강남지역의 노동계급 비율은 서울 평균 39.9%보다 낮은 37.4%였다. 노동계급 비율이 가장 높은 지역은 서북지역으로 48.8%에 달했고, 서남지역도 43.5%에 이르러 서울지역 평균보다 훨씬 높았다. 자본가계급의 비율은 서북지역에서 7.0%로 가장 높은 반면, 프티부르주아지 비율은 도심지역에서 50.86%로 가장 높았다. 서북지역은 연희동과 같은 부촌지역이 포함되어 있는 지역이다. 반면에 중소상인들이 밀집되어 있는 도심지역에서 프티부르주아지의 비율이 가장 높은 반면, 서북지역에서 가장 낮은 것으로 나타났다. 서북지역의 경우 자본가계급의 비율도 서울에서 가장 높고, 노동계급의 비율도 서울에서 가장 높아서, 계급분화가 가장 크게 이루어진 지역으로 밝혀졌다.

<표 2> 계급의 지역적 분포

		사회계급				전체
		자본가	프티부르주아지	중간계급	노동계급	
지 역	강남	11	81	37	77	206
		5.3%	39.3%	18.0%	37.4%	100.0%
	동북	22	150	38	112	322
		6.8%	46.6%	11.8%	34.8%	100.0%
	서북	9	48	9	63	129
		7.0%	37.2%	7.0%	48.8%	100.0%
	서남	15	143	33	147	338
		4.4%	42.3%	9.8%	43.5%	100.0%
	도심	3	30	4	22	59
		5.1%	50.8%	6.8%	37.3%	100.0%
전 체		60	452	121	421	1054
		5.7%	42.9%	11.5%	39.9%	100.0%

자본가계급과 중간계급을 합한 수치는 강남 23.4%, 동북 18.6%, 서북 14.0%, 서남 14.2%, 도심 13.9%로 지역별로 뚜렷한 차이를 보였다. 비록 지역별 구분이 통상적으로 알려진 구분과는 다르게 이루어져서 행정구역인 구를 중심으로 하는 지역 구분이 아니고, 분석의 편위를 위한 권역 구분이기 때문에 정확도는 크게 떨어질 수 있다. 그러나 이러한 구분을 통해서도 지역별 계급 분포의 편차가 크게 존재한다는 점은 잘 드러나고 있다. 또한 자본가계급의 경우 표본에 포함된 자본가들이 전형적인 대자본가가 아니고, 거의 대부분이 소자본가여서 자본가계급의 지역적 분포를 정확하게 파악하는 데는 커다란 한계가 있을 수 있다. 그러나 다른 계급의 분포는 지역적 차이를 잘 드러내고 있어서, 서울시에서 계급의 공간적 분화가 상당히 진행되었음을 확인할 수 있다.

④ 경제적 불평등

서울지역의 경제적 불평등은 어느 정도인가? 여기에서는 경제적 불평등을 세 가지로 나누어 분석한다. 먼저 월 가구당 소득을 통하여 소득이 계급과 지역에 따라서 차이를 보이는지를 살펴본다. 그리고 이러한 차이가 교육 수준, 연령, 성 등에 의해서 영향을 받는 부분과 순수하게 계급이나 지역에 의해서 영향을 받는 부분으로 구분하기 위하여 회귀분석을 통한 소득결정모형 분석을 시도한다.

그 다음 각 가구에서 보유한 부동산의 불평등을 분석한다. 최근 서울의 지역간 격차를 논의할 때 가장 많은 관심과 논란을 불러일으키고 있는 것이 아파트 가격을 포함한 부동산 가격 격차이다. 더욱이 서울 내에서의 부동산 가격차 때문에 부동산 거래에서 차익을 누리기 위한 부동산 투기가 확산되어 주택 소유자와 비소유자 사이에 위화감을 낳고 있을 뿐만 아니라, 서울시 주민들 사이에 심각한 심리적 박탈감을 느끼게 하고 있다. 그렇다면 서울에서 부동산 불평등은 어느 정도이고, 지역이 서울시 지역간 불평등에 미치는 순수한 영향은 어느 정도인지를 분석할 필요가 있다.

마지막으로 금융자산 불평등을 분석한다. 금융자산이 있는 경우 다양한 형태로 투자가 이루어져 근로소득 이외의 소득을 올릴 수 있다. 금융자산이야말로 부자와 빈자의 차이를 확인시켜주는 불평등 요인이다. 대부분 자기 소유의 집이 없는 사람들은 집을 마련하기 위하여 저축을 하고 있다. 주식, 채권, 은행저축 등의 차이는 소득 격차보다 훨씬 그 차이가 크다는 점에서 불평등 논의에 반드시 포함되어야 할 사항이다. 여기에서는 금융자산 소유 정도가 서울시내에서 지역별로 또한 계급별로 어느 정도 차이를 보여주고 있는지를 분석한다.

⑤ 소득 불평등

서울지역의 소득 불평등은 어느 정도인가? 〈표 3〉은 표본조사에서 나타난 2002년 서울시 가구당 월소득의 분포를 보여준다. 가구당 월소득이 100만 원 미만인 가구가 5.1%이며, 200만 원 미만인 경우가 36.1%로 나타났다. 반면에 400만 원 이상의 고소득 가구는 11.4%로 나타났다. 가장 많은 응답자들의 월소득은 201~300만 원대로 전체 응답자의 35.8%가 이 소득계층에 속하여 거의 3명 가운데 1명이 이 소득계층에 속하고 있음을 알 수 있다. 2002년 국민기초생활보장제도에 의한 최저생계비 지급수준이 4인 가족의 경우 현금급여액이 87만 1,000원, 현물급여를 포함한 총급여액이 122만 2,000원이었던 점을 고려한다면, 가구당 월소득이 100만 원 미만인 5.1%의 응답자들은 대체로 절대 빈곤층에 속한다고 볼 수 있다.[5] 20가구 가운데 1가구가 빈곤가구인 셈이다. 그리고 100만 원에서 150만 원 미만의 차상위 소득계층의 비율은 10%로 월소득이 정부가 정한 빈곤선보다는 높지만, 빈곤선 기준이 대단히 낮게 정의되어 있다는 점을 고려한다면, 이들 차상위 계층도 빈곤층에 가깝다고 볼 수 있다. 그 결과 15.1%에 달하는 가구가 생활이 어려운 가구라고 볼 수 있다. 이는 2002년 서울시 전체 가구 가운데 평균적으로 7가구 가운데 1가구가 생활이 어려운 가구에 속한다는 것을 의미한다.

그렇다면 가구당 월소득은 무엇에 의해서 결정되는가? 이미 제4장에서 살펴본 것처럼, 한국사회에서 월소득에 가장 큰 영향을 미치는 변수는 개인의 계급위치였다.[6] 물론 개인들의 교육 수준과 직업에 의해서 월소득이 달라지지만, 월소득에 영향을 미치는 가장 결정적인 요소는 계급구조 내

---

5 보건복지부, 2002, 국민기초생활보장제도 시행 2년.
6 제4장의 결론 부분을 참조할 것.

<표 3> 2002년 서울시 가구당 월소득 분포

(단위 : 만 원)

	빈도	퍼센트	누적 퍼센트
~100	73	5.1	5.1
101~150	144	10.0	15.1
151~200	301	21.0	36.1
201~300	514	35.8	71.9
301~400	240	16.7	88.6
401~500	108	7.5	96.1
501~600	30	2.1	98.2
601~700	15	1.0	99.2
701~800	5	.3	99.6
801~900	1	.1	99.7
1000~	5	.3	100.0
전체	1,436	100.0	

에서 어떤 계급에 속하는가 하는 개인의 계급위치 변수였다. 그렇다면 월소득에 영향을 미치는 많은 변수를 고려한 이후에도 가구당 월소득이 서울시 내에서 지역에 따라 유의미하게 다른가? 만약 그렇지 않다면, 지역 간 월소득 차이는 단순히 지역에 거주하는 주민들의 계급이나 교육 수준, 직업의 차이를 반영하는 것에 불과하다. 다시 말해서 자본가계급이나 중간계급이 많이 사는 지역은 부유한 지역이고, 프티부르주아지나 노동자계급이 많이 사는 지역은 가난한 지역이 될 것이다. 그러므로 지역은 실제로는 아무런 의미가 없다는 것을 의미한다.

이러한 문제제기에 답하기 위하여 먼저 계급별 월소득과 지역별 월소득을 따로 살펴보았다. 〈표 4〉는 계급에 따른 평균 가구당 월소득 분포이다. 소득이 가장 높은 계급은 역시 자본가계급으로 월평균 약 367만 원 정도의 소득을 올렸고, 소득이 가장 낮은 계급은 프티부르주아지로 264만 원

〈표 4〉 계급별 가구당 월소득

사회계급 · 자 본 가	평균(단위 : 만 원)	N	표준편차
계 급	366.9492***	59	209.3937
프티부르주아지	264.0185***	433	123.6876
중간계급	329.5652**	115	152.2083
노동계급	295.6949	413	125.4294
전 체	290.1882	1020	136.9439

참고 : *는 노동계급 월소득과의 차이에 대한 통계적 검증(t-test) 결과이다.
유의수준 * p<0.05, ** p<0.01, *** p<0.001

정도의 소득을 올렸다. 노동계급의 가구당 월소득은 296만 원으로 프티부르주아지보다 32만 원 정도 더 높은 것으로 나타났고, 중간계급은 약 330만 원의 월소득을 올렸다. 그리고 노동계급과 여타 계급 간의 월소득 차이는 통계적으로 유의미한 것으로 나타나, 서울시 가구 가운데 계급에 따른 월평균 소득 격차는 뚜렷하게 존재하는 것으로 판단할 수 있다.

먼저 여기에서 유의할 점은 표본조사를 통한 불평등 연구는 두 가지 점에서 한계를 보인다는 점이다(제5장 참조). 여기에서 분석된 자본가들의 경우 대부분이 작은 규모의 자본을 소유한 소자본가들이고, 일반적으로 자본가의 상징으로 인식되는 재벌들의 경우는 표본에 전혀 들어오지 않았다. 그러므로 이 조사에 사용된 표본조사의 결과와 일상적으로 우리에게 알려진 자본가들의 소득 격차가 일치하지 않는다는 점을 인정할 필요가 있다. 재벌들의 사례 수가 너무 적어서 표본조사에서 조사대상이 될 수 있는 가능성은 거의 없기 때문에 표본조사를 통한 계급 불평등을 분석하는 것은 치명적인 한계를 지닌다. 둘째, 역으로 극빈층도 이러한 조사에 포함되지 않는다. 자료에는 실업자나 영세민들이 거의 포함되지 않았다. 그럼에도 불구하고, 일부 대단히 소득이 높고 부유한 적은 수의 인구집단을 제외한 나머지 대다수 인구를 대상으로 한 표본조사의 결과는 그만큼 더 확실하게 계급간 불평등의 존재를 확인시켜준다고 볼 수 있다. 즉 표본의 크기가 대단히 커서 이러한 집단들이 포함될 경우 계급 불평등은 현재 자료에서 나타난 것보다 더욱더 크게 나타날 것이기 때문이다. 이러한 점을 고려하면서, 여기에서 제시된 계급별 월소득 격차를 이해할 필요가 있다.

〈표 5〉는 지역별 월평균 가구소득 분포이다. 〈표 5〉에 따르면 지역별 월평균 가구소득의 차이는 크지 않은 것으로 나타났다. 강남지역의 월평균 가구소득이 298만 원 정도로 가장 높게 나타났고, 동북지역의 월평균 가구소득이 269만 원 정도로 가장 낮게 나타났다. 두 지역의 월평균 가구소득 수준은 통계적으로 유의미한 차이를 보이고 있어서, 강남지역이 상대적으로 부유한 사람들의 공간이라는 점을 보여준다. 그러나 동북지역을 제외한 다른 지역과의 차이는 통계적으로 유의미하지 않은 것으로 나타났다. 즉 외형적으로는 다른 지역에 비해서 월평균 가구소득이 높지만, 통계적으로 유의미하게 다른 지역보다 높다고 보기는 힘들다. 다만 강남지역이 동북지역보다는 유의미하게 높은 월평균 가구소득을 올리고 있다고 볼 수 있다. 그러므로 언론매체처럼 강북 전체와 강남 전체를 비교하는 것은 통계적으로는 타당하지 않은 비교라고 볼 수 있다.

월평균 가구소득의 계급간 차이나 지역간 차이는 실제로 존재하는 차이인가, 아니면 다른 요인들(예를 들어 학력수준, 기술 수준 등)의 효과인가? 이러한 질문에 대한 답을 하기 위해서 소득결정모형 분석을 시도하였다. 이것은 월소득에 영향을 미치는 다양한 변수들을 고려하면서 월소득에 미치는 계급과 지역의 순수 효과를 밝히기 위한 분석이다. 〈표 6〉은 교육 수준, 성, 가족 내 소득원 수와 연령의 효과를 통제한 회귀분석 결과를 보여준다. 먼저 〈표 6〉에서 알 수 있는 점은 가구소득의 경우 개인적인 변수들

〈표 5〉 지역별 월평균 가구소득 분포

지역	평균(단위 : 만 원)	N	표준편차
강남	298.4561	296	157.9842
동북	268.5742***	465	132.0609
서북	297.4556	169	120.0993
서남	291.8779	426	123.2267
도심	269.7500	80	111.8541
전체	285.1114	1436	133.4722

참고 : *는 강남지역 월평균 가구소득과의 차이에 대한 통계적 검증(t-test)이다.
유의수준 *p〈0.05, **p〈0.01, ***p〈0.001

에 의해서 설명되는 분산이 매우 크다는 것이다. 학력이 높을수록, 소득원이 많을수록 가구소득이 높아진다는 것을 알 수 있다. 이러한 점은 매우 경험적인 현실과 부합되는 결과이다. 또한 여성 응답자가 남성 응답자에 비해서 가구소득이 낮은 것으로 나타났다. 이 분석에서 특이한 점은 개인적인 변수들을 통제한 이후에 자본가계급과 중간계급의 소득은 노동자계급과 유의미하게 차이를 보이지만, 프티부르주아지는 유의미한 차이를 보이지 않는다는 점이다. 〈표 6〉 모형 2에서 볼 수 있는 것처럼, 계급별 월평균 가구소득에서 노동자계급과 프티부르주아지가 차이를 보였지만, 개인적인 변수들을 고려했을 때는 이러한 차이가 사라진다는 것을 보여준다. 또한 〈표 6〉의 모형 3에서 알 수 있듯이, 지역간 월소득 차이가 일부 지역간에 존재하는 것으로 타나났다. 물론 그 차이가 일반적으로 알려진 것보다는 적은 것이었지만 유의미하게 존재했다. 구체적으로 강남지역의 가구 월소득과 동북지역의 가구 월소득은 유의미한 차이를 보였다. 흔히 강남과 강북의 비교를 통하여 생활 수준의 차이를 논의하지만, 이것은 적어도 가구당 월소득 차원에서는 타당하지 않은 것으로 나타났다. 단지 강남지

〈표 6〉 월소득(대수값)을 회귀시킨 분석 결과(괄호 안은 표준화된 회귀계수)

변수＼모형	모형 1	모형 2	모형 3
상수	4.912	4.942	4.987
연령	.336(.015)	−.0003(−.006)	−.0005(−.012)
전문대졸	.215(.226)***	.197(.208)***	.190(.201)***
대학졸	.372(.358)***	.337(.324)***	.317(.305)***
여성	−.0059(−.064)**	−.086(−.093)***	−.084(−.091)***
소득원 수	.307(.393)***	.311(.397)***	.311(.397)***
자본가		.323(.139)***	.328(.141)***
프티부르주아지		.026(.026)	.027(.027)
중간계급		.140(.082)***	.143(.084)***
도심			−.079(−.039)
동북			−.065(−.066)*
서북			.170(.012)
서남			.070(.007)
R^2	.208	.229	.232

참고 : R^2은 조정된 R^2
* $p < .05$, ** $p < .01$, *** $p < .001$

역(강남, 서초, 송파, 강동)과 동북지역(동대문구, 성동구, 중랑구, 광진구, 성북구, 도봉구, 강북구, 노원구) 간의 차이만 존재하는 것으로 나타났다. 모형 2와 모형 3의 결정계수(R^2)를 비교해보면, 0.3%에 불과하여 지역이 월소득 분산에 미치는 영향력은 대단히 적은 것으로 나타났다.

위와 같은 결과는 적어도 가구 월소득은 응답자의 학력과 성별과 같은 개인적인 속성, 가구 중에서의 소득원 수와 계급에 의해서 달라진다는 것을 보여주는 것이며, 서울시 내에서 거주하는 지역에 따라서는 크게 영향을 받지 않는다는 것을 보여준다. 이것은 강남지역에서 나타난 높은 가구 월소득은 강남지역에 사는 사람들이 거주지역과 무관하게 높은 학력과 월소득이 높은 계급에 속하기 때문이라는 것을 의미한다.

⑥ 재산 불평등

모든 사회에서 소득 불평등보다 재산 불평등은 훨씬 더 심각한 수준을 보여준다.[7] 소득은 주로 직업을 통해서 획득되지만, 재산은 상속이나 증여를 통해서 형성되는 경우가 많기 때문에 노력 없이도 세습을 통해서 이루어질 수 있다. 이러한 재산은 개인의 노력에 따른 대가가 아니라 불로소득이라는 점에서 윤리적으로 또한 공평한 사회원리에 합당하지 않은 것으로 비판을 받아왔다. 불로소득은 좌파와 우파를 막론하고 이미 19세기부터 비판의 대상이 되었다.[8] 이러한 점에서 재산 불평등은 소득 불평등보다 더 심각한 사회문제가 될 수 있다.

가구당 월소득에서 계급 차이와 지역 차이는 그다지 크지 않은 것으로 나타났지만, 재산 규모에서는 극심한 차이를 보여주는 것으로 나타났다. 주택을 포함한 부동산 재산을 살펴보았을 때, 강남과 기타 지역 간의 차이는 대단히 큰 것으로 나타났다. 〈표 7〉은 지역별 가구당 평균 부동산 재산 가치를 보여준다. 〈표 7〉에서 알 수 있듯이, 강남지역의 가구당 평균 부동산 재산 규모가 3억 1,412만 원으로 가장 큰 것으로 나타났고, 서남지역(관악구, 동작구, 영등포구, 구로구, 양천구)이 1억 8,673만 원으로 가장 적은

---

7 미국의 경우 1997년 소득 불평등 지니계수는 0.531이었지만, 자산 불평등 지니계수는 1995년 0.828에 달하여 대단히 극단적인 자산 불평등을 보여주었다(E. Wolfe, 2000, 표 2(http://www.levy.org/docs/wrkpap/papers/300.html)).

8 자유주의 사회학 전통의 창시자인 프랑스의 사회학자 뒤르켐(E. Durkheim)은 상속이야말로 사회의 악이라고 비판하고 상속제도의 폐지를 주장하였다. 그는 동등한 기회와 경쟁이 되기 위한 조건을 마련하는 것이 자유주의적인 사회정의를 실현시키는 조건이라고 보아서 재산상속제도의 개혁을 주장했다. 뒤르켐은 재산이 정말로 개인 재산이라고 일컬어질 수 있기 위해서는, 재산이 개인의 노동을 통해서만 이루어져야 하며, 상속에 의해서 계승되는 재산제도는 단지 개인들이 공동으로 소유한 가게와 같다고 주장했다. 그는 상속이 집단적인 소유라는 공산주의적 요소를 지니고 있으며, 진정으로 사적 소유제도가 공산주의적 속성에서 벗어나기 위해서는 상속이라는 집단적인 소유에서 벗어나야 한다고 보았다(Giddens, 1986: 105~106).

<표 7> 지역별 부동산 자산

(단위 : 만 원)

지역	평균	빈도	표준편차
강남	31,412.280	114	18,775.719
동북	18,833.571	140	19,744.539
서북	20,701.492	67	16,850.514
서남	18,672.755	176	11,807.156
도심	23,142.857	21	30,614.087
전체	21,963.523	518	17,668.157

것으로 나타났다. 월소득이 5개 지역에서 가장 낮았던 동북지역도 부동산 재산 규모에 있어서는 서남지역과 크게 차이를 보이지 않아서 대체로 동북지역과 서남지역이 동일하게 부동산 재산가치가 낮은 지역이라고 볼 수 있다. 이러한 결과는 이미 세간에 많이 알려진 바와 크게 다르지 않다. 지난 수년 동안 아파트 가격이 폭등한 지역인 대부분의 강남지역은 부동산 재산가치 차원에서 다른 지역 주민들보다 재산 증식에 유리한 조건을 가졌다고 볼 수 있을 것이다. 아파트 가격의 폭등으로 인한 재산 증식 효과가 서울 전 지역에서 광범위하게 이루어졌지만, 특히 강남지역에서 재산 증식의 폭이 커서 강남 지역은 아파트 투기의 상징처럼 인식되기에 이르렀다.[9]

그렇다면 가구당 부동산 자산가치에 영향을 미치는 요인들은 무엇인

---

9 1986년부터 2002년 사이 서울의 아파트 가격 상승은 평균적으로 3.14배 상승하였고, 강남구의 아파트 가격은 3.35배 상승하였다. 대조적으로 같은 기간 동안 전라지역의 대도시 아파트 가격은 거의 변화가 없었다(제5장 참조). 2004년 8월 부동산뱅크 리서치 센터가 서울의 2,655개 단지 106만 2,312세대 아파트를 대상으로 한 조사를 보면 강남구의 경우 6억 이상의 아파트가 강남구 전체 아파트의 72.6%를 차지하였으나, 도봉구에서는 1.6%에 불과하였고, 1억 이하의 아파트가 강남의 경우 29세대로 거의 0%에 가까웠으나, 도봉구의 경우 57.2%에 달하였고, 2억 원 미만 아파트가 71.6%를 차지하였다고 밝히고 있다(2004년 8월 12일). 이처럼 서울시 내에서 주택 가격의 차이는 지난 수년 동안 극단적인 수준으로 가속화되었다.

<표 8> 주요 변수들을 부동산 자산(대수값)에 회귀시킨 결과(괄호 안은 표준화된 회귀계수)

변수＼모형	모형 1	모형 2	모형 3	모형 4
상수	9.011	9.011	8.907	4.473
전문대졸	.0088(.006)	.0073(.005)	.0526(.038)	−.030(−.022)
대학교졸	.416(.284)**	.402(.274)**	.337(.230)*	.121(.083)
여성	−.0391(−.027)	−.0555(−.038)	−.0446(−.031)	−.0066(−.005)
연령	.0113(.186)**	.0109(.180)**	.0091(.152)**	.0111(.184)***
소득원 수	.116(.100)	.124(.107)*	.147(.127)*	−.137(−.118)*
자본가		.432(.146)**	.455(.153)**	.156(.053)
프티부르주아지		−.0216(−.015)	.0281(.002)	−.105(−.075)
중간계급		.0177(.009)	−.0046(−.002)	−.125(−.061)
강남			.492(.296)	.433(.260)***
도심			.103(.029)	.155(.044)
동북			−.0307(−.019)	−.006(−.004)
서북			.0798(.042)	.0506(.027)
월소득				.817(.455)***
금융자산				.0359(.061)
R²	.070	.085	.158	.322

참고 : R^2은 조정된 R^2. 준거집단은 각각 고졸이하, 남성, 노동계급, 서남이다.
*$p<.05$, **$p<.01$, ***$p<.001$

가? 〈표 8〉은 가구당 부동산 자산에 영향을 미칠 것으로 예상되는 변수들을 부동산 자산가격에 회귀시킨 결과이다. 〈표 8〉의 모형 1에서 모형 3에 이르기까지 부동산 자산에 영향을 미친 변수들은 월소득에 영향을 미친 변수들과 크게 다르지 않았다. 학력, 연령과 소득원 수가 유의미하게 긍정적인 영향을 미쳤고, 특히 학력 가운데서도 대학교 졸업 학력과 전문대 졸업 학력은 유의미한 차이를 보였다. 계급에 따라서도 소유한 부동산의 가격은 유의미하게 달라지는 것으로 나타났다. 그러나 월소득과는 달리 중간계급도 노동자계급과 큰 차이를 보이지는 않았다. 다만 자본가계급과 여타 다른 계급과는 뚜렷한 차이를 보여주어서, 부동산 자산에 있어서 자본가계급과 다른 계급 간에 큰 차이가 존재함을 알 수 있다.

모형 4는 월소득과 금융자산을 모형 3에 추가시킨 것이다. 모형 4에서는 모형 1에서 모형3까지와는 달리 가구 월소득이 금융자산 규모에 영향을 미치는지 그리고 금융자산의 규모가 달라짐에 따라 부동산 자산도 달라지는지를 살펴보았다. 모형 4에서 두드러진 점은, 월소득을 모형에 추가하자 개인적인 변수들은 거의 유의미한 변수에서 유의미하지 않은 변수로 변했다는 점이다. 또한 계급변수에서도 노동자계급과 다른 계급 간의 차이가 없는 것으로 나타났다. 이것은 월소득을 통하여 학력과 계급의 효과가 대변되고 있기 때문에 나타난 결과이다. 이것은 금융자산과 학력이나 계급 간의 관계에서 월소득이 개입변수(intervening variable)로 작용하고 있다는 것을 함의한다.

그러나 모형 4에서 두드러진 점은 월소득을 통제한 이후에도 강남과 그이외의 지역 간의 부동산 자산가치에서 유의미한 차이를 보인다는 점이다. 강남지역의 회귀계수 0.433은 다른 지역에 비해서 다른 변수들을 통제하고도 1.52배 정도 더 많은 부동산 가치를 보유하고 있다는 것을 의미한다. 또한 소득원 수 변수의 회귀계수는 0과 유의미하게 다른 부(-)의 값을 보여주고 있어서, 지역과 월소득을 고려했을 때, 소득원 수가 많으면 많을수록 부동산 자산의 규모는 오히려 적어진다는 것을 의미한다.

본 연구에서 사용한 자료는 강남지역의 아파트 가격 폭등으로 인한 사회문제가 본격적으로 나타나기 이전인 2002년 자료라는 점에서 이 결과가 2003년과 2004년의 현실을 그대로 보여주는 것은 아니다. 그러나 이미 이전부터 강남지역 거주자들의 부동산 가치는 소득과는 무관하게 지역

<표 9> 지역별 금융자산 분포

(단위 : 만 원)

지역	Mean	N	표준편차
강남	9,955.3333	150	1,4524.7049
동북	4,459.7826	184	6,853.6945
서북	3,106.3559	118	6,796.4029
서남	2,465.0971	206	3,283.4464
도심	2,878.3784	37	3,219.2248
합계	4,740.6619	695	8,790.0061

의 효과로 인하여 빠르게 상승하였다. 또한 현재의 지역 구분이 권역 구분이기 때문에 정확하게 개별 구 단위 사이의 차이를 분석하는 것은 불가능하다. 만약 구 단위의 자료 분석이 가능하다면, 현재 결과보다 더 뚜렷한 차이가 나타났을 것이며 현재 논란이 되고 있는 '강남구' 지역의 문제는 훨씬 더 심각하게 나타났을 것이 분명하다.

⑦ 금융자산 불평등

서울에 거주하고 있는 사람들의 금융자산은 공간적으로 어떻게 분포되어 있는가? 거주지역에 따라서 금융자산 소유액도 차이를 보이는가? 〈표 9〉는 지역에 따른 가구 평균 금융자산 분포를 보여주고 있다. 금융자산도 지역간에 대단히 큰 편차를 보여주고 있다. 강남지역의 경우 금융자산은 서남지역에 비해 4배 정도, 도심지역에 비해서 3.5배, 서북지역에 비해서 3배, 동북지역에 비해서 2배 정도 더 많았다. 서남지역 가구 평균 금융자산은 2,898만 원으로 6개 권역에서 가장 낮았다. 금융자산의 경우도 서울시 내에서 큰 차이를 보이고 있어서, 공간적 불평등이 이미 대단히 크게 자리잡았음을 알 수 있다. 실제로 강남지역과 여타 다른 지역 간의 차이가 많이 이야기되었지만, 이것은 대체로 아파트 가격 상승으로 인한 부동산 가격 차이만을 의미하는 것으로 인식되었다. 〈표 9〉는 현금자산의 경우에도 이처럼 극심한 차이가 존재하고 있음을 확인시켜주고 있다.

〈표 10〉은 금융자산의 지역 차이를 만들어내는 요인을 분석하기 위하여 금융자산을 개인변수와 계급, 지역에 회귀시킨 회귀분석 결과이다. 대체로 금융자산의 경우에도 월소득과 부동산자산과 큰 차이를 보이지는 않았지만, 두 가지 점에서 다른 자산 결정요인과 차이를 보였다. 먼저 금융자산은 학력이나 소득원 수의 영향을 유의미하게 받지 않는다는 점이다. 모형 1부터 모형 3까지 학력, 연령, 소득원 수가 유의미하게 영향을 미치지만, 월소득을 추가한 모형 4에서 성만이 유의미하게 금융자산에 영향을 미치는 것으로 나타났다. 또한 모형 1부터 모형 3까지 계급에 따라서 금융자산의 규모가 유의미하게 달라지는 것으로 나타났다. 그러나 가구 월소득을 추가한 모형 4에서는 계급 효과는 자본가계급만 노동자계급과 차이에서 나타나고 있고, 나머지 계급은 노동자계급과 유의미하게 차이를 보이지 않은 것으로 나타났다. 중간계급도 노동자계급과의 차이는 유의미하게 나타나지 않았다. 지역변수는 월소득을 추가한 모형 4에서도 모형 3에 비해 회귀계수상의 큰 차이를 보이지 않았지만, 금융소득에 영향을 미치는 유의미한 변수라는 것을 알 수 있다. 더구나 금융자산의 분산을 설명하는 R^2의 경우 지역과 월소득을 추가하였을 때 크게 증가하여 금융자산의 분산을 설명하는 데 이들 변수들이 매우 중요한 변수임을 보여주고 있다. 지역을 추가한 모형 3과 모형 2의 R^2 차이는 0.159였고, 모형 4와 모형 3의 R^2 차이는 0.103이었다. 이것은 금융자산의 분산을 설명하는 데 지역을 추가하였을 때 16% 정도 설명력이 높아지고, 가구 월소득을 추가하였을 때 10% 정도 설명력이 높아진다는 것을 보여준다.

〈표 10〉 금융자산(대수값) 결정요인 회귀분석 결과(괄호 안은 표준화된 회귀계수)

변수 \ 모형	모형 1	모형 2	모형 3	모형 4	모형 5
상수	7.561	7.430	6.808	.803	.332
전문대졸	-.142(-.059)	-.150(-.063)	-.018(-.008)	-.138(-.058)	-.135(-.056)
대학교졸	.318(.127)	.307(.123)	.269(.108)	-.0025(-.010)	-.039(-.015)
여성	.205(.083)	.180(.073)	.231(.094)*	.298(.121)**	.297(.120)**
연령	-.0008(-.008)	-.0006(-.059)	-.005(-.053)	-.003(-.028)	-.004(-.040)
소득원 수	.148(.075)	.255(.129)*	.335(.169)***	-.0054(-.027)	-.040(-.020)
자본가		1.023(.202)***	.908(.179)***	.527(.104)*	.508(.100)*
프티부르주아지		.268(.111)	.230(.096)	.0876(.036)	-.098(.041)
중간계급		.270(.077)	.112(.032)	-.0553(-.016)	-.041(-.012)
강남			1.229(.431)***	1.208(.424)***	1.158(.407)***
도심			.255(.043)	.343(.057)	.326(.055)
동북			.557(.205)***	.621(.229)***	.619(.228)***
서북			-.0447(-.014)	-.089(-.027)	-.093(-.029)
월소득				1.171(.381)***	1.081(.352)***
부동산자산					.105(.061)
R^2	.034	.062	.221	.324	.334

그러나 부동산자산과 금융자산은 관계가 없는 것으로 나타났다. 〈표 10〉의 모형 5는 모형 4에 부동산자산 가격을 추가한 회귀모형이다. 이것은 가구 월소득 대신에 부동산자산을 금융소득 결정 모형에 추가하는 경우 부동산자산은 유의미하게 금융소득에 영향을 미치는 것으로 나타났지만, 월소득을 모형에 도입하는 경우, 부동산자산 변수는 유의미하게 금융자산에 영향을 미치지 않는 것으로 나타났다. 이것은 월소득이 금융자산과 부동산자산에 동시에 영향을 미치는 공통의 결정요인(common determinant)이라는 것을 함의하고 있다. 결정계수의 크기를 중심으로 살

펴보면, 금융자산에 가장 큰 영향을 미치는 요인은 지역이었으며, 그 다음은 월소득, 계급 순이었다. 이것은 부유층이 강남(서초구, 강남구, 송파구)에 집중되어 있음을 의미한다.

3. 결론

이 장에서는 계급과 지역 두 차원을 중심으로 서울시의 경제적 불평등을 분석하였다. 자본주의 산업화를 거치면서 계급 불평등이 새롭게 한국 사회의 구조적 불평등으로 등장하였고, 서울의 경우도 마찬가지로 계급 불평등이 존재하고 있다. 이미 23년 전 구해근과 홍두승(1980)에 의해서 분석된 서울의 계급 불평등은 여전히 중요한 구조적인 불평등 요인으로 기능하고 있다. 그러나 이 자료는 가구소득에 관한 내용만을 포함하고 있어서 개인소득만을 연구한 구해근과 홍두승에 의해서 연구된 결과와 비교가 불가능하다. 그리고 가구소득을 중심으로 계급 불평등으로 다루었기 때문에, 계급이 미치는 효과는 크게 줄어든 형태로 나타났다. 이것은 가구소득이 개인들의 계급위치에 따른 소득만을 반영하는 것이 아니라, 소득이 있는 가구원 수에도 영향을 받기 때문이다. 또한 가구의 계급구성이 다른 경우에는 소득을 올리는 가구원 수를 분석에서 고려한다고 해도, 대단히 부정확한 분석이 이루어질 수밖에 없다.

이 연구에서 보다 분명하게 드러난 점은 서울의 경제적 불평등에서 공간적 불평등(spatial inequality)이 현저하게 발달하였다는 점이다. 이것은 서울시 내 거주지역에 따라서 경제적 불평등이 체계적으로 구조화되어 있을 뿐만 아니라, 거주지역에 따라서 부동산자산이나 금융자산의 규모가 크게 달라지는 것으로 나타났다. 이것은 이미 서울에서도 공간구조의 재편이 부의 수준에 따라서 이루어지고 있음 함의한다. 그리고 이러한 결과는 최근 문제가 되고 있는 강남지역이 서울의 도시 불평등 형성과정에서 인과적인 기제로 작동하고 있음을 확인시켜주고 있다. 물론 이 연구에서 이루어진 분석이 자료의 한계상 구 단위를 분석으로 하는 보다 덜 구체적인 분석이지만, 적어도 권역 분석에서도 이러한 점들이 나타나고 있다는 점에서 그러한 결론을 더욱 확실하게 내릴 수 있게 해준다.

그리고 이 연구에서 충분히 밝혀지지 못한 점들은 경제위기 이후 두드러진 노동자들의 비정규직화 그리고 장기실업과 경제적 불평등과의 관계이다. 이러한 요소들도 서울지역 내에서 공간적인 차이를 보여줄 것으로 기대된다. 이러한 점은 산업구조의 변화와 경제구조의 변화에 따른 서울시 공간구조의 재편과정에 대한 이해에 있어서 계급 불평등문제가 보다 중요한 문제라는 점을 보여주는 것이다.

제3부

경제위기와 계급구조

7

IMF 경제위기와 계급구조의 변화

1. 문제제기

　지난 30여 년 동안 지속적인 경제성장을 보여온 한국경제가 1997년 말 외환위기로 인하여 급속한 경제공황을 경험하고 있다. 수많은 중소기업들이 도산을 경험하였고, 대기업들도 대량 감원과 구조조정을 통하여 조직의 변화를 추구해왔다. 대마불사(大馬不死)라는 신화도 깨져 대우그룹과 같은 재벌기업 서너 곳이 파산하였다. 5대 재벌에 속했던 대우그룹의 해체는 경제위기가 한국경제에 미친 영향을 단적으로 보여주는 사례이다. 이 과정에서 전문직 혹은 관리직 중간계급도 고용상의 지위를 위협받기 시작하면서 '중산층 위기론'이 대중 언론매체들에 의해서 대두되기 시작했다. 상대적으로 높은 소득과 고용안정을 누려왔던 중간계급이 더 이상 고용을 보장받지 못하게 되면서 '중산층 위기론'이 대두되었던 것이다.[1] 한국의 경제성장으로 형성된 중산층은 정치적으로도 민주주의의 대들보처럼 인식되었고, 그 결과 중산층의 위기는 경제위기에 그치는 것이 아니라 민주주의체제의 위기처럼 인식되었기 때문에 중산층 위기론은 한국사회 전체의 위기로 받아들여졌다.

반면에 '노동자계급의 위기론'은 언론의 관심을 받지 못하여 대중적인 담론으로 등장하지도 못했다. 1998년 2월 노·사·정 합의에 따른 정리해고의 자유화로 노동자들의 해고는 이제 더 이상 언론의 특별한 관심의 대상조차 되지 못한다. 특히 미조직 사업장의 노동자들은 국가, 노조 및 기업 어느 조직으로부터도 보호받지 못하는 '벌거벗긴 노동자들'이 되었다. 이들 노동자들의 문제는 이제 일상적인 일이 되었기 때문에 당연한 현실로 받아들여지면서 철저하게 언론의 관심으로부터 벗어났다.

여기에서는 경제위기 기간에 나타난 계급구조의 변화를 통하여 경제위기로 인한 '중산층 위기론'이 피상적인 언론보도의 산물이며 사회적 실제가 아니라는 점을 밝히고, 경제위기로 인한 위기의 실체는 '노동자계급의 위기'라는 점을 보여주고자 한다. 고용 통계 분석을 통하여 경제위기 이전과 이후의 계급구성의 변화 추이를 살펴보고, 실업자들의 실업 전 계급을 추정하고자 한다. 구체적으로 어느 정도 계급구성의 양적인 변화가 일어났으며 실업자들의 출신 계급은 어떤 계급인가를 밝힘으로써 노동자계급 위기론을 경험적으로 밝히고자 한다. 구체적으로 이 글에서 제기하는 질문은 다음과 같다. 자본가계급은 어느 정도 변화를 겪었는가? 중간계급의

---

1 중산층이라는 용어는 일상적인 용어로 많이 쓰이지만 개념이 불분명한 용어이다. 대중 언론매체에 의해서 사용되는 중산층이라는 용어는 경제적으로 중간 정도의 생활 수준을 보여주고 있는 사람들을 지칭하며 중간 정도의 생활 수준은 대체로 자가 소유의 주택이나 아파트를 보유하고 있고 어느 정도 넉넉한 경제생활을 유지하고 있는 사람들을 지칭한다. 그러므로 소비를 중심으로 사회계층을 구분한 개념이라고 볼 수 있다. 반면에 중간계급은 생산활동과 관련하여 여러 차원에서 자본가계급이나 노동계급과는 다른 사회계급을 지칭한다. 소비 수준에서 중간 정도를 유지하는 인구층은 중간계급 이외에도 다양한 계급이 존재할 수 있기 때문에 중산층은 중간계급보다 더 다양한 사회계급을 포함한다고 볼 수 있다.

규모는 어느 정도 축소되었고, 노동자계급은 어느 정도 감소하였는가? 그리고 새로이 실업 상태에 빠진 실업자들의 출신 계급은 어떠한가? 그리고 마지막으로 이러한 변화들에 대한 인식을 통해서 실업자들의 의식과 행동에 대해서 어떠한 이해를 할 수 있는가?

여기에서 사용하는 자료는 정부 통계 자료이다. 통계청의 고용 통계 자료를 중심으로 고용구조와 직업구조의 변화를 통하여 간접적으로 계급구조의 변화를 추정하고자 한다. 이러한 시도는 여러 가지 취약점을 지니고 있다. 무엇보다도 정부 통계를 통하여 계급분석을 하는 것이 용이하지 않기 때문이다. 직업구조 분석을 통하여 계급구조를 정확하게 파악하기는 어렵다. 직업이 기술적인 분업을 다루는 것이라면, 계급은 사회적 분업을 다루고 있기 때문이다. 그러므로 여기에서는 기업체 통계와 직업별 경제활동인구 통계를 가지고 계급구조의 변화를 '추정'하는 수준에서 논의를 전개하고자 한다.

2. 경제위기와 계급구성의 변화

IMF 경제위기는 기업의 도산이나 구조조정을 통하여 고용관계의 변화와 계급구성의 변화에 직접적인 영향을 미쳤다. 자본가들은 이윤의 감소나 도산을 경험하였던 반면에, 피고용 계급인 노동자계급과 중간계급은 임금 하락이나 실업을 경험하였다. 경제위기로 인하여 경영난을 경험한 기업들의 즉각적인 대응은 기업 구조조정을 통하여 고용 인력을 감축하는 것이었다. 그 결과 1998년과 1999년에 이루어진 기업의 구조조정을 통하여 단기간에 대량의 실업자가 발생하였다. 이 과정에서 노동자들만 실업을 경험한 것이 아니라 전통적으로 안정된 직장과 높은 수입이 보장되었던 전문직, 관리직 종사자들도 대량 실업을 경험하였다. 또한 도시 자영업자나 자영농과 같은 프티부르주아지도 소득의 감소와 도산을 경험하기도 하였다.

그렇다면 실제로 경제위기로 인하여 각 계급들이 어느 정도의 영향을 받았는가? 여기에서는 계급구성의 변화를 중심으로 경제위기가 각 계급에게 미친 영향을 분석하고자 한다.[2] 계급구성의 변화는 동일한 계급구조 내에서 계급위치를 차지하는 사람들의 양적인 변화를 지칭한다. 이것은 직업에 근거한 계급구분을 분석의 기초로 하는 '고용집합접근(employment aggregation approach)' 이다(Crompton, 1998: 55).[3] 고용관계를 통해서 계급구조를 분석하는 '고용집합접근' 은 필연적으로 경제활동인구만을 대상으로 하게 된다.[4] 본 논문에서는 1998년 한국 전체 인구의 약 61% 정도만을 대상으로 한다. 한국의 경우 경제활동 참가율은 지난 5년 동안 56~62%까지 6%의 편차를 보였다. 그러므로 어떤 시기를 분석 대상으로 하는가에 따라서 계급구성상의 차이가 크게 날 수 있다는 점을 먼저 인식할 필요가 있다. 예를 들어 1998년 6월 경제활동 참가율은 61.6%였으나, 1999년 2월에는 57.9%에 불과하였다. 이것은 경기침체와 같은 경제적인 요인도 포함되어 있지만, 경제활동에 영향을 미치는 계절적인 요인도 포함되어 있기 때문이다. 그러므로 '고용집합접근' 은 개략적인 수준에서만 계급구조와 계급구성을 분석할 수 있게 해준다.

---

2 경제위기가 계급들에 미친 영향은 다양한 영역에서 분석될 수 있다. 예를 들어 노동의 강도, 노동시간, 소득, 고용 상태, 일에 대한 태도의 변화 등을 통해서도 파악될 수 있을 것이다.
3 고용집합접근이 주된 연구 접근으로 활용되고 있는 편이지만, 고용집합접근 이외에도 사례 연구나 역사적 연구를 통한 접근 등 다양한 접근이 가능하다.
4 가구 단위로 계급을 분석하는 경우에는 이러한 문제가 상대적으로 중요한 문제가 아니다. 개인을 단위로 계급을 분석하는 경우에 주부나 학생과 같은 비경제활동인구는 '매개된 계급' 개념에 의해서 다루어진다. 이에 대한 논의는 라이트(Wright, 1997: 26~29)를 참조할 것.

〈그림 1〉은 1981년부터 2004년 6월까지 비임금근로자와 임금근로자의 추세이다. 이것은 크게 소유계급과 비소유계급을 구분한 분류이며, 전반적인 추세를 살펴보기 위한 것이다.

여기에서 1983년부터 임금근로자가 비임금근로자보다 수적으로 많아지기 시작했다는 것을 알 수 있다. 산업화가 시작된 1960년대 이래 20여 년이 지난 후에 그러한 변화가 이루어진 것이다. 이후 이러한 경향은 더욱 가속화되어 지속적으로 임금근로자는 증가한 반면, 비임금근로자는 2002년을 정점으로 줄어들고 있다. 또 하나 분명한 것은 1997년을 전후로 임금근로자의 수가 급격하게 줄어들었다는 점과 비임금근로자도 대폭 줄어들었다는 점이다. 고용조건이 가장 악화되었던 1999년 2월과 경제위기 직전의 경제활동인구 차이는 무려 251만 명의 차이를 보였다. 계절적인 요인을 고려한다고 하더라도 156만 명에 달하였다.[5] 같은 기간 임금근로자는 125만 명이 줄어들었다. 그리고 비임금근로자는 30만 7,000명이 줄어들었다. 이는 전체 비임금근로자의 4.1%가 줄어들었다는 것을 의미하며, 임금근로자의 감소율 9.5%에 비해서 절반에도 미치지 못하는 수치였다. 같은 시기 실업자가 113만 7,000명 늘어났다는 점을 고려한다면, 42만 3,000명 정도가 비경제활동인구로 전환되었다고 추정할 수 있다.

이 글에서는 한국 자본주의사회에서 관찰되는 사회계급을 자본가계급, 프티부르주아지, 중간계급 및 노동자계급 네 가지 계급으로 구분하여 분석한다. 자본가계급은 생산수단을 소유하고 타인의 노동을 이용하여 경제활동을 하는 사람들이다. 프티부르주아지는 생산수단을 소유하였지만, 타인을 고용하거나 타인에게 고용되지 않고 자기 노동에 의해서 경제활동을

---

5 월별 고용 통계는 대단히 큰 차이를 보인다. 그것은 계절적인 요인들이 노동시장에 작용하기 때문이다. 계절적인 요인을 고려하기 위해서는 동일한 달이나 계절을 비교하는 것이 필요하다.

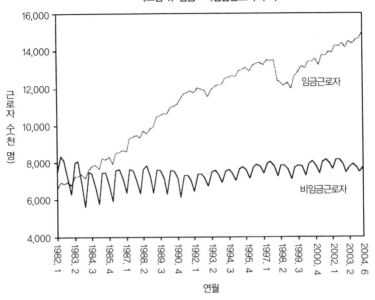

〈그림 1〉 임금 · 비임금근로자 추이

하는 사람들 지칭한다. 중간계급은 생산수단을 소유하지 않은 비소유계급으로서 피고용자이지만, 조직 내에서 권위를 행사하는 직위로 다른 피고용자를 관리 · 감독하는 사람들과 학력이나 기술에 기초하여 독점지대(monopoly rent) 성격의 고임금을 누리는 전문직 종사자들을 포함한다. 노동자계급은 생산수단과 권위를 행사할 수 있는 조직 내 직위, 독점지대를 누릴 수 있는 학력이나 기술이 모두 없는 피고용자를 지칭한다.

1) 자본가계급의 변화

자본가계급의 변화를 추정할 수 있는 정부 통계는 없다.[6] 다만 사업체

---

6 이러한 사실은 다른 나라의 경우에도 마찬가지다. 직업분류 자체가 자본의 소유 여부를 알 수 있는 재산관계에 대한 정보를 전혀 제공하고 있지 않기 때문이다. 이러한 논의는 웨스터가드(Westergaard, 1995)에 의해서 보다 구체적으로 제시되었다.

통계를 통하여 추정하거나 종사상의 지위를 통하여 간접적으로 추정 가능할 뿐이다. 여기에서는 통계청의 「사업체 기초 통계조사」와 노동부의 「사업체 노동 통계조사」를 바탕으로 자본가계급의 추이를 분석하였다. 전통적인 의미에서 자본가계급은 생산수단을 소유하고 타인의 노동력을 구매하여 경제활동을 하는 사람들이다. 자본가는 농업, 어업, 광업, 제조업, 도소매업, 숙박 및 음식업, 운수, 창고 및 통신업, 금융 보험, 부동산 및 임대업, 보건 및 복지사업, 게임 및 사회서비스업 등 매우 다양한 산업에 분포되어 있다. 통계청의 「사업체 기초 통계조사」는 모든 사업체를 대상으로 한 조사이기 때문에 이러한 전체적인 현황을 추정하는 데 도움을 줄 수 있다. 1996년 162만 명이 약 281만 개의 사업체를 소유하고 있었다(〈표 1〉 참조). 약 281만 개 사업체에서 자영업자 및 무급 가족종사자가 포함되어 있을 작은 규모의 사업체(종업원 수 1~4명) 240만 242개를 뺀 약 40만 7,560개 사업체의 소유자가 자본가로 분류될 수 있을 것이다.

그런데 「사업체 기초 통계조사」는 소유주를 포함하여 사업체의 규모를 구분하기 때문에 소유주를 제외하고 피고용자가 5명 이상인 사업체만을 대상으로 하는 노동부 「사업체 노동실태 조사 보고서」가 더 현실성이 있을 수 있다.[7] 이 보고서에 따르면, 1997년 약 20만 개의 사업체가 존재하는 것으로 밝혀졌다. 작은 규모의 사업체들의 경우 가족종사자의 형태로 가족의 참여가 매우 높기 때문에 전형적인 자본주의적인 고용관계에 의해서 경제활동이 이루어지지 않은 경우가 많다. 또한 소유자 자신도 고용된 노동자들과 마찬가지로 노동을 하는 경우가 많기 때문에 소유, 경영, 노동이 분리되어 있지 않은 경우가 대부분이다. 그러므로 20만 개 사업체 가운

---

7 「사업체 기초 통계조사」의 경우 6명 이상의 기업체 수에 해당한다.

(단위 : 개)

피고용자수 연도	1~4	5~9	10~19	20~49	50~99	100~299	300~499	500~999	1000 이상
1996	2,400,242	222,765	96,336	49,434	17,091	8,864	1,426	1,026	618
1997	2,461,751	217,736	89,623	56,739	16,367	8,603	1,375	933	546
1998	2,438,466	188,802	82,269	50,766	15,048	7,821	1,181	825	481
1999	2,538,389	217,784	90,692	54,151	16,157	7,767	1,182	808	400
2000	2,570,762	246,124	107,399	60,858	17,935	8,143	1,185	700	311

데서도 20명 이상의 피고용자를 고용하고 있는 4만 5,000명 정도가 보다 엄밀한 의미에서 자본가계급에 속한다고 볼 수 있다. 고용 규모가 커짐에 따라서 소유, 경영, 노동이 분리되기 때문이다. 또한 고용 규모의 문제는 단순히 자본가계급의 구분을 위한 것이 아니라 자본의 규모, 근대적인 회계나 공식화된 고용제도 등과 관련되어 있기 때문이다.[8]

본인을 포함하여 사업체 규모가 20명 이상인 사업체 수를 중심으로 자본가계급의 변화를 살펴보면 1996년 88,456개에서 1998년 76,122개로 12,334개 줄어들었다. 도산하는 기업이 급격히 증가하면서 약 14%의 사업체가 감소하였다. 특히 사업체 수의 감소는 대규모 사업체에서 더욱 심하게 나타났다. 기업 규모가 클수록 도산 비율이 높게 나타났다. 사업체 수의 감소는 각각 100명 이상 300명 미만을 고용하는 사업체 수의 11.8%, 300명 이상에서 500명 미만 기업의 17.2%, 500명 이상에서 1,000명 미만 기업의 19.6%, 1,000명 이상의 대기업 22.2%로 나타났다. 특히 1,000명 이상을 고용하는 대기업은 계속해서 수가 줄어들어 2000년

---

8 물론 이러한 주장도 경험적인 주장이라기보다는 이론적인 주장이다. 즉 기업 규모에 따른 경영 실태에 대한 경험적인 연구가 없는 상태에서 기업 규모에 따른 자본가계급의 구분은 자의적일 수밖에 없다. 지금까지 한국에서 이루어진 자본가계급에 관한 연구들은 대체로 재벌 기업, 재벌 총수와 같은 대자본가만을 대상으로 하는 경우가 많았다. 서재진(1992), 공제욱(1994), 홍덕률(1996) 등이 대표적인 예이다.

〈표 2〉 종사상 지위별 취업자 수(1997~1999년)

(단위 : 천 명)

연월 종사상 지위	1997. 6	1997. 12	1998. 6	1998. 12	1999. 6	1999. 12	2000. 6	2000. 12	2001. 6	2001. 12	2002. 6	2002. 12	2003. 6	2003. 12
고용주	1,614	1,639	1,421	1,401	1,358	1,400	1,440	1,525	1,564	1,600	1,630	1,582	1,611	1,677
자영자	4,295	4,157	4,427	4,323	4,565	4,308	4,490	4,260	4,450	4,382	4,470	4,431	4,460	4,310
가족종사자	2,071	1,742	2,184	1,721	2,057	1,769	2,072	1,708	1,981	1,651	1,906	1,634	1,788	1,485
상용노동자	7,435	6,903	6,471	6,196	6,036	6,299	6,394	6,564	6,773	6,779	6,862	6,977	7,245	7,411
임시직노동자	3,853	4,425	3,982	3,984	4,161	4,553	4,655	4,691	4,778	4,886	4,923	4,930	5,086	5,047
일용직노동자	1,839	1,863	1,718	1,965	2,427	2,413	2,425	2,294	2,277	2,331	2,523	2,102	21,93	2,166
실업자	316	420	1,421	1,517	1,261	1,062	812	923	765	788	643	702	755	825

자료 : 통계청, 한국통계월보, 각 연도.

에는 1996년에 비해서 거의 절반(49.7%)으로 줄어들었다.

자본가계급의 변화를 추정하는 또 다른 방법은 종사상의 지위를 중심으로 취업자 수의 변화를 분석하는 방법이다. 〈표 2〉는 외환위기를 전후로 종사상의 지위별로 취업자 수가 어느 정도 변했는가를 보여주는 통계치이다. IMF 긴급구제금융 직전인 1997년 12월 고용주 수는 약 164만 명이었으나, 1999년 6월 136만 명으로 약 28만 명이 줄어들었다. 중소기업체의 도산이 폭발적으로 늘어나면서 고용주 수도 크게 줄어들었다. 특히 1997년 12월부터 1998년 6월까지 6개월 동안 고용주 수가 13.5%, 22만 명 줄어들어 142만 명에 달하였다. 고용주의 수가 1980년대에 지속적으로 증가하여 1990년 6월 111만 명에서 1997년 12월 163만 명에 이르기까지 연평균 0.47%씩 증가하였다는 점을 고려하면, 이러한 변화는 외환위기의 충격이 얼마나 컸는가를 잘 보여주고 있다.

〈그림 2〉는 지난 22년간 고용주, 자영업자와 무급 가족종사자의 추이를 보여주고 있다.

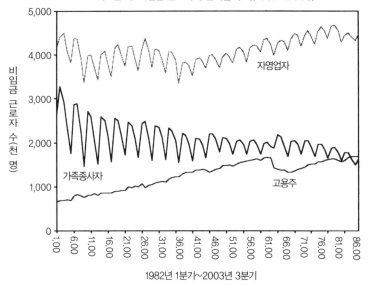

〈그림 2〉 비임금 근로자의 분기별 추이(1982~2003)

1982년 1분기~2003년 3분기

2) 프티부르주아지

프티부르주아지는 자영업 종사자들로서 도시 자영업자나 자영농을 주축으로 한다. 종사상 지위별 취업자 수가 정확하게 이러한 기준에 의한 것은 아니기 때문에 정확한 파악은 힘들다. 고용주로 분류된 경제활동인구의 상당 부분이 자영업자로 분류될 수 있기 때문이다. 그러나 자영자의 추이를 통하여 일단 프티부르주아지의 변화를 추정할 수는 있을 것이다.

IMF 경제위기 이전 1997년 6월 자영업자 총수는 429만 5,000명이었으나, 1년 후인 1998년 6월에는 442만 7,000명으로 13만 2,000명이 늘었다. 자영자 수는 계절적인 변화가 매우 큼에도 불구하고 지속적으로 늘어서 1999년 6월에는 456만 5,000명으로 1년 전에 비해서 13만 8,000명이 더 늘어났다. 이것은 고용주의 일부와 노동자 가운데 실업이 된 사람들이 다양한 자영업으로 진출하여 일어난 변화이다. IMF 경제위기 이전까지 자영업자가 지속적으로 감소하였던 점을 고려한다면, 자영자의 지속적인 증가가 IMF 경제위기 이후에 나타나고 있는 것은 경제위기를 계기로 취업구조가 크게 변하고 있음을 보여준다. 다시 말해서 자영업자 대부분이 프티부르주아지라고 본다면, 경제위기를 계기로 산업화와 더불어 진행된 프티부르주아지의 지속적인 감소 추세의 반전이 이루어졌다고 볼 수 있는 것이다.

3) 중산층의 위기

여러 언론매체들에서 '중산층의 위기'를 이야기하고 있다. 민주주의의 버팀목으로 간주된 중산층이 위기에 직면하여 경제위기가 잠재적으로 정치적인 위기를 야기할 수 있다는 논리에서 중산층 위기론이 심각하게 제기되었다. 하지만 중산층 개념 자체의 불명료성으로 인하여 중산층 변화에 대한 경험적인 연구는 불가능하다. 여기에서는 중간계급의 변화를 중심으로 중산층의 변화를 분석한다. 중간계급은 외환위기로 인하여 어떠한 변화를 겪었는가? 중간계급을 추정할 수 있는 적절한 자료가 없기 때문에 여기에서도 정부 통계를 가지고 추정을 하는 수밖에 없다. 중간계급은 비소유계급이라는 점에서 노동자계급과 동일하지만, 다른 피고용자들인 노동자들을 통제하거나 관리한다는 점에서 노동자계급과 다르며, 전문적인 지식이나 기술을 보유하여 독점지대 형태로 배타적인 소득을 올린다는 점에서 노동자들과는 다른 피고용자를 지칭한다(Wright, 1997: 19~25).

자본주의사회에서 중간계급의 등장은 19세기 말부터 시작된 독점 대기업의 발달, 근대국가 형성과 복지제도의 확대에 따른 공공 부문의 발달과 교육, 법률, 의료, 예술, 서비스의 전문화와 상업화에 따른 것이다. 관리와 감독을 담당하는 기업 조직 내의 중간계급은 한국의 경우 1960년대부터 본격적으로 증가하기 시작하였다(서관모, 1986; 조돈문, 1995). 고등교육의 발달과 의료제도의 발달로 이러한 과정을 교육시키는 전문가들과 이후 이 분야에서 활동하는 전문직 종사자들이 크게 증가하였다. 국가가 인정하는 자격증을 통해서 이들은 노동시장에서 배타적인 권한을 누리고 있고, 이 부문에 종사하는 피고용자들은 상대적으로 독점적인 권한을 누리고 있다. 인원에 대한 통제를 통해서 공급독점을 지속할 수 있는 조직적인 힘을 가지고 있는 경우 이러한 독점적 권한은 지속될 수 있다.

직업에 기초한 계급을 구분하기 위하여 사용된 정부 통계는 새로운 직업 분류에 기초한 것이기 때문에 시계열적으로 장기간에 걸친 직업 분포의 변화를 살펴보는 것은 불가능하다. 단지 1993년 이후의 직업 분포 변화에 기초한 계급구성의 변화를 살펴보는 것이 가능하다. 1993년부터 새롭게 도입된 직업 분류에 따르면 입법공무원, 고위임직원 및 관리자, 전문가, 기술공 및 전문가가 중간계급에 속할 수 있는 취업자들이다. 앞에서 지적한 것처럼, 이러한 직업 분류는 자본가까지 포함되어 있기 때문에 이러한 직업 분류만을 가지고 정확하게 계급을 구분하는 것은 불가능하다.[9] 그러나 일단 어느 정도 이러한 직업에 종사하는 사람들의 추세를 분석하여 전반적인 추세를 추론하는 것은 가능하기 때문에, 직업 분포의 변화를 중심으로 계급구성의 변화를 추정할 수 있다.

〈표 3〉은 IMF 긴급구제금융을 전후로 한 한국의 직업구조 변화를 보여준다. 먼저 대부분이 중간계급에 속하는 입법공무원, 관리직 종사자, 전문가, 기술공 및 준전문가의 경우를 살펴보면 중간계급 내에서도 전문직, 기

---

9 직업이 의사인 경우에도 병원을 소유하고 있는 의사는 자본가계급에 속하며, 피고용 의사는 중간계급에 속하고, 개인병원 의사는 프티부르주아지에 속한다. 직업과 계급은 서로 다른 차원의 분류이기 때문에 직업을 중심으로 계급을 분석하는 것은 자본주의사회 내의 계급구조와 계급역학을 분석하는 데 한계를 지니게 된다.

〈표 3〉 외환위기 전후 직업구조의 변화

(단위 : 천 명)

연월 직업	1997. 6	1997. 12	1998. 6	1998. 12	1999. 6	1999. 12	2000. 6	2000. 12
관리직	519	508	495	481	461	465	462	481
전문가	1,008	1,006	1,118	1,090	1,068	1,057	1,119	1,181
기술공 및 준전문가	2,237	2,216	2,138	2,243	2,351	2,462	2,385	2,361
사무직원	2,652	2,619	2,481	2,357	2,298	2,349	2,490	2,545
판매서비스직원	4,860	5,000	4,704	4,768	4,792	5,022	5,038	5,152
농어업 근로자	2,398	1,806	2,595	1,805	2,431	1,829	2,350	1,691
기능원/근로자	3,229	3,158	2,483	2,521	2,632	2,780	2,772	2721
장치·기계조작원/조립원	2,222	2,261	2,084	2,086	2,105	2,204	2,238	2,301
단순노무직	2,398	2,316	2,077	2,247	2,461	2,205	2,629	2,608
전체 취업자	21,523	20,882	20,175	19,599	20,599	20,673	21,475	21,042

자료 : 통계청: http://kosis.nso.go.kr/cgi-bin/sws_999.cgi

술직의 경우 큰 변화가 없었던 반면에 관리직의 경우 큰 변화가 있었다. 먼저 입법위원 및 관리직 종사자를 살펴보면, 1997년 6월과 2000년 6월 사이에 입법위원 및 관리직 종사자 수는 약 11.0% 줄어들었다. 이러한 수치는 대략 9명 가운데 1명 정도가 일자리를 잃었다는 것을 의미한다. 1994년 8월을 정점으로 입법공무원 및 관리직 종사가가 계속해서 줄어드는 추세라는 점을 고려한다고 할지라도, 3년간 매년 4% 가까이 줄어들었다는 점에서 대단히 큰 변화라고 볼 수 있다. 특히 1998년 1년 동안에 5.3% 감소하여 기업 구조조정으로 인한 관리직 종사자의 고용불안정이 대단히 커졌음을 보여준다.

이에 반하여 전문가 수는 같은 기간 동안 무려 11.0% 증가하여 전문가 집단은 경제위기와 관계없이 증가추세를 보여주었다. 이러한 증가세는 외환위기로 인한 경제적 충격이 가장 컸던 1997년 12월과 1998년 12월 사이의 통계치만을 비교하여도 무려 8.13%의 증가를 보여주었다는 점에서도 매우 놀라운 점이다. 기업 내에서 경영관리직에 종사하는 사람들이 크게 줄어든 반면, 전문직 종사자는 오히려 늘어서 전체적으로 볼 때, 전문직의 경우 고용불안정은 대단히 미미한 수준이었다.

한편, 기술자 및 준전문가의 경우 종사자 수는 IMF 외환위기 초에 약간 줄어들긴 하였으나, 다시 증가하여 1년 후인 1998년 12월에는 1997년 12월에 비해서 1.23%의 증가를 보여주었다. 1998년 상반기 기술공 및 준전문가 수가 약간 줄어들었지만 다시 회복세를 보였고, 연말에는 오히려 전년도에 비해서 더 늘어났다. 이러한 양상들은 언론 매체에서 언급된 중산층 위기가 매우 피상적이었음을 보여준다. 중산층의 경우 전문직 종사자는 영향을 받지 않았고, 관리직 종사자들이 집중적으로 경제위기로 인한 일자리 감축을 경험하였다. IMF 경제위기로 인한 중산층의 위기는 실제로 중간계급 전체의 위기가 아니라 중간계급 가운데서도 관리직 종사자들만의 위기였다고 볼 수 있다.

4) 노동자계급의 변화

IMF 경제위기로 인한 충격은 노동자계급에서 가장 두드러졌다. 〈표 3〉이 보여주는 것처럼 노동자계급(기능원/근로자, 장치·기계조작원/조립원, 단순노무직)의 변화는 중간계급의 변화에 비해서 훨씬 더 광범위하고 심대했음을 알 수 있다. 가장 큰 감소를 경험한 노동자들은 기능원 및 관련기능 노동자들로서 1997년 12월 315만 8,000명에서 불과 6개월 사이에 68만 명 정도가 줄어든 248만 3,000명이었다. 이는 전체 기능직 종사자의 21.3%가 일자리를 잃었음을 함의한다. 그 이후 약간 수가 늘어나긴 했으나 1997년 12월과 1998년 12월 사이에 약 20.2% 정도 줄어들어서 9개

직업 집단 가운데서 가장 큰 폭으로 줄어들었다. 사무직원들의 경우에도 큰 폭으로 감소하여 1997년 6월과 1998년 6월 사이에 무려 약 13.3% 정도 줄어들어, 7명당 1명꼴로 일자리를 잃었음을 보여주었다. 조립원의 경우도 기능직 종사자보다는 적지만, 1998년 상반기 동안 종사자 수가 약 7.8% 감소하여 12명 가운데 1명 정도가 일자리를 잃었다.

판매서비스 노동자 수는 1998년 상반기 동안 거의 30만 명이나 감소하여 무려 6%나 줄어들었다. 그러나 판매서비스 종사자 수는 1998년 하반기부터 회복세를 보여 2000년에 이르러 경제위기 이전 수준을 회복하였다. 일용직, 임시직 고용이 가장 활성화된 판매서비스직에서는 전체 고용의 감소와 회복이 상대적으로 단기간에 이루어졌음을 보여준다.

기능원 및 관련기능 노동자가 대폭 감소하였는데, 이들이 상대적으로 연령이 높고 어느 정도 교육과 숙련 정도가 높은 노동자층이라는 점을 고려하면, 경제위기를 계기로 노동계급 상층부의 위기가 대단히 심각했음을 알 수 있다. 단순노무 노동자들의 경우 외환위기 초에 10.3% 감소하였으나, 그 이후 오히려 급격한 증가추세를 보여서 1999년 6월에는 1997년 6월보다 오히려 수적으로 더 많아졌다. 단순노무자의 증가 이유는 실업을 겪은 기능원 및 관련기능 노동자들이 단순노무 노동자로 전락하였기 때문이다. 〈표 2〉에서 급증한 일용직 노동자들의 경우 대부분이 단순 노동자라는 점을 고려한다면, 일용직 노동자들이 급증하였다는 사실은 많은 숙련 기능직 노동자들이 실직으로 인하여 반강제적으로 일용직 단순노동자가 되었다는 것을 추론할 수 있다.

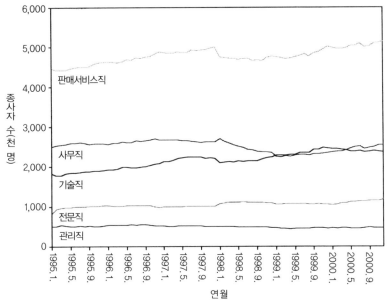

〈그림 3〉 직업별 종사자 추이

판매서비스직

사무직

기술직

전문직

관리직

종사자 수(천 명)

연월

3. 실업자는 어느 계급으로부터 왔는가

정부 통계에 의하면 1998년 6월의 실업자 수는 141만 2,000명에 달하였다. IMF 경제위기가 본격적으로 나타나기 직전인 1997년 12월 실업자가 42만 명이었던 점을 고려하면, IMF 경제위기 이후 약 100만 명의 신규 실업자가 발생하였다. 그렇다면 100만 명의 신규 실업자는 어디에서 왔는가? 누가 실업자가 되었는가? 어떤 계급에서 대량 실업이 발생했는가?

우리는 다시 〈표 3〉에서 직업별 취업자의 증감을 통하여 어떤 계급의 어떤 직업 집단에서 실업이 대량으로 발생했는지를 분석할 수 있다. 중간계급 직업에 속하는 관리직, 전문직, 기술직 및 준전문직 종사자는 1998년 상반기에 2만 7,000명 정도가 줄어들었다. 앞에서 살펴본 것처럼 전문직에서 그 수가 증가하였지만, 관리직과 기술직에서 줄어들어 전체적으로

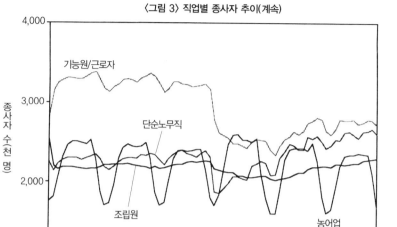

〈그림 3〉 직업별 종사자 추이(계속)

기능원/근로자

단순노무직

조립원

농어업

종사자 수(천 명)

연월

중간계급에서 약간의 감소가 이루어졌다. 관리직 종사자 수가 어느 정도 줄어들었지만, 전체적으로 중간계급의 경우 IMF 위기로 입은 타격은 그다지 크지 않았음을 알 수 있다.

반면에 가장 큰 폭으로 취업자가 줄어든 기능원 및 관련기능 종사자들의 경우 약 67만 5,000명이 줄어들었고, 판매서비스직 종사자도 29만 6,000명이 줄어들었으며, 단순노무직도 23만 9,000명이 줄어들었다. 조립원, 사무직까지를 포함하면 1997년 12월부터 1998년 6월까지 6개월 동안 줄어든 노동자 수는 무려 120만 5,000명에 달하여 신규 실업자 100만 명을 훨씬 웃돌고 있다. 이는 농업노동자를 제외한 수치이기 때문에 농업노동자를 포함하면 노동자들 가운데 일자리를 잃은 노동자 수는 더욱 증가할 것이다. 물론 이러한 숫자는 직업만을 고려한 것이기 때문에 이러한 직업에 종사하는 사람들이 모두 노동자계급에 속한다고 보기는 어렵다. 특히 사무직이나 서비스직 종사자가 모두 노동자계급에 속한다고 보기는 힘들다. 서비스직에서 고용주나 자영업자가 상당 부분을 차지하고 있기 때문이다. 그럼에도 불구하고 여기에서 우리가 알 수 있는 점은 대부분의 신규실업자들이 노동자계급으로 분류될 수 있는 직업에서 유래하고 있다는 사실이다.

경제활동인구 가운데 연령이 낮고 학력이 낮은 노동자들 가운데서 대량 실업이 발생하였다. 〈표 4〉는 학력별 실업률을 보여주고 있다. 〈표 4〉에서 알 수 있듯이 외환위기 직후 중학교, 고등학교, 전문대 졸업자들 가운데서 실업자가 대량으로 양산되어 높은 실업률을 보였고, 계속해서 증가 추세를 보여 1999년 1월에는 중졸자와 고졸자 가운데서 10% 이상의 높은 실업률이 나타나기도 하였다. 전문대 졸업자의 경우도 실업률이 높은 편이었다. 그러나 외환위기 직후에 높은 실업률을 보였지만, 그 이후 낮아졌다가 다시 1999년 3월에 들어서 중졸이나 고졸보다 더 높은 실업률을 보이고 있어서 학력에 따른 실업의 가능성이 시기에 따라 다르게 나타났음을 알 수 있다. 가장 먼저 1998년 상반기에 전문대졸의 실업률이 크게 높아졌지만, 1998년 하반기에는 중졸과 고졸의 실업률이 크게 증가하여 1999년 초에 절정에 달하였다. 그러나 대졸자들의 실업률은 다른 학력에 비해 전체적으로 낮게 나타났다. 1998년 1월부터 1999년 12월까지 중간계급 구성원들이 대부분인 대졸자들의 경우 실업률은 중·고·전문대학 졸업자들에 비해서 거의 절반 수준에 불과하여 대졸자들의 실업은 상대적으로 덜 심각했음을 알 수 있다.[10] 학력간 실업률의 차이와 대졸자가 상대적으로 낮은 실업률을 보였다는 사실은 중간계급의 위기라는 담론이 상당히 과도하게 포장되었음을 보여주고 있다.

〈표 4〉 학력별 실업률

(단위 : %)

기간 최종학력	1997. 12	1998. 1	1998. 3	1998. 5	1998. 7	1998. 9	1998. 11	1999. 1	1999. 3	1999. 5	1999. 6	1999. 7	1999. 8	1999. 9	1999. 10	1999. 11	1999. 12
초등 이하	1.4	2.3	3.8	4.2	4.6	4.2	4.6	6.0	5.4	3.5	3.5	3.8	3.0	2.8	2.5	2.3	2.9
중졸	2.7	5.5	7.5	7.5	8.4	8.6	8.7	10.4	8.6	6.7	6.4	6.9	6.4	5.6	4.9	4.7	5.1
고졸	4.1	5.7	7.5	7.9	9.3	8.6	8.9	10.2	9.5	8.1	7.7	7.5	7.0	5.8	5.5	5.3	5.8
전문대졸	2.8	4.5	9.0	9.3	8.9	9.2	7.9	8.5	10.2	7.7	6.4	6.7	7.6	6.7	6.8	5.9	6.0
대졸	2.8	2.7	4.8	5.5	5.1	5.4	4.3	4.6	5.7	4.8	5.0	4.6	4.3	3.4	3.7	3.7	3.5

자료 : 한국통계월보.

4. 실업자의 계급분석

실업자의 계급기원(class origin)에 관한 논의는 실업자들의 현재 문제를 다루기 위한 것이라기보다는 실업자의 계급별 기원 분포를 통하여 경제위기로 인한 고용구조의 변화를 계급분석적인 접근을 통하여 살펴보고자 한 것이다. 보다 중요한 문제는 현재 실업 상태에 놓여 있는 실업자들을 계급분석 관점에서 어떻게 해석할 것인가 하는 문제이다. 실업자들은 기존의 계급이론에서 특정 계급으로 분류되지 않는 잔여적인 사회 집단이다. 현재 경제활동에 참여하고 있지 않기 때문에 생산의 사회적 관계에 놓여 있지 있다. 또한 마르크스적인 의미에서 이들이 모두 동일한 의미에서 산업예비군에 속한다고 보는 것도 타당하지 않다. 실업이 되기 이전의 계급도 각기 다를 수 있을 뿐만 아니라, 실업 후에 다시 경제활동에 참여하였을 때 경험하는 계급 궤적도 다르기 때문이다. 노동자계급만이 실업을 경험하는 것이 아니라 자본가나 프티부르주아지도 파산을 통하여 일자리를 상실하게 됨

---

10 이 시기에 보다 심각한 대졸자 고용문제는 막 대학을 졸업한 신규 취업자들의 취업난이었다. 기존 취업자들의 실직문제보다도 졸업 직후 취업이 어려워지면서 여러 가지 문제가 발생했다. 대표적으로 연령이 취업과 승진에서 중요한 요소인 한국 기업의 고용관행으로 인하여 적정 연령에 취업을 하지 못하면 취업이 더욱 어려워지는 문제를 들 수 있다.

으로써 실업을 경험할 수 있다. 물론 이들이 실업을 경험하게 되는 이유는 노동자들과 다르다. 자본가들의 경우는 기업파산을 통하여 실업을 경험하게 되고, 노동자계급은 해고나 자발적인 퇴사를 통하여 실업을 경험하게 된다. 실업자의 계급분석에서 보다 중요한 문제는 실업자의 계급 분류에 관한 것이라기보다는 실업자들의 계급의식과 계급행동에 관한 것이다.

실업자들에 대한 사회학 내 견해는 크게 두 가지의 상반된 형태로 존재하고 있다. 첫번째 견해는, 실업자들이 체제에서 가장 크게 불이익을 당하고 있는 사람들이기 때문에 체제에 대한 불만이 가장 높고 저항의식을 갖게 되며 급진적이고 정치적인 행동을 할 것이라는 견해이다. 일정한 수입이 없기 때문에 생계 곤란을 겪는 극단의 상황을 경험할 수 있기 때문에 가장 심각한 고통을 겪는 집단이 실업자라고 보는 것이다. 경험하는 고통과 어려움이 크면 클수록, 사회나 체제에 대한 불만과 반감도 더 커질 것이라는 견해이다. 이러한 견해는 마르크스의 고전적인 논의에서 시작하여 자본주의 위기와 그것을 극복하기 위한 해방적인 비전을 갖고 있는 학자들이 암묵적으로 전제하는 논의이기도 하다. 실제로 대공황 당시 미국에서 나타난 실업자들의 조직적 움직임은 정치적인 차원에서 폭동이나 혁명을 유발시킬 수도 있는 사회불안으로 이어졌다.

또 다른 견해는 실업자들은 정치적인 조직에 접근할 수 있는 자원이나 기술이 부족하며, 실업자들 자신이 실업 상태를 일시적인 것으로 인식하고 있기 때문에 조직적인 움직임을 보이기 힘들다는 견해이다. 실업자들은 자신들의 고통을 원자화된 상태에서 경험하게 되며, 사회적 차원에서 공개적으로 자신들의 처지를 드러내기보다는 숨기려는 태도를 가지고 있기 때문에 적극적인 참여를 통한 집단적이고 조직적인 행동이 이루어지기가 힘들다는 것이다. 또한 실업자들은 심리적으로 심한 우울증을 겪을 수도 있기 때문에, 분노와 저항의식에 바탕을 둔 집단적인 투쟁이 일어나지 않는다는 것이다. 서구 유럽이 20세기 후반 장기 불황기와 고실업을 탈피하지 못하고 있음에도 불구하고, 실업자들은 자체적인 조직을 통하여 집단적인 방식으로 자본주의에 대한 도전을 보이지 않았다.

어떤 견해가 더 타당한가? 이에 대한 답은 정치적 조건, 노동환경과 노동운동의 성격 등에 따라서 달라질 수 있다. 실업 이전 노동자로서 경제활동에 참여하고 있는 동안에 형성된 의식이 실업이 된 이후에도 영향을 미치기 때문에, 노동자들의 의식에 영향을 미치는 정당체제, 조직의 특성과 노동조합의 활동 등에 따라서 나라마다 차이가 현저하게 나타날 수 있다.[11] 한국의 경우 후자가 더 타당한 것으로 보인다. 이것은 각종 조사에서 나타나는 실업자들의 정치의식에서도 확인될 수 있다. 〈표 5〉에서 알 수 있듯이, 실업자들의 민주노동당에 대한 지지는 화이트칼라보다 낮았다. 화이트칼라 가운데 23.0%가 민주노동당을 지지한 반면, 무직자들의 16.0%만이 민주노동당을 지지하였다. 이러한 지지도는 학생들보다 약간 높은 수준이지만, 크게 다르지는 않다는 점에서 한국의 실업자라고 하여 특별히 더 높은 반자본주의 의식과 태도를 보인다고 하기는 힘들다. 대신에 실업으로 인한 자살자의 증가 현상은 실업으로 인한 대응이 개인 자신으로 향하고 있으며 집단적인 방식으로 외부로 표출되는 경우는 대단히 적었음을 보여준다. 전체 자살자 가운데 가난으로 인한 자살자는 2000년 3%에서 2003년 7월까지 6.7%로 늘어나 두 배 이상의 증가율을 보였다.[12]

---

11 라이트(1997: 54)는 국가간 계급의식의 편차가 대단히 크게 존재한다는 사실에 기초하여 개인의 계급위치와 계급의식 사이에 존재하는 미시적 관계는 계급관계가 구체적으로 드러나는 조직적 맥락에 크게 영향을 받는다고 주장했다.
12 경제정의실천연합에서 발간하는 『월간 경실련』 2003년 9월호에서 위정희 경실련 사무처장은 2003년 7월까지의 자살자 6,005명 가운데 408명이 빈곤으로 자살한 사람들로 매월 58명, 하루 2명꼴로 빈곤으로 인한 자살자가 생겨난다고 주장했다. 실업으로 인해 빈곤층이 되고, 그 결과가 자살로 이어진다는 점에서 실업과 자살은 높은 상관관계를 갖는다고 볼 수 있다.

<표 5> 민주노동당 지지자의 직업별 분포

(단위 : %)

	비례대표 민주노동당 투표	지역구 투표
농임어업	10.7	3.2
자영업	12.6	1.3
블루칼라	13.7	5.4
화이트칼라	23.0	7.0
가정주부	11.8	3.0
학생	14.3	5.4
무직	16.0	6.6
전체 평균	15.5	4.6

자료 : 조돈문(2004)에서 재인용.

　왜 실업자들은 움직이지 않는가? 이러한 질문은 실업자 자신들이 실업의 원인을 무엇이라고 보는가에 따라서 실업에 대한 인식이 크게 달라질 수 있다. 즉 실업을 사회적 혹은 정치적인 결과로 보는가? 아니면 개인적인 결함에 따른 결과라고 보는가? 또한 실업을 모든 계급의 공통적인 현상으로 보는가? 아니면 특정한 계급에게 집중된 현상으로 보는가? 이러한 질문에 대한 실업자들의 답은 매우 복합적으로 주어질 수 있다. 개인적인 일로 인식한다면, 사회적 관계에서 실업자들은 일단 가족, 친지들에게 자신이 자랑스럽지 못하기 때문에 더 소극적이고 수동적인 태도를 갖게 될 것이다. 반면에 개인적인 일이 아니라 사회구조적인 일로 인식한다면, 보다 적극적으로 실업문제를 해결하고 실업자들의 지위를 향상시키기 위한 집단적인 움직임이 나타날 가능성이 높아지게 된다.

　여기에서 고려해야 할 또 다른 점은 조직자원 동원의 용이성이다. 한국과 같이 기업별 노조체제하에서 실업자는 노동조합의 조합원이 될 수 없다. 실업자들의 경우 기업 노조조직의 외부에 존재하고 있기 때문에 실업자들이 비판적인 인식을 가지고 있다고 할지라도 노동조합을 통한 조직적인 움직임을 보여주기 힘들다. 실업자들보다는 기존의 노동조합이 실업자들의 이해관계를 대변하고 조직적 동원을 통하여 실업자들의 문제를 해결하려는 노력을 하지 않는 한, 실업자들은 제도적으로 노동조합을 통하여 자신들의 요구를 표출할 수 없다. 그러므로 한국과 같이 기업과 노조가 실업자들과 제도적으로 무관하게 움직이는 경우, 대부분의 실업자들이 스스로 자신들을 조직하고 자신들의 이해를 표출할 수 없는 상황에 놓여 있다. 오히려 자신들을 드러내고 조직하기보다는 자신들의 존재 자체를 회피하고 기피하는 경향을 보이는 경우가 많았다. 그렇다면 궁극적으로 누가 혹은 어떤 조직이 실업자를 대변하는가? 노조인가? 정당인가? 국가인가?

경험적인 연구들은 실업자들이 이중적인 의식을 지니고 있음을 보여주고 있다. 한편으로 사회적·정치적 요인에 의한 경제위기를 인정하지만, 다른 한편으론 궁극적으로 일자리를 찾고 경제적인 문제를 해결하는 일은 각자 개인의 일로 인식한다는 것이다. 더 나아가 한국의 경우 가족주의로 인하여, 가족성원에 의한 실업자 부조가 일반화되어 있다. 이는 현실적으로 실업가정에 대한 형제친척들의 지원에 의해서 매우 관행적으로 이루어지고 있다. 즉, 실업문제를 가족이 해결해야 할 일로 인식하고 있는 것이다.

이러한 점에서 실업 상태에 놓여 있는 노동자의 문제는 경제위기하에서 국가로부터, 또한 조직으로부터 방치되어 있는 셈이다. 대중 언론의 경우 '노동자계급의 위기' 대신에 '중산층의 위기'를 내세워 중산층의 이해를 보호하려는 태도를 보이고 있어서, 노동자계급 출신 실업자들은 언론으로부터도 소외되어 있다. 또한 실업자들 스스로 조직하고 집단적으로 행동할 수 있는 가능성도 매우 희박하여 노동자계급의 실업문제는 현실적으로

엄연하게 존재하는 사회적 사실이면서도 사실상 모두에게 숨겨진 현실이
되고 있다.

5. 결론

1997년 12월 김영삼 정부 말기에 닥친 외환위기는 이 전까지 지속되었던
경제체제에 충격을 주었다. 이런 점에서 외환위기로 촉발된 경제위기는
경제체제의 변화와 더불어 계급구조의 변화를 초래하였다. IMF 경제위기
로 인한 계급구성 변화에 대한 지금까지의 분석을 통하여 우리는 다음과
같은 결론을 끄집어낼 수 있다. 경제활동인구를 중심으로 볼 때, 자본가계
급과 노동자계급의 수가 줄어들었고, 중간계급과 프티부르주아지는 오히
려 확대되었다. '대마불사의 신화'가 깨지면서 대우그룹이나 기아자동차,
진로소주와 같은 대재벌이 해체되는 운명을 맞았다. 그러나 노동자계급의
양적 축소가 가장 두드러지게 나타나, 경제위기로 인하여 노동자들이 가
장 급격한 고용상의 지위변화를 겪었다. 이는 경제위기를 계기로 나타난
'노동계급의 위기'를 보여주는 것이다. 이에 비하여 중간계급은 오히려
확대되어 '중산층 위기론'이 상당 부분 허구적인 주장이었음을 알 수 있
다. 중간계급 가운데서도 관리직 종사자가 어느 정도 감소하였기 때문에
지금까지 안정된 피고용자로 자타가 공인하였던 관리직 종사자들의 감소
는 커다란 충격으로 받아들여졌을 것임에 틀림없다. 그러나 중간계급 가
운데서도 전문직과 기술직에 종사하는 피고용자는 크게 증가하여 중간계
급 내에서도 큰 편차가 있었음을 알 수 있다.
    프티부르주아지의 확대도 경제위기가 계급구성에 반영된 현상이라고
볼 수 있다. 대부분의 산업자본주의 사회에서 전반적으로 프티부르주아지

는 양적으로 감소추세를 보였다. 경제위기가 시작된 이래 한국에서 나타난 프티부르주아지 확대 현상은 자본가계급, 중간계급, 노동자계급 출신 실업자들이 도산이나 실직을 통하여 부득이하게 자기 사업을 하게 되면서 나타난 현상이었다. 특히 퇴직금 등의 혜택을 누릴 수 있었던 중간계급 출신들이 자기 사업을 시작함으로써 프티부르주아지 계급으로 이동한 경우가 다수를 차지하고 있을 것으로 짐작된다. 그 결과 경제위기 이후 사업체 수가 크게 감소하였지만, 1999년부터 다시 증가추세를 보여 2000년에는 경제위기 이전 상태를 회복하였다. 이것은 20명 이상을 고용하는 사업체 수나 50명 이상을 고용하는 중소 사업체 수에서도 동일하게 나타나고 있다.

여러 가지 이유로 실질적인 실업자가 된 경우뿐만 아니라 그렇지 않은 경우에도 한국사회에서 실업의 위험 혹은 위협이 보다 현실적으로 대두되기 시작하였다. 기업 구조조정, 경영 합리화, 다운사이징 등 다양한 용어로 불리는 기업 경영방식의 변화는 곧바로 피고용자들에게는 고용 불안과 임금 하락의 현실로 다가오고 있다.

마지막으로 경제위기 당시의 계급구성 변화를 통하여 우리가 확인할 수 있는 사실은 경제위기는 '노동계급의 위기'였다는 점이다. 실업자의 대부분이 노동계급 출신이었지만, 스스로 자신들의 이해를 표출하기 위하여 단체를 조직하고 공개적으로 활동할 가능성도 매우 적었다. 실업자는 국가정책의 실패와 경제체제에서 발생한 문제로 인하여 가장 많은 고통을 받는 사람들이지만, 동원할 수 있는 조직자원은 거의 없는 사회집단이다. 한국사회에서처럼 실직자가 스스로 실직 상태를 숨기고 부끄러워하는 가족문화와 조직문화가 발달한 사회에서 실업자들은 가장 소외된 사람들이다. 그러므로 그들은 노조, 국가, 기업 등 다른 조직에 의해서 대변되어야 할 타자로만 존재하고 있는 것이 지금까지 부인할 수 없는 현실이다.

8
중산층 위기

1. 머리말

　이 장에서는 1987년과 1997년 두 번에 걸친 정치·경제적 차원의 대전환을 겪으면서 1990년대 후반부터 2000년 현재까지 불고 있는 '한국 중산층 위기론'의 허와 실을 다루고자 한다. 최근 경제위기 이후 한국 중산층의 위기에 대한 언론의 보도가 크게 증가하고 있고, 이에 대한 사회 전반의 우려도 따라서 증가하고 있다.[1] 이처럼 경제위기 이후 급격히 동요하고 있는 한국의 중산층은, 경제성장이 가져다준 물질적 풍요와 미래에 대한 확신이 모두 불투명해지고 있는 상황에 놓여 있는 것으로 인식되고 있는 것이다. 그러나 지금까지 한국의 중산층은 경제성장으로 형성된 새로

---

1 '중산층 붕괴', '중산층 몰락' 혹은 '중산층 위기' 등으로 다루어진 중산층 위기 담론은 신문과 TV 등 모든 언론매체에서 다루어졌다. 이러한 담론에서 사용된 중산층 개념은 주로 중간 소득계층을 의미하는 것으로 사용되었고, 중간 소득계층의 축소로 인한 소득 양극화를 중산층 몰락과 위기의 지표로 사용하였다.

운 사회집단으로서 안정적인 사회를 구성하는 가장 핵심적인 사회집단으로 인식되어 왔다.

정치적으로 한국의 중산층은 1987년 민주화 대투쟁을 거쳐서 점진적으로 이루어지고 있는 민주화 이행의 산물을 가장 많이 누리고 있는 집단이었다. 1988년 올림픽 이후 자유화가 크게 이루어졌고 자동차 보급이 확대되면서 본격적인 여가생활과 소비생활을 향유할 수 있게 되었다. 1990년대 중반부터 세계화의 물결 속에서 해외여행이 자유로워지면서 중산층은 해외여행 상품을 구매하는 최대 구매자가 되었다. 신혼여행부터 가족여행에 이르기까지 해외로 나가는 중산층이 크게 늘면서 여행업체들이 새로운 성장 업체로 발돋움하였다.

〈그림 1〉에서 볼 수 있는 것처럼, 해외로 나가는 출국자 수는 기하급수적으로 늘어나 1987년 약 31만 명에서 2002년 712만 명에 달하였다. 출국자 수의 전체가 여행이나 관광을 목적으로 하는 것은 아니었지만, 이러한 목적으로 출국하는 경우가 다수를 이루었기 때문에 해외여행이 1990년대 들어서 전형적인 중산층의 여가활동으로 자리를 잡았다.

한국의 경제성장 혜택과 정치발전의 혜택을 톡톡히 누렸던 중산층은 1997년 말 시작된 외환위기를 계기로 급격히 동요되고 있다. 경제위기를 극복하기 위한 기업의 구조조정과 정리해고의 직격탄을 맞은 것은 중산층의 핵심을 이루고 있는 40대와 50대 남성들이었다. 개인적인 차원에서 성공과 안정된 생활을 성취한 이들이 극심한 경제불황 속에서 정리해고의 첫번째 대상이 되었던 것이다. 최근 세간에 56세에도 기업에서 자리를 차지하고 있으면 도둑이라는 의미의 '오륙도', 45세 정년이라는 의미의 '사오정', 38세를 기업에서 퇴직연령으로 보는 마지노선이라는 의미의 '삼팔선' 등, 조기퇴직과 명예퇴직을 둘러싼 대중적인 담론들은 중산층 위기를

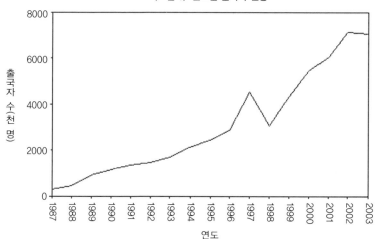

〈그림 1〉 연도별 출국자 현황

자료 : 한국관광공사 연도별 출입국 통계, 각년도.

희화적으로 보여주고 있다.[2]

　실제로 한국의 중산층은 위기를 맞고 있는가? 중산층 위기의 내용은 무엇이며, 어느 정도 심각한 수준인가? 그리고 그 원인은 무엇인가? 이 장은 이러한 질문을 중심으로 1987년 이후 경제성장의 열매를 구가한 중산층이 겪고 있는 중산층 위기의 실태를 다루고자 한다. 그리고 중산층 위기의 실태가 상당 부분 타당한 것이지만, 오늘날 한국의 문제는 중산층 위기가 아니라 사회 전체의 위기라는 점을 강조하고자 한다. 즉 중산층과 노동자계급을 포함한 모두의 위기라는 점을 강조할 필요가 있는 것이다. 중산층 가운데 중간계급 한 분파가 노동자계급과 마찬가지로 고용불안과 불확실

2　경제위기 직후 40대 정년이 일반화되면서 이러한 담론들이 만들어졌다. 2003년 11월 KTF가 실시한 희망퇴직자 모집에서 57명이 신청하였고, 이 가운데 30대가 19명, 40대가 38명이었다. 38세가 되면 정리의 대상이 된다고 인식한 30대가 희망퇴직자 가운데 1/3을 차지하면서 45세 정년에서 38세 정년으로 정년퇴직 연령이 낮아지고 있는 추세를 보여주었다(연합뉴스, 2003년 11월 14일).

한 미래를 맞게 되면서 상대적으로 노동자계급과 비교해서 중간계급이 누렸던 프리미엄이 급격히 약화되는 현상을 '중산층의 위기'라고 볼 수 있다. 노동자계급이 처한 현실과 중간계급이 처한 현실이 크게 다르지 않다는 점에서 1990년대 중반까지 누렸던 중간계급 프리미엄은 사라졌다. 그 원인은 민주화를 지지하면서도 노동조합과 같은 집단적인 조직을 통한 권익의 옹호 방식을 부정적으로 보는, 중산층의 제한적 민주주의 의식이다. 그리고 그 자체가 중산층에게 불리하게 작용하기 시작하면서부터 중산층이 위기를 피할 수 없게 된 것이었다.

2. 중산층은 누구인가

중산층이라는 용어는 1960년대 중반 군사독재체제하에서 만들어진 독특한 사회과학 용어였다. 중간층도 아니고 중산계급도 아닌 중산층은 '계급'이라는 사회과학 개념이 정치적으로 탄압되었던 시기에 사회과학자들이 사용한 용어였다.[3] 그렇기 때문에 중산층의 의미는 매우 혼란스럽고 사용자들에 따라서 각기 다른 의미를 지니게 되었다. 대체로 중산층은 경제수준이 중간 정도가 되는 사회집단을 일컫는다. 어느 정도가 중간 정도의 경제수준이고 자신 자신이 어떤 수준에 속하는가를 대부분의 사람들은 알지 못한다. 그리하여 대부분의 사람들은 주관적으로 자신들이 중산층에 속할 것이라고 믿거나 혹은 중산층에 속하지 못한다고 생각하면 자신이

---

3 1960년대 특이할 만한 점은 계층을 둘러싼 논쟁이 등장하였다는 점이다. 1966년 『정경연구』에서 전개된 '중산층 논쟁'은 경제학자인 임종철과 신용하에 의해서 이루어졌다. 일제시대에 등장한 중산계급이나 중간계급이라는 용어 대신에 중산층이라는 용어가 사용되었고, 중산층의 운명을 둘러싼 논쟁은 중산층은 몰락하여야 하는가 아니면 육성, 발전되어야 하는가를 둘러싼 규범적인 논쟁이었다. 이에 대한 논의는 신용하, 「중산층 논쟁의 총결산」, 『청맥』(1966년 8월호)을 참조할 것.

초라해지기 때문에, 대부분의 사회조사에서 대부분 중간 정도에 속한다는 의미에서 중산층에 속한다고 답을 하게 된다.[4]

중산층을 굳이 정의하자면, 소득이 일정 수준에 달하여 경제생활이 안정되었고, 노동자나 농민들의 수준을 훨씬 넘는 여가 및 소비생활을 영위하는 사회 집단이다. 그러나 중산층은 상대적인 개념이고 시대에 따라서 그 규모는 달라진다. 경제생활의 안정성은 소득뿐만 아니라 주거에서도 안정성을 획득했을 때 확보된다. 그러므로 일정 수준의 소득과 주택과 생활용품(컴퓨터, 자동차, 냉장고 등)을 소유한 집단이다. 대체로 중간계급(경영관리직, 전문직 및 기술직 종사자)과 소득이 높은 프티부르주아지인 자영업자(도시 자영상인과 농촌 자영농)가 이러한 집단에 속한다고 볼 수 있다. 대체로 지난 40년간 농촌이 급격히 몰락하고 도시가 성장하면서 중산층은 도시적인 현상이라고 인식되고 있기는 하지만, 현실적으로 도시에 국한된 것만은 아니다.

3. 중산층 위기의 실체

중산층이 되기 위한 조건은 중간계급의 경우처럼 학력수준이 높고, 직업적으로 경영관리직, 전문직, 기술직에 종사하는 사람들이다. 대체로 다른 계급에 비해서 상대적으로 연령이 높은 것이 특징이다. 이것은 승진을 하거나 전문적인 지식과 기술을 습득하는 데 걸리는 시간 때문에 연령이 일정 정도가 되어야만 중간계급이 될 수 있기 때문이다. 자영업의 경우도

---

4 주관적인 중산층 의식은 객관적인 현실을 잘 모르는 사람들의 간편한 자기정체성의 일종이다. 그것은 한편으로 다른 사람들과 견주어서 또 다른 한편으로는 자기 자신의 자아의식과 견주어서 자신을 위치시키는 과정에서 쉽게 얻게 되는 반응이다. 유럽의 경우 중간계급에 속하는 비율은 20~50% 정도이다. 한국의 경우 중산층에 속한다고 대답하는 사람들의 비율은 70~80%에 달하고 있어서 뚜렷한 차이를 보이고 있다.

소득을 기준으로 중산층을 구분할 때, 사업을 시작한 지 어느 정도 기간이 지나야 하기 때문에 연령이 높은 것이 특징이다. 노동자계급의 경우 학교를 졸업하고 곧바로 경제활동을 하지만, 소득이 높은 자영업자들의 경우 일정 정도 재산이 형성된 이후에 자기 사업을 시작할 수 있기 때문에, 연령이 높은 편이다.

전통적으로 직업이 안정되어 있고 소득이 상대적으로 높았던 중산층의 위기 징후는 경제위기 이후에 급격하게 나타나고 있는 고용불안정과 소득의 절대적, 상대적 하락에서 찾을 수 있다. 경제위기 이후 위기극복의 수단으로 IMF가 적극적으로 요구하고 한국정부가 나서서 집행한 기업 구조조정을 통하여 정리해고가 일반화되었고, 정리해고 과정은 호봉제 임금체제하에서 연령이 많아서 임금이 높고, 상대적으로 조직이 없기 때문에 집단적인 저항이 불가능한 관리직, 사무직, 행정직, 연구직에서 먼저 이루어졌다. 대기업들의 경우 노조가 조직되어 있는 경우가 많았기 때문에 생산직을 먼저 정리해고하는 경우에 발생할 수 있는 저항을 고려하여, 먼저 넓은 의미에서 화이트칼라로 불리는 피고용자들을 대상으로 정리해고가 이루어졌던 것이다.

〈그림 2〉는 1996년 1월부터 2000년 4월까지 1997년 4월을 기준으로 각 직업에 종사하는 종사자 수의 변화를 보여주는 그림이다. 여기에서 가장 두드러지는 점은 관리직 종사자 수의 변화율이다. 1997년 4월과 비교했을 때 2000년 4월 관리직 종사자 수는 89%로 줄어들었고, 1996년과 비교하면 82.2%로 줄어들었다. 이것은 5명 가운데 1명의 일자리가 줄어들었다는 것을 의미한다. 관리직 종사자 5명 가운데 1명은 해고되었거나 관리직이 아닌 다른 직업으로 이동한 것이다. 그리고 관리직 일자리 수 자체가 지속적으로 줄어드는 경향을 보여주고 있다. 또한 서비스직 종사자 비

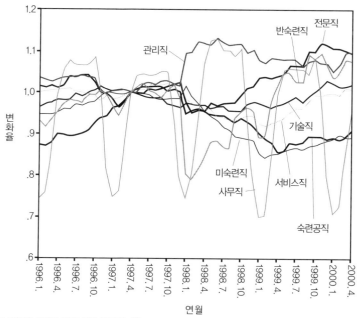

〈그림 2〉 직업집단별 고용 변화율

참고 : 변화율 계산의 기준시점은 1997년 4월.

율의 변화도 매우 두드러졌다. 서비스직 종사자의 비율 변화는 구조적인 변화와 계절적인 변화를 가장 뚜렷하게 보였으며, 겨울철에 종사자 수가 가장 적고 지속적으로 그 수가 더 적어지는 경향을 보인다. 이것은 서비스직 종사자의 일자리가 대단히 불안정하다는 사실을 보여준다. 반면에 중산층 가운데 전문직과 기술직 종사자 수의 변화는 그다지 크지 않았으며, 점차 그 수가 증가하고 있음을 알 수 있다.

요약을 하자면, 〈그림 2〉는 한국에서 기업경영에 참여하여 관리직에 종사하였던 사람들 가운데 많은 사람들이 일자리를 잃었으며, 전체적으로 관리직 일자리가 줄어들어 과거에 관리직 종사자들이 누렸던 고용안정과 고소득이 1997년부터 2000년 사이 경제위기를 계기로 갑자기 흔들렸다는 사실을 보여준다. 또한 화이트칼라 직종인 서비스직에서 가장 큰 폭의 종사자 수 변화가 일어나, 이들의 고용안정성이 가장 취약하였음을 알 수 있다. 이러한 점은 1997년 경제위기를 계기로 전문직을 제외한 화이트칼라 상층부와 하층부에서 고용불안정이 증폭되었다는 것을 의미한다.

  1998년과 1999년은 대부분의 한국인들이 고통의 계곡을 건너야 했던 시기였다. IMF 구제금융을 통해서 국가파산을 겨우 면한 상태에서 한국 경제는 거의 몰락 상태에 있었고, 국민들의 소득은 이전에 비해서 거의 60% 정도 줄어들었다. 그러나 이 시기에 겪은 고난이 모든 사람들에게 동일하게 닥쳐온 것은 아니었다. 고용과 높은 소득을 보장받았던 관리직 종사자들의 대량 해고는 충격적인 현실이었다. 상대적으로 과거에는 고난을 겪지 않았던 집단에게는 더욱더 견디기 힘든 일로 다가왔다. 노동자계급의 경우는 오랜 기간 동안 경제상황의 악화에 따라서 주기적으로 이루어진 해고로 인한 실직을 경험하기도 하였다. 그러나 전문직이나 기술직 종사자들의 경우 이처럼 큰 폭의 일자리 수 감소는 경험하지 않았다. 전문직의 경우는 경제위기 때에도 일자리가 계속해서 늘었던 반면, 기술직의 경우는 1998년 5% 정도의 감소가 있었지만, 1999년 다시 회복되면서 그 이후 계속해서 증가추세를 보이고 있다. 그러나 전문직이나 기술직에 종사하는 피고용자의 절대수가 많았기 때문에 사회적으로 나타나는 해고자의 수도 이러한 직종에서 두드러지게 많은 것으로 보였다. 1997년과 1999년 사이 실직을 경험한 전문직 종사자는 7만 명 정도였고, 기술직 종사자는 12만 명 정도였다. 실직을 경험한 관리직 종사자는 6만 명 정도였다. 지난 30여 년 동안 지속적으로 경제성장을 경험하면서 관리직, 전문직, 기술직 종사자들이 대량 실업을 경험하지 못했기 때문에 한국 근대사에서 이러한 대규모 실업은 전대미문의 경험이자, 중산층 위기 담론이 등장하게 되는

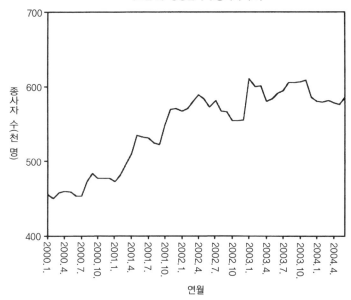

〈그림 3〉 경영관리직 종사자 추이

종사자 수(천 명)

연월

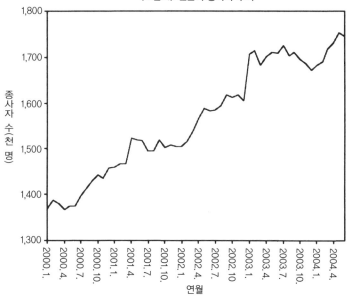

〈그림 4〉 전문직 종사자 추이

종사자 수(천 명)

연월

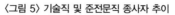

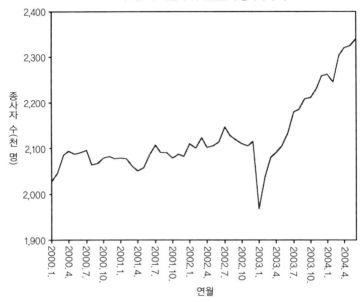

〈그림 5〉 기술직 및 준전문직 종사자 추이

종사자 수(천 명)

2,400

2,300

2,200

2,100

2,000

1,900

2000.1. 2000.4. 2000.7. 2000.10. 2001.1. 2001.4. 2001.7. 2001.10. 2002.1. 2002.4. 2002.7. 2002.10 2003.1. 2003.4. 2003.7. 2003.10. 2004.1. 2004.4.

연월

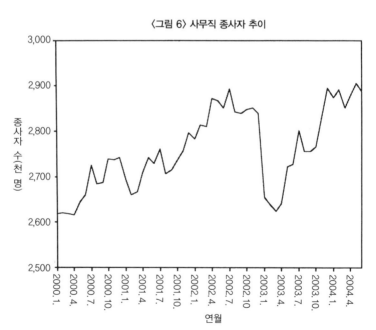

〈그림 6〉 사무직 종사자 추이

종사자 수(천 명)

3,000

2,900

2,800

2,700

2,600

2,500

2000.1. 2000.4. 2000.7. 2000.10. 2001.1. 2001.4. 2001.7. 2001.10. 2002.1. 2002.4. 2002.7. 2002.10 2003.1. 2003.4. 2003.7. 2003.10. 2004.1. 2004.4.

연월

〈그림 7〉 판매서비스직 종사자 추이

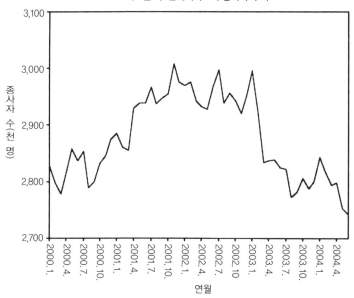

〈그림 8〉 농림어업 종사자 추이

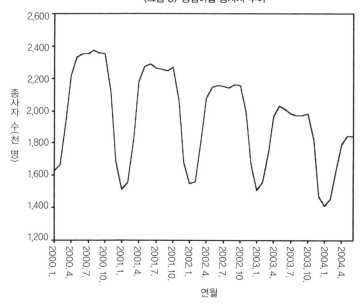

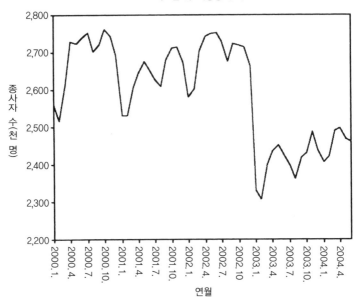

〈그림 9〉 기능공 추이

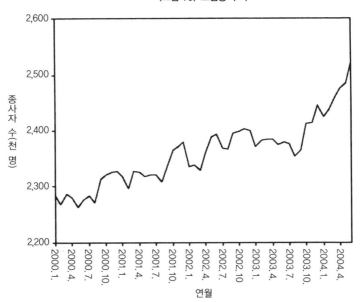

〈그림 10〉 조립공 추이

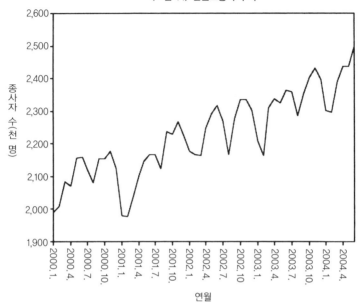

<그림 11> 단순노동자 추이

배경이 되었다.

〈그림 3〉에서 〈그림 11〉까지는 2000년부터 2004년 6월까지의 직업별 종사자 추이를 보여준다. 먼저 가장 두드러진 점은 경영관리직 종사자와 전문직 종사자의 수가 지속적인 증가추세를 보이고 있다는 점이다. 경영 관리직 종사자 수는 1997년 이후 감소추세를 보이다가 2000년부터 증가 추세를 보이기 시작했다. 경영관리직 종사자의 경우 전문직 종사자의 경 우에 비해서 좀더 변화가 있기는 하지만, 전반적으로 지속적인 증가추세 를 보여준다. 화이트칼라 가운데 하층에 속하는 서비스직과 판매직의 경 우 2002년과 2003년에 급격한 감소를 경험하였다. 특히 사무직의 경우 2002년 하반기에 25만 명 정도가 줄어 11.3%의 감소가 이루어졌다. 판매 직의 경우 2002년 하반기 이후 지속적인 감소가 이루어졌다. 2002년 중

반부터 거의 27만 명의 감소가 이루어져 약 11명당 1명 정도가 일자리를 잃게 되면서 고용불안정이 극단적인 상태에 달했음을 알 수 있다.

노동자계급 가운데서 가장 심한 고용불안정을 겪고 있는 직업은 기능공으로, 2002년 하반기부터 그 수가 급격히 줄어들어 무려 석 달 사이에 15.3%에 해당하는 32만 명이 줄어들었다. 이는 대략 6~7명당 1명 정도로 일자리를 상실하였다는 것을 의미한다. 1997년 말 시작된 경제위기 이후 이와 같은 급격한 감소를 보인 것은 처음이었다. 이 시기는 경제불황으로 인하여 공장 가동률이 90%대로 떨어져 고용이 크게 줄어든 시기였다. 기술직과 준전문직의 대폭 감소도 같은 시기에 나타났다. 또한 상시적으로 가장 큰 변화를 보인 단순노동자 수도 이 시기에 크게 감소한 것으로 나타났다. 이것은 경제불황으로 인한 고용상의 변화가 주로 노동자들과 하위 화이트칼라 집단에서 나타났음을 보여준다.

4. 노동시장의 동요와 중산층의 고용불안

직업 종사자 추이에 대한 거시적인 분석이 타당하면, 일자리를 유지하는 피고용자와 일자리와 분리되는 피고용자는 어떤 점에서 차이가 있는가? 이를 다른 방식으로 표현하면, 어떤 요소들이 일자리 유지 여부를 결정짓는가? 미시적인 차원에서 일자리-사람의 유지/분리를 결정짓는 분석을 통해서 중산층 고용불안의 원인을 밝힐 수 있다.

1997년을 전후로 해서 한국의 노동시장은 질적인 변화를 보여주고 있다. 단순히 양적인 차원에서 실업이 늘었고 다시 실업이 줄어든 것이 아니라, 노동시장의 근본원리가 변하면서 기업과 피고용자 양측에서 새로운 제도와 규칙들이 실험되고 있다. 경제위기를 극복하기 위한 정부정책은

IMF가 요구하는 경제위기 극복 프로그램에 따른 것이었고, 가시화된 경제개혁은 노동시장의 유연화, 공공부문 민영화, 금융자율화, 재벌기업의 지배구조 개혁 등이 핵심 내용을 이루었다. 시장 기능을 활성화하기 위하여 진행된 일련의 개혁조치들은 결과적으로 기업의 고용관행을 크게 변화시켰다. 고용과 관련하여 기업이 고용과 해고를 자유롭게 할 수 있게 되었고, 정규직 일자리를 비정규직으로 대체하는 것을 용이하게 만들어 전반적으로 노동자계급과 중간계급 모두가 고용상의 불안정이 크게 증가하였다. 일자리 자체가 줄어들 뿐만 아니라 현재 일자리를 갖고 있는 경우에도 고용안정이 크게 약화되면서 더 이상 현재의 직장을 평생직장으로 간주할 수 없는 상황이 전개되었다.

〈표 1〉은 노동연구원에서 수집한 임금노동 패널 자료를 분석한 결과로서 1998년부터 2001년까지 한국에서 일어난 일자리 이동을 경험적으로 분석한 것이다. 일자리 이동이 많다는 것은 그만큼 고용안정성이 떨어진다는 의미이며, 일자리 이동이 적다는 것은 고용안정성이 높다는 것을 의미한다.[5] 〈표 1〉은 비교의 대상이 되는 집단과 비교해서 다른 집단들이 유의미한 차이를 보이고 있는지를 보여주는 통계분석 결과이다. 여기에서는 1998년부터 2001년까지 유의미하게 차이를 보이는 집단만이 제시되었다. 예를 들어 여기에서 제외된 성, 교육 수준(인적자본)과 같은 요인들은 성별, 교육 수준별로 이동의 가능성에서 차이를 보이지 않았기 때문에 표에서 제외시켰다.

---

5 고용안정성이 높다는 것 자체가 반드시 좋을 수만은 없다. 다른 직장이나 직종으로 이동이 어려운 경우도 있다. 이러한 현상은 주로 서구의 경우 여성 노동자들에게 나타나는 현상이다. 남성에 비해서 여성이 이동할 수 있는 기회가 적기 때문에 나타난 현상이다. 이러한 문제에 대해서는 Booth, Allison L, Francesco, Marco, "Job Mobility in 1990s Britain: Does Gender Matter?" Paper Presented at the American Economic Association meetings 1999(New York)을 참조할 것

〈표 1〉 일자리 이동 분석

	1998~1999	1999~2000	2000~2001
세대			
50대	1	1	1
40대	1.505***	1.351***	1.030
30대	1.811***	1.690***	1.350
20대	2.505***	2.401***	1.765***
기업 규모			
1~49	2.676***	2.499***	2.797***
50~299	1.874***	2.083***	2.016***
300~999	3.090***	1.786***	1.005
1000 이상	1	1	1
노조			
가입	0.463***	0.432***	.352***
미가입	1	1	1
직업			
관리직	.888	.512	.609
전문직	.735	.483*	.545
기술직	1.059	.548**	.648
사무직	.878	.454***	.471*
판매직	1.354	.662	.589
농업직	2.678	.967	.442
숙련공	1.583	.916	.986
반숙련공	1.298	.801	.936
미숙련공	1	1	1

참고 : 1) 수치는 비교의 준거가 되는 집단은 1로 표시. 각 수치는 준거 집단과 비교했을 때의 배수를 의미.
　　　2) 유의미하지 않은 변수(예, 성, 결혼여부, 산업 등)는 표에서 제외.
자료 : 노동임금 패널조사 분석 결과[6]
*** p<0.001, ** p<.001, * p<0.05

먼저 〈표 1〉에서 알 수 있는 것은 연령에 따른 일자리 이동의 가능성이 큰 차이를 보인다는 점이다. 젊은 세대일수록 일자리 이동의 가능성은 나

---

6 이 분석은 신광영, 「계급, 성과 일자리 이동」(「한국사회학」, 2004년 제38집 1호)에 기초하였음.

258 _ 한국의 계급과 불평등

이가 든 세대보다 훨씬 높은 것으로 나타났다. 20대의 경우는 50대 이상의 경우에 비해서 현재의 일자리에서 다른 일자리로 이동할 가능성이 2.5배 정도 더 높은 것으로 나타났다. 이것은 젊은 세대의 경우 나이 든 세대에 비해서 현재의 일자리를 유지할 가능성은 1/4 정도에 그친다는 것을 의미한다. 한국의 중산층은 대체로 연령이 높은 경우가 대부분이다. 특히 관리직의 경우는 40대 이상인 경우가 대부분이기 때문에 연령이 높을수록 상대적으로 직장이 안정된다는 것은 중산층의 고용안정성이 높다는 것을 함의한다.

그러나 경제위기 기간 동안 점차 연령 세대에 따른 차이는 줄어들고 있다. 2000년부터 2001년 사이의 자료 분석 결과는 이 전에 비해서 세대간 차이가 현격하게 줄어들었다는 점을 잘 보여준다. 이제 40대와 50대의 차이가 완전히 사라졌으며, 50대와 30대의 차이도 유의미한 차이가 없는 것으로 나타났다. 최근 들어서 크게 늘어난 연령과 관련된 조기퇴직에 관한 담론들은 이러한 현실을 반영하고 있다고 볼 수 있다. 예를 들어 최근 피고용자들의 퇴직 연령과 관련된 '사오정(45세 정년)'이나 '삼팔선(38세 퇴직)' 등은 점차 연령에 따른 고용안정성의 차이가 사라지고 있는 현실을 반영하고 있다고 볼 수 있다.

일반적으로 젊은 사람들이 일자리를 자주 이동하고 나이가 들면서 일자리 이동이 줄어드는 것이 일반적인 유형이지만, 경제위기 이후 연령에 따른 차이가 점차 줄어들고 있다. 이것은 나이가 많은 세대에서도 일자리 안정이 보장되지 않기 때문에 젊은 사람들과 비슷한 정도로 전직 혹은 이직이 빈번하게 일어나고 있음을 의미한다. 기업 구조조정에서 노동시장의 유연성을 높이기 위하여 평생직장 개념이 폐기되었고, 그 결과 안정된 고용이 사라지면서 40~50대가 크게 당황하고 있다. 중산층 위기 담론은 이러한 현실을 대변하고 있는 셈이다.

〈표 1〉과 관련하여 언급해야 할 또 한 가지 점은, 점차 개인적인 속성이 아니라 조직적인 속성이 고용안정과 관련하여 중요해지고 있다는 점이다. 〈표 1〉에서 고용안정은 교육 수준이나 연령과 같은 개인적인 속성이 아니라 조직적으로 노조원이라거나 혹은 규모가 큰 기업에 근무한다거나 하는 조직적, 제도적 속성에 의해서 크게 영향을 받고 있다는 점을 보여준다. 교육 수준이 높고 연령이 많다는 것 자체가 직업과 직업안정을 보장해주었던 것은 이제 과거의 일이 되었다. 고용안정은 개인의 인적자본이나 연령이 아니라 집단적인 속성 여부에 따라 결정된다. 〈표 1〉에서 알 수 있는 사실은 기업 규모가 클수록 고용안정이 더 잘 보장되며, 노조에 가입하고 있는 피고용자는 그렇지 않은 노동자에 비해서 훨씬 더 고용안정을 보장받고 있다는 점이다. 기업 규모에 따른 차이는 변화를 보이고 있는 추세이지만, 노동조합의 고용안정 효과는 더욱더 커지고 있다. 예를 들어 50명 미만 기업의 근무자가 현재 일자리에서 떠날 가능성이 1,000명 이상의 근무자에 비해서 2.7 내지 2.8배 높다는 것을 보여준다. 반면 노조에 가입한 피고용자가 노조에 가입하지 못한 혹은 가입하지 않은 피고용자에 비해서 현재 일자리에서 떠날 가능성은 2000~2001년의 경우 대략 1/3에 불과하다는 것이다.

한국의 중간계급 중산층은 노동조합 조직을 자신들과 무관한 일이라고 생각해왔고, 더 나아가 노동조합에 대해서 부정적이거나 적대적인 태도를 지속적으로 보여주었다. 생산직 노동자들의 경우 노조를 통하여 고용안정성을 높일 수 있는 가능성이 있지만, 중산층의 경우는 노동조합을 조직하고 있지 않기 때문에 노조가 제공할 수 있는 고용안정 효과를 누리지 못하고 있다. 이러한 점은 유럽 여러 나라들의 중간계급(전문직, 관리직, 기술직,

사무직)에서 노조가 조직되어 있고, 노조조직을 통하여 중간계급도 고용안정과 임금안정을 이루어내고 있는 것과 대조를 이루고 있다.[7] 즉 한국의 경우, 중간계급 중산층의 보수성으로 인하여 이제 중간계급에게 불어닥친 노동시장에서의 고용불안정과 그에 따른 삶의 불안정을 회피할 수 없게 된 것이다. 앞으로 〈표 1〉에서 나타난 추세가 지속된다면, 중산층 가운데 중간계급 분파의 위기는 더욱 가속화될 것이 분명하다.

5. '중산층 신화'의 위기

현재 논의되고 있는 중산층 위기는 '중산층 신화'의 위기와 관련을 맺고 있다. 이것은 누구나 노력하면 중산층이 될 수 있다는 성공신화이다. 1990년대 이전까지 지속된 경제성장은 중산층으로 상승 이동한 성공 사례를 많이 만들어냈다. 이것은 비단 중산층에 한정된 것은 아니었으며 누구나 대재벌이 될 수 있다는 성공신화로 받아들여졌다. 대표적으로 현대그룹의 창업자인 정주영과 같은 재벌기업가에 의해서 상징적으로 대변되었다.

도시 중산층 가운데 중간계급은 전형적으로 산업화로 인한 경제성장의 결과였다. 한국사회에서 새롭게 등장한 중간계급은 자본주의적 산업화의 결과로 생겨난 계급으로 한국역사에서 새롭게 등장한 계급이었다. 중간계급의 물질적 풍요와 도시생활은 모든 피고용자들이 원하는 삶의 형태로 인식되었고, 개인이 노력만 하면 이러한 중간계급의 삶을 살 수 있다는 희망을 가지고 경제활동을 해왔다. 많은 사람들이 현재는 중간계급이 아니

---

7 대표적으로 스웨덴의 SACO-SR와 같은 전문직 노조뿐만 아니라 SIF와 같은 사무기술직 피고용자 노조나 프랑스의 CGC(Confederation Generale des Cadres)와 같은 엔지니어 노조들은 전형적인 중간계급 노조들이다(Meiksins and Smith, 1996 참조).

더라도 자식 세대에는 중간계급으로 상승할 수 있다는 꿈을 가지고 있었다. 주위에서 접할 수 있는 수많은 작은 성공신화들이 교육을 통한 상승 이동의 희망을 확대시켰고, 상승 이동이라는 성공 열망 뒤에는 중산층의 삶에 대한 희망이 숨어 있었다.

그러나 경제위기를 계기로 '중산층 신화'는 정말로 '신화'가 되고 있다. 중산층이 누렸던 대부분의 프리미엄이 사라지고, 노동계급과 비슷한 상태로 나아가고 있다. 적어도 고용안정과 이에 따른 경제적 안정 차원에서 중간계급과 노동자계급과의 차이는 현격하게 줄어들고 있다. 그 결과 중산층의 양적 축소뿐만 아니라 중산층이 될 수 있다는 기대니 희망의 상실이 젊은 세대 사이에 확산되고 있다. 미래의 삶이 더 어려워질 것이라고 판단하기 때문에 젊은 부부들은 출산을 기피하고 있기도 하다. 무한한 가능성이 열려 있는 미래가 사라지고, 고등교육을 받고 어느 정도 경력이 쌓이면 나름대로 안정된 삶을 살 수 있다는 미래를 기대할 수 있는 가능성이 급격히 낮아지면서 중산층 신화의 위기가 대두되고 있다.

이러한 점은 젊은 세대에서 나타나고 있는 취업과 고용에 대한 비관적인 사고에서 잘 나타나고 있다. 최근 조사에서 30대 직장인들이 생각하는 평균 퇴직 연령이 38세 전후로 나와서 충격을 주었다. 대졸자의 취업난뿐만 아니라 이미 취업을 한 상태에 있는 젊은 사람들의 경우 정리해고와 명예퇴직으로 인하여 퇴직 연령을 30대 후반을 보고 있다. 기업의 이사가 되는 경우에는 40대 퇴직이 예상되지만, 이사가 되지 못하는 경우에는 40대 이전에 퇴직을 당하게 된다고 생각하기 때문이다. 경제위기를 계기로 기업의 고용관행이 급격히 바뀌면서 한국의 노동시장은 극심한 고용불안정을 보여주고 있다.

이러한 고용불안정이 어느 정도까지 가속화될 것인가는 정부의 정책과 기업의 고용정책에 달려 있다. 현재와 같이 세계화시대에 기업의 경쟁력 강화를 내세우고, 기업의 자유로운 활동을 보장하는 경우 기업은 매우 극단적인 방식으로 고용정책을 추구하게 된다. 시장논리를 내세우면서, 사회논리를 거부하는 경우 기업의 사회적 책임 혹은 기업의 공공성은 더 이상 논의의 대상이 될 수 없다. 시장을 선호하는 신고전파 경제학에서, 가장 이상적인 노동시장은 장기고용계약이 전혀 없는 인력시장이다. 노동력의 공급과 수요가 일일 단위로 이루어지는 인력시장이야말로 시장을 내세우는 경제학자들의 이상적인 '스폿 마켓(spot market)' 이다.

그러나 사회적인 차원에서 극단적인 고용불안정은 결국 대부분의 피고용자들의 삶의 질을 하락시키고 사회의 다수를 불행으로 몰아가는 근본적인 요인이다. 노동을 통해서 생활에 필요한 경제적인 수단을 확보하는 대부분의 피고용자들에게 고용불안정은 삶과 죽음의 경계를 끊임없이 경험하게 하는 '벼랑 끝' 의 삶을 의미한다. 현재 젊은 세대에서 나타나는 미래에 대한 불안, '중산층' 이 될 수 있는 희망이나 가능성에 대한 포기는 바로 기존의 '중산층' 에 속했던 사람들이 경험하고 있는 벼랑 끝 삶을 목격하고 있기 때문이다. 이제 중산층 신화는 빠르게 허물어져가고 있다.

젊은 세대에게 중산층 신화를 문자 그대로의 신화로 만들고 있는 또 다른 변화는 최근에 문제가 된 아파트 가격 폭등이다. 아파트 가격이 천정부지로 상승하면서 피고용자가 월급을 저축해서 아파트를 살 가능성은 점점 더 멀어져갔다. 특히 사람들이 선호하는 강남지역 아파트 가격 상승은 대다수 월급쟁이들에게 좌절감을 안겨주었다. 1999년부터 2004년 6월까지 서울지역 아파트 매매 가격은 매월 평균 302만원 정도 올랐으며, 전세 가격은 매월 평균 100만 원 이상 오른 것으로 나타났다.[8] 대부분의 피고용자들의 경우, 월급을 저축하여 아파트를 구입하는 것은 불가능할 뿐만 아니라 전세 아파트를 유지하는 것도 힘들게 되었다. 매월 평균 이상의 수입이 있는 피고용자가 아파트를 마련하는 데 거의 20~30년이 걸리기 때문에 중산층 아파트 소유는 점점 더 어려워지고 있다.[9] 한 달 사이에 수억씩 오르는 아파트 가격은 중산층으로의 상승 이동을 꿈꾸는 절대 다수의 서민들에게 심리적인 테러를 가한 셈이다. 주택 가격의 상승폭이 소득의 상승폭을 훨씬 웃돌면서 피고용자들이 월급을 받아서 주택을 소유하는 것이 이제는 불가능한 현실이 되었다.

6. 동요하는 사회

지난 1960년대 초에 시작된 산업화 이후 한국사회는 서너 차례 질적인 사회변동을 보여주고 있다. 정치적으로 1972년 유신체제의 등장과 몰락에 뒤이은 5공체제의 등장으로 유지되었던 권위주의체제는 1987년 민주화 투쟁을 통해서 변화를 보이기 시작했다. 1987년 민주화 대투쟁을 계기로 이루어진 민주화 이행 과정은 정치적인 차원뿐만 아니라 전근대적인 사회 체제 전반에 변화를 가져오고 있다. 아직도 진행 중인 정치적 차원의 민주화는 권위주의체제에서 형성된 기성 정치권의 완전한 몰락을 향하여 나아가고 있다. 2004년 총선은 1987년 민주화 이행의 마지막 단계를 의미하는 정치권의 대대적인 물갈이를 이룬 선거였다. 또한 자본주의적 산업화를 거

---

8 1999년 6월부터 2004년 6월까지 서울의 평균 아파트 가격은 1억 8,930만 원에서 3억 5,249만 원으로 올라 한 달 평균 302만 2,000원이 올랐다. 이것은 2인 이상의 도시가구 월평균 소득인 312만 9,000원보다 약간 적은 수준으로 평균적인 피고용자들이 받는 월급을 가지고는 아파트 소유가 평생 동안 거의 불가능하다는 현실을 보여주었다(한겨레신문, 2004년 7월 18일).

9 25평짜리 국민주택 아파트를 구입하는 데 대졸자는 월소득 394만 1,000원으로 가정하여 15년 4개월, 고졸자는 월소득 281만 6,000원으로 가정하여 24년이 걸리는 것으로 나타났으며, 31평형 아파트를 구입하는 데는 각각 20년 4개월과 31년 4개월이 걸리는 것으로 나타났다(한국경제, 2004년 6월 27일).

치면서 기업의 양적 팽창에 의존한 한국경제는 1997년 시작된 경제위기를 계기로 급속하게 재구조화되고 있다. 이러한 변화들이 사회계급과 계층의 삶에 직접적인 영향을 미쳐 한국인들의 삶도 재구성되고 있다.

'한강의 기적'이라고 불리는 한국의 경제성장 덕택으로 새롭게 형성된 중산층은 중산층에 속하지 않는 많은 사람들에게 미래의 역할 모델이 되어 상승 이동의 가능성을 항상 믿고 추구하게 하는 상징적 역할을 담당해왔다. 아파트 소유와 마이카로 상징되는 안락한 주거와 안정된 생활은 누구나가 원하는 것이었기 때문에, 경제성장으로 인하여 형성된 중산층은 한국경제의 버팀목이자, 한국사회의 허리를 구성하는 사회집단으로 인식되기도 하였다.

1987년 민주화 대투쟁을 계기로 민주화가 진척되면서 중산층은 경제적 풍요뿐만 아니라 정치적 자유까지도 누릴 수 있게 되었다. 그 결과 자유롭게 해외여행과 각종 여가생활을 즐기는 것이 중산층의 새로운 생활양식으로 자리를 잡기도 했다. 화이트칼라 직종의 젊은이들에게 해외로 신혼여행을 떠나는 것이 새로운 결혼풍습으로 자리를 잡게 되었고, 심지어 주말마다 골프를 치는 것이 중산층이 되었다는 것을 반복적으로 확인시켜주는 여가활동으로 인식될 정도였다.

그러나 한국의 중산층은 1987년 이후 민주화 이행 과정에서 자신들이 누리고 있는 경제적 풍요가 훼손될 것을 두려워하여 노동자들의 권리에 대해서는 상당히 부정적인 태도를 보여주었다. 한편으로 '넥타이 부대'로 상징되는 화이트칼라 노동자들이 민주화에 적극적인 지지를 보여주었지만, 민주화에 당연히 포함되어야 하는 노동자들의 노동 3권의 보장과 노동운동의 활성화에 대해서는 부정적인 견해를 보여주었다. 그들은 1987년 이후 발전한 노동운동을 중산층이 누리는 경제적 혜택에 대한 위협으로 인식했기 때문에 노동운동에 대해서는 언제나 부정적이었다.

1997년 외환위기를 계기로 한국의 중산층은 급격히 위기를 맞고 있다. 양적으로 중산층의 수가 줄어들고 있을 뿐만 아니라 중산층 자체가 고용불안정과 소득불안정으로 인하여 과거와 같은 안정된 삶을 구가하는 것이 더욱 힘들어지고 있다. 신자유주의적인 노동시장의 변화는 노동자계급에게만 한정되지 않고 중간계급에게도 영향을 미치기 시작하면서부터, 중산층이 누렸던 프리미엄이 급격히 사라지고 있다. 중산층의 위기는 중산층과 노동자계급과의 차이가 점차 적어지고 있다는 사실에서 찾을 수 있다. 그러나 노동자계급처럼 집단적으로 문제를 해결하기 위하여 노동조합을 조직하는 것을 부정적인 시각으로 바라본 중산층은 노동자계급보다 더 위험한 상황에 노출되기 시작하였다. 구조조정과 신자유주의적 세계화에서 보호막이 전혀 없는 중산층은 위기에 처해 있으며, 중산층이 되기를 꿈꾸는 젊은 세대에게 미래의 희망을 접게 만들고 있다. 중산층의 위기는 중간계급도 노동시장에서 더 이상 일자리가 보장되지 않는다는 점과 중산층이 될 수 있는 가능성이 대단히 희박해지고 있다는 사실을 보여주는 새로운 현상이다. 이러한 점에서 중산층의 위기는 성공을 위해서 물불을 가리지 않는 강한 성취동기의 근저에 놓여 있었던 '중산층 이데올로기의 위기'이기도 하다.

중산층의 위기는 한국에서만 관찰할 수 있는 현상은 아니다. 서구 자본주의 국가들, 특히 미국과 같이 신자유주의 경제정책이 실시되고 있는 국가들에서 공통적으로 나타나고 있는 현상이다. 미국과 같은 전형적인 시장자본주의사회에서 중간계급은 실업과 그에 따른 개인파산과 같은 위험에 노출되어 있고, 그러한 위험은 점점 커지고 있다.[10]

1987년 민주화를 계기로 중간계급이 향유하였던 경제적 풍요와 중간계급이 선호한 제한적인 정치적 민주주의를 더 이상 중간계급이 누릴 수 없게 되었다. 경제적 풍요가 위협받고 있는 상황에서 중간계급은 이를 막아낼 아무런 조직적, 제도적 장치를 갖고 있지 못하다. 그것은 지난 민주화 과정에서 한국의 중산층이 보여주었던 보수성으로 인하여 초래된 결과이다. 역사적으로 본다면, 이러한 결과는 역설적으로 한국의 중산층이 스스로 만든 결과이자, 1997년 경제위기를 계기로 그 이전에 형성되었던 1987년체제의 위기이기도 하다. 그 위기는 노동계급과 중산층 모두의 위기로 다가오고 있다. 지금은 위기를 극복할 수 있는 새로운 대안이 필요한 시기이다. 새로운 대안은 기업의 이윤만을 가장 우선하는 경제 시스템을 작동 원리로 삼는 신자유주의가 아니라 기업과 피고용자 그리고 지역주민이 공생하는 경제 시스템을 구축하는 것이다. 신자유주의적 경제체제가 지속되는 한 중산층의 불안정은 더욱 커질 것이고, 더욱이 보호막이 없는 중산층의 몰락은 전 사회적으로 '꿈의 상실'로 이어질 것이다. 신자유주의는 노동자들에게뿐만 아니라 현실적으로 중산층에게도 위협적인 존재가 되었다. 모두를 자유롭지 못하게 하는 신자유주의의 망령에서 벗어나는 길은 이제 노동계급뿐만 아니라 중산층의 과제가 되었다.

---

10 하버드대학 법대 교수인 워렌(E. Warren)은 미국의 개인파산은 지난 25년 동안 400% 증가하였으며, 2010년경에는 자녀가 있는 일곱 가정 가운데 한 가정이 개인파산을 경험할 것이라고 예측했다. 주택·교육·의료 비용이 너무 많이 들기 때문에 맞벌이 부부 가운데 한 명만 실직을 해도 빚을 질 수밖에 없고, 나아가 파산에 직면하게 된다는 것이다. 이러한 미국 중간계급의 재정위기에 대해서는 설리반, 워렌과 웨스트브룩(Sullivan, Warren and Westbrook, 2000)과 워렌과 타이기(Warren and Taygi, 2004)를 참조.

| 참고문헌 |

● 자료

大韓民國公報處統計局, 1952, 『大韓民國統計年鑑』.

朝鮮銀行調査部, 1948, 『朝鮮經濟年報』.

朝鮮通信社, 1947, 『朝鮮年鑑』.

_____, 1948, 『朝鮮年鑑』.

翰林大學校 아시아文化硏究所, 1995, 『美軍政期情報資料集』, 노동관련보고서.

_____, 1996, 『빨치산 자료집』 I 및 II.

USFIK, 1946, Census Division, *Industrial Labor Force and Wage Survey of South Korea*, 『美軍政期情報資料集』 노동관련보고서(翰林大學校 아시아文化硏究所, 1995)에 재수록.

● 신문

『경향신문』, 2004년 7월 15일.

『대한매일』, 1991년 7월 17일; 2001년 1월 23일; 2002년 4월 11일.

『동아일보』, 2001년 10월 4일.

『서울경제』, 2002년 8월 8일; 2002년 10월 23일.

『조선일보』, 2002년 9월 19일.

『파이낸셜뉴스』, 2003년 6월 6일.

『서울신문』, 2004년 8월 3일.

『한겨레신문』, 2004년 8월 2일.

● 웹사이트 자료

건설교통부 홈페이지:http://www.mocr.go.kr/DataCenter/StatisticData/O2sta/statlist.html

한국감정평가협회, 2003, 표준지 공시지가 열람: http://kapanet.co.kr/cgi-bin/gsv/

한국증권협회, 2003: http://www.kse.or.kr/common/print/kse_print.jsp

● 문헌

강인철, 1999, 「미군정기 남한 유입인구의 사회인구학적 분석과 정치적 효과」, 『미군정기 한국의 사회변동과 사회사 I』, 한림대학교 아시아문화연구소, 167~202쪽.

강정구, 1990, 『좌절된 사회혁명』, 열음사.

_____, 1992, 「해방 후 월남인의 월남동기와 계급성에 관한 연구」, 한국사회학회 편, 『한국전쟁과 한국사회변동』, 풀빛, 93~134쪽.

_____, 1996, 『분단과 전쟁의 한국현대사』, 역사비평사.

고영복, 노창섭, 1966, 「한국 도시민의 계층구조」, 『이대 80주년 기념논문집』, 이대출판사.

공제욱, 1985, 「현대 한국 계급 연구의 현황과 쟁점」, 『한국사회의 계급 연구 I』, 한울.

_____, 1993, 『1950년대 한국 자본가 계급 연구』, 백산서당.

구해근, 1985, 「현대 한국 계급구조에 관한 시론」, 『한국사회의 재인식 I』, 한울.

_____, 2002, 『한국 노동계급의 형성』, 창작과비평사.

국민은행, 2003, 도시 주택 가격동향 조사.

국세청, 2002, 국세통계 2002.

_____, 2003, 국세통계연보 2002.

김경일 편, 1989, 『북한 학계의 1920, 30년대 노동운동 연구』, 창작과비평사.

_____, 1992, 『일제하 노동운동사』, 창작과비평사.

김기원, 1990, 『미군정기의 경제구조』, 푸른산.

김동춘, 1995, 『한국사회 노동자 연구』, 역사비평사.

김두섭, 1999, 「미군정기 남한인구 재구성」, 『미군정기 한국의 사회변동과 사회사 I』, 한림대학교 아시아문화연구소, 145~166쪽.

김영모, 1973, 「한국사회의 교육기회(敎育機會)에 대한 사회계층적 분석」, 『진단학보』 제35호, 121~167쪽.

_____, 1982a, 「한국사회의 계급구조와 그 변화」, 『한국사회학』 제19집, 153~169쪽.

_____, 1982b, 『한국사회계층연구』, 일조각.

_____, 1985, 「한국사회 40년의 분석과 조망 : 한국사회의 계급구조와 그 변화」, 『한국사회학』, 제19집 2호, 153~180쪽.

김영화, 김병관, 1999, 「한국 산업화 과정에서의 교육과 계층이동」, 『교육학연구』, 37:1, 155~173쪽.

김인걸, 1991, 「조선후기 향촌사회변동에 관한 연구: 18, 19세기 향권 담당층의 변화를 중심으로」, 서울대 국사학과 박사학위 논문.

김재현, 2002, 『한국 사회철학의 수용과 전개』, 동녘.

김종범, 1946, 『조선 식량문제와 그 대책』, 창건사.

김진균, 1984, 「한국사회의 계급 연구」, 『한국사회변동연구 I』, 민중사.

김채윤, 1966, 「동남아제국(東南亞諸國)의 사회계층」, 『한국사회학』 2집, 126~137쪽.

_____, 1967, 「서평: Classes in Modern Society」, 『한국사회학』 3집, 90~91쪽.

_____, 1972, 「서평: Class Structure in the Social Consciousness」, 『한국사회학』 7집, 97~99쪽.

_____, 1974, 「서평: Social Stratification: An Introduction」, 『한국사회학』 9집, 91~93쪽.

_____, 1984, 「한국사회계층론 40년사」, 『한국사회학』 18집 여름호, 71~89쪽.

_____, 1995, 『사회계층이란 무엇인가』, 민음사.

김필동, 1982, 「조선후기 지방통치구조에 대한 사회사적 일고찰」, 『한국사회학연구』 6집, 한울.

_____, 1993, 「조선시대 '중인' 신분의 형성과 발달」, 『한국의 사회와 문화 21』, 한국정신문화연구원.

김형기, 1988, 『한국의 독점자본과 임노동』, 까치.

남춘호, 1988, 「이농민의 직업 이동사를 통해서 본 한국사회 계급구조의 변화」(『현대 한국 자본주의와 계급문제』), 『한국사회사연구회 논문집』 제14집, 문학과지성사, 84~119쪽.

노동부, 각년도, 임금구조기본조사.

리종현, 1989, 「1920년대 전반기 농민들의 처지와 농민운동의 장성」, 김경일 편, 『북한 학계의 1920, 30년대 노동운동 연구』, 창작과비평사, 269~298쪽.

박경식, 1986, 『일본 제국주의의 조선지배』, 청아.

박명규, 1997, 『한국 근대국가 형성과 농민』, 문학과지성사.

_____, 1999, 「미군정기의 농민조직과 농민운동」, 『미군정기 한국의 사회변동과 사회사 II』, 한림대학교 아시아문화연구소, 145~188쪽.

_____, 2001, 「한말 '사회' 개념의 수용과 그 의미체계」, 『사회와 역사』 제59권, 51~82쪽.

박성준, 2001, 「경제위기 이후의 소득 불평등에 관한 연구」, 『노동경제논집』 23: 2, 61~80쪽.

박준식, 김영근, 1999, 「미군정기의 산업과 노동」, 『미군정기 한국의 사회변동과 사회사 II』, 한림대학교 아시아문화연구소.

박형준, 1991, 「서구 마르크스주의: '위기의 역사'와 '역사의 위기'」, 『사회평론』 7월호, 90~106쪽.

방하남, 이성균, 1996, 「신흥 개발국에서의 구조변동과 세대간 계급이동 – 한국과 대만의 경우」, 『한국사회학』 제30집 제1호, 75~30쪽.

방하남, 김기헌, 2001, 「변화와 세습: 한국 사회의 세대간 지위세습 및 성취구조」, 『한국사회학』 제35집 제3호, 1~36쪽.

_____, 2002, 「기회와 불평등 – 고등교육 기회에 있어서 사회계층간 불평등의 분석」, 『한국사회학』 제36호 제4호, 193~223쪽.

_____, 2003, 「한국사회의 교육계층화: 연령코호트간 변화와 학력단계별 차이」, 『한국사회학』 제37집 제4호, 31~65쪽.

백욱인, 1987, 「식민지 시대 계급구조에 관한 연구」, 한국사회사연구회, 『한국사회의 신분계급과 사회변동』, 문학과지성사, 121~245쪽.

_____, 1994, 「계급별 소비구조 변동과 생활양식」, 『동향과 전망』 제22호, 181~200쪽.

별뫼, 1926, 「중산계급의 미래」, 『개벽』 66호, 19~30쪽.

보건복지부, 2002, 국민기초생활보장제도 실시 2년.

부동산뱅크, 2004년 8월 12일.

서관모, 1984, 『현대 한국사회의 계급구성과 계급분화』, 한울.

_____, 1985, 「현대 한국사회의 계급구성」, 『한국사회의 계급 연구 I』, 한울.

_____, 1985, 「현대 한국사회의 계급구성: 통계적 연구」, 『산업사회연구』 제1집.

_____, 1987, 「중간제계층의 계급적 성격」, 『실천문학』 제8호, 108~123쪽.

성한표, 1985, 「9월 총파업과 노동운동의 전환」, 『해방전후사의 인식 2』, 한길사.

서재진, 1988, 「한국 자본가계급의 사회·정치적 연줄망 연구」, 『한국사회학』 제22집 제2호, 47~68쪽.

_____, 1989, 「한국 자본가계급와 이데올로기 분석을 통해서 본 자본가계급, 노동계급, 국가와의 관계 연구」, 『한국사회학』 제23집 제1호 75~97쪽.

_____, 1991, 『한국의 자본가 계급』, 나남.

석현호 편, 1997, 『한국사회의 불평등과 공정성』, 나남.

송호근, 1991, 『한국의 노동시장과 정치』, 나남.

_____, 1994, 『열린 시장, 닫힌 정치』, 나남.

신광영, 1994, 『계급과 노동운동의 사회학』, 나남.

_____, 1994, 「세대간 계급이동」, 『경제와 사회』 제23권 82~116쪽.

_____, 1999a, 「미군정기의 계급과 계층」, 『미군정기 한국의 사회변동과 사회사 II』, 한림대학교 아시아문화연구소, 79~104쪽.

_____, 1999b, 『동아시아의 산업화와 민주화』, 문학과지성사.

_____, 2000, 「스웨덴 계급 타협의 형성과 위기」, 『한국사회학』 제34집 제4호, 897~1028쪽.

_____, 2003, 「한국의 사회계급과 불평등 실태」, 『경제와 사회』, 59: 32~54쪽.

_____, 2004, 「계급, 성과 일자리 이동」, 『한국사회학』 제38집 제1호, 25~50쪽.

신광영, 이성균, 2000, 「IMF 경제위기하에서의 계급과 실업」, 『노동경제논집』 특별호 제23집, 155~173쪽.

신광영, 조돈문, 조은, 2003, 『한국사회에 대한 계급론적 이해』, 한울.

신광영, 조은, 1998, 「성과 계급이동」, 『한국사회학』 제32집 제3호, 715~736쪽.

新納豊, 1982, 「해방부 한국경제의 구조」, 『한국현대사 I』, 1945~1950(최장집 편), 열음사.

신용하, 1966a, 「한국근대화와 중산층의 개편」, 『정경연구』 4월호.

_____, 1966b, 「중산층 논쟁의 총결산」, 『청맥』 8월호.

_____, 1980, 『한국근대사와 사회변동』, 문학과지성사.

_____, 1982, 『조선 토지조사사업 연구』, 지식산업사.

_____, 1990, 『한국의 현대사와 민족문제』, 문학과지성사.

_____, 1991, 「박제가의 사회신분관과 사회신분제도 개혁사상」, 『사회계층: 이론과 실제』, 다산출판사.

신행철, 양춘, 정대연, 김석준, 1990, 「한국 사회의 계급구조와 계급의식: 국제적 비교를 위한 조사」, 『아세아연구』 제34권 2호, 1~44쪽.

안치민, 1992, 「한국사회의 계급구조와 연구」, 『한국사회학』 제26집 제1호, 59~82쪽.

양춘, 2001, 「한국사회 계층연구 동향과 전망」, 『한국사회학』 제36집 제1호, 1~22쪽.

우에노 치즈코, 1994, 『자본주의와 가부장제』(이승희 역), 이화여대 출판부.

우영생, 1920, 「근대노동문제의 진의」, 『개벽』 창간호, 67~71쪽.

위정희, 2003, 「빈곤자살 느는 시대, 제도유감」, 『월간경실련』 9월호.

유경준, 2002, 「외환위기 이후 소득분배구조변화와 재분배정책효과 분석」, 『KDI 연구보고서』 2002-8.

유팔무, 1992, 「포스트 맑스주의와 한국사회 – 속류 맑스주의에 대한 속류 비판과 이병천식 포스트주의의 딜레마」, 『사회평론』, 92, 116~121쪽.

유희정, 1988, 「사회불평등 구조에 관한 중간계급의 의식 연구」, 『한국사회학』 제22집 제1호, 135~155쪽.

윤영민, 1994, 「동아시아 사회의 계급구조와 계급이동: 한국, 대만 및 일본 비교 연구」, 1994 전기 사회학대회 발표논문.

윤일성, 1995, 「공동주택의 삶과 질; 사회계층과 아파트 그리고 주거생활」, 『도시정보』, 14, 9, 9~12쪽.

이동원, 조성남, 1996, 『미군정기 사회이동』, 이화여대출판부.

이상백, 1955, 「중간계급의 성격」, 『문리대학보』 3-1.

이상백, 김채윤, 1966, 『한국사회계층연구』, 민조사.

이성균, 2001, 「노동시장과 불평등: 경제위기와 노동시장 지위변동: 계급적 지위와 종사상 지위를 중심으로」, 『산업노동연구』 제7권 제2호, 67~98쪽.

이순구, 1968, 「Max Weber의 계급론」, 『경북대논문집』, 12, 83~94쪽.

이영호, 1990, 「대한제국시기의 토지제도와 농민층 분화의 양상」, 『한국사연구』 69.

이재광, 1998, 「식민과 제국의 길」, 나남.

이정우, 이성림, 2001, 「한국의 부의 불평등 추계」, 『경제발전연구』 제7권 1호.

임영일, 1986, 「사회구성과 사회계급」, 『한국사회학』 제20집, 37~55쪽.

_____, 1992, 「마르크스주의 계급론, 과학과 실천의 통일」, 『월간사회평론』 2월호, 98~108쪽.

_____, 1998, 『한국의 노동운동과 계급정치』, 경남대출판부.

임희섭, 1989, 「공업화의 결과로서의 사회적 불평등: 계급구조의 변화」, 『한국사회개발연구』 제10, 50~63쪽.

장미혜, 2002, 「연구논문: 사회계급의 문화적 재생산 – 대학간 위계서열에 따른 부모의 계급구성의 차이」, 『한국사회학』 제36집 제4호, 223~252쪽.

_____, 2002, 「한국 사회에서 사회계급별 소비양식의 차이」, 『경제와 사회』 제53집 제3호, 201~231쪽.

장상수, 1998, 「한국사회의 계급이동」, 『한국사회학』 제32집 제2호, 367~394쪽.

_____, 1999, 「학력이 노동시장 진입에 미치는 영향 – 학교에서 첫 계급으로의 이행」, 『한국사회학』 제33집 제4호, 751~788쪽.

_____, 2000, 「교육기회의 불평등: 가족배경이 학력성취에 미치는 영향」, 『한국사회학』 제34집 제4호, 671~711쪽.

전광희, 1994, 「한국전쟁과 남북한 인구의 변화」, 한국사회학회 편, 『한국전쟁과 한국사회변동』, 풀빛.

정선기, 1996, 「생활 양식과 계급적 취향」, 『사회와 역사』 제49권, 213~245쪽.

정이환, 2002, 「노동시장 불평등과 조직 내 불평등: 1990년대 임금불평등 추세 연구」, 『한국사회학』 제36집 제6호, 1~26쪽.

정준영, 1994, 「조선후기의 신분변동과 청자존대법 체계의 변화」, 서울대학교 사회학과 대학원 박사논문.

조권중, 2003, 『서울시 사회계층과 시민의 삶』, 서울시정개발연구원.

조돈문, 1994, 「한국사회 계급과 계층분화 ; 한국사회 계급구조의 변화, 1960~1990: 계급구조의 양극화의 고찰」, 『한국사회학』 제28집 제1호, 17~51쪽.

_____, 1994, 「계급형성과 계급연합: 미국, 스웨덴과 비교하여 본 한국의 계급별 이데올로

기적 편차」, 『동향과전망』 제22호, 201~234쪽.

_____, 1996, 「중간계급의 계급적 성격과 계급적 이질성」, 『한국사회학』 제30집 제1호, 269~304쪽.

_____, 1996, 「스웨덴 사회민주당의 계급적 기초와 계급연합 전략의 전망」, 『산업노동연구』 제2권 제1호, 271~318쪽.

_____, 2001, 「노동시장과 계급의식 분석: 복지의식의 계급효과와 공사부문효과」, 『산업노동연구』 제7권 제1호, 157~190쪽.

_____, 2004, 「노동계급의 정치세력화: 민주노동당의 의회진출을 중심으로」, 2004년 한국산업사회학회 춘계학술대회 발표 논문.

조성윤, 조은, 1996, 「한말의 가족과 신분, 한국의 사회제도와 사회변동」, 한국사회사학회, 『한국사회사학회 논문집』 제50집, 96~133쪽.

조순경, 1998, 「경제위기와 여성고용정치」, 『한국여성학』 제14권 제2호, 5~34쪽.

_____, 1999, 「IMF 경제위기 이후 한국 노동상황의 변화: '구조조정'의 성별 불균등 변화」, 『산업노동연구』 제5권 제2호, 123~148쪽.

조은, 1990, 「역사적 형태로서의 가족과 계급」, 『사회와 역사』 제20호, 11~41쪽.

_____, 2000, 「가족사를 통해 본 사회 구조 변동과 계급이동」, 『사회와 역사』 제58호, 107~158쪽.

_____, 2001, 「문화 자본과 계급 재생산−계급별 일상 생활경험을 중심으로」, 『사회와 역사』 제60호, 66~105쪽.

조은, 강정구, 신광영, 1991, 「한국의 계급구조」, 『한국사회학』 제25집 제2호, 27~52쪽.

조형, 1981, 「여성지위에의 사회계층론적 접근」, 『한국사회학』 제15집 제1호, 9~20쪽.

조희연, 1998, 『한국의 국가, 민주주의와 사회운동』, 당대.

지수걸, 1993, 「일제하 농민조합운동 연구: 1930년대 혁명적 농민조합운동」, 역사비평사.

차종천, 1987, 「지역주의가 사회계층화에 미치는 영향」, 『한국사회학』 제21집, 69~92쪽.

_____, 1988, 「경제발전과 계층이동과의 관계에 관한 대수선형모형 분석의 검토: Goldthorpe의 비교 사회이동분석의 일관성과 비일관성」, 『한국사회학』 제21집, 187~201쪽.

_____, 1991, 「남성 세대간 사회이동에 대한 상호연관모형」, 『한국사회학』 제25집, 215~235쪽.

_____, 1992, 「사회계층의 구조와 과정」, 황일청 편, 『한국사회의 불평등과 형평』, 나남.

_____, 2002, 「최근 한국사회의 사회이동 추세: 1990~2000」, 『한국사회학』 제36집 제2호, 1~23쪽.

최봉대, 1995, 「초기 상공회의소 활동을 통해 본 자산가 집단의 세력화 문제」, 「해방 후 정체세력과 지배구조」, 『한국사회사학회 논문집』 제45집, 104~157쪽.

최재석, 1974, 「한국의 초기사회학-구한말(舊韓末)-해방(解放)-」, 『한국사회학』 제9집 제5호, 5~30쪽.

____, 1975, 「해방30년의 한국사회학」, 『한국사회학』 제10집, 7~47쪽.

____, 1977, 「1930년대의 사회학 진흥운동」, 『민족문화연구 12』, 169~203쪽.

최희갑, 2002, 「외환위기와 소득분배의 양극화」, 『국제경제연구』 제8권 제2호, 1~19쪽.

콜코, 가브리엘 및 조이스 콜코, 1982, 「미국과 한국의 해방」, 『한국현대사의 재조명』, 서대숙, 이정식 외, 돌베개.

통계청, 1995, 통계로 본 한국의 발자취.

____, 2002, 한국의 사회지표.

한국노동연구원, 2003, 한국노동패널 기초분석보고서(IV).

한국사회학회 편, 1992, 『한국전쟁과 한국사회변동』, 풀빛.

한국정치연구회 정치사분과, 1990, 『한국전쟁의 이해』, 역사비평사.

한상진, 1984, 「계급이론과 계층이론: 그 차이점에 관하여」, 『사상과 정책』 봄호, 19~32쪽.

한영혜, 1994, 「한국초기사회학의 일본을 통한 이론수용의 양상과 의미」, 근대사에 있어서 한일상호인식, 제8차 한일, 일한합동학술회의, 한일문화교류기금.

황일청 편, 1992, 『한국사회의 불평등과 형평』, 나남.

홍덕률, 1992, 「한국사회 오늘의 초점: 계급론 논쟁」, 『사회평론』 제92권 제1호, 20~28쪽.

____, 1994, 「한국사회 계급과 계층분화: 한국 대자본가의 조직화와 계급실천에 대한 연구」, 『한국사회학』 제28집 제1호, 51~71쪽.

홍두승, 1983, 「직업분석을 통한 계층연구: 한국 표준직업분류를 중심으로」, 『사회과학과 정책연구』 5권 3호, 69~87쪽.

____, 1988, 「직업과 계급: 집락분석을(集落分析) 통한 계급분류」, 『한국사회학』 제22집 제2호, 23~46쪽.

황성모, 1964, 「계급과 계층의 개념에 대하여」, 『동아문화』 제2호, 201~210쪽.

황한식, 1985, 「미군정하의 농업과 토지개혁 정책」, 『해방전후사의 인식 2』, 한길사.

Agresti, Alan. 1990, *Categorical Data Analysis*, New York: Wiely.

____, 1996, *An Introduction to Categorical Data Analysis*, New York: Wiely.

Amsden, Alice. 1989, *The Next Giant*, Oxford: Oxford University Press.

Aseniero, G. 1994, "South Korea and Taiwanese Development: The Transhistorical

Context", *Review* XVII, 3, pp.275~336.

Daniel Bertaux and Isabelle Bertaux-Wiame: Heritage and its Lineage: A Case I story of Transmission and Social Mobility over Five Generations', in Bertaux and Thompson (ed.) *Pathways to Social Class, A Qualitative Approach to Social Mobility,* Oxford, Clarendon Press, 1997, pp. 62~97.

Bertaux, Daniel and Paul Thompson, 1997, *Pathways to Social Class:A Qualitative Approach to Social Mobility,* Oxford: Oxford University Press.

Bognasco, Arnaldo. 1990, "The Informal Economy", in *Economy and Society,* ed. by Alberto Martinelli and Neil S. Smelser, London: Sage.

Bourdieu, Pierre. 1984, *Distinction,* Cambridge, Mass.: Harvard University Press (『구별짓기: 문화와 취향의 사회학』, 최종철 역, 1995, 새물결)

Burowoy, Michael. 1985, *The Politics of Production,* London: Verso.

Clark, Terry and Seymour Martin Lipset, 1991, "Are Social Classes Dying?" *International Sociology,* Vol. 6, No.4: pp.397~410.

Clark, Terry, Seymour Martin Lipset and Michael Rempel, 1993, "The Declining Political Significance of Social Class," *International Sociology,* Vol.8, No. 3: pp.293~316.

Clawson, Dan. 1980, *Bureaucracy and Labor Process,* New York: Monthly Review Press.

Crompton, Rosemary. 1998, *Class and Stratification,* London: Polity Press.

Cumings, Bruce. 1981, *The Origins of the Korean War,* New Jersey: Princeton University Press.

Eckert, Carter J. 1990~1991, "The South Korean Bourgeoisie: A Case in Search of Hegemony", *Journal of Korean Studies* 7, 115~148.

Elster, Jon. 1997, "Exploitation, Freedom and Justice", in Nielsen Kai and Robert Ware (eds.) *Exploitation,* New Jersey: Humanities Press.

Erikson, Robert and John Goldthorpe, 1992, *Constant Flux,* Oxford: Oxford University Press.

Fields, Karl. 1995, *Enterprise and the State in Korea and Taiwan,* Ithaca: Cornell University Press.

Foster-Carter, Aidan. 1978, "The modes of production controversy", *New Left Review,* No. 107, pp.47~77.

Foster, John Bellamy. 1997, "Long stagnation and class struggle", *American Economic Issues* 31: 2, pp.445~452.

Gardezi, Hassan N. 1995, *The Political Economy of International Labour Migration*, New York: Black Rose Books.

Geertz, Clifford. 1963, *Pedlers and Princes: Social Development and Economic Changes in Two Indonesian Towns*, Chicago: University of Chicago Press.

George, V. and Howards, I. 1991, *Poverty Amidst Affluence*, London: Edward Elgar.

Gereffi, Gary. 1994, The organization of buyer-driven global commodity chains: How U.S. retailers shape overseas production networks. pp.95~122 in G. Gereffi and M. Korzeniewicz (eds.), *Commodity chains and global capitalism*, Westport, CT: Praeger.

_____, 1999, "International trade and industrial upgrading in the apparel commodity chain", *Journal of International Economics* 48, 1: pp.37~70.

Gershuny, J. and R. Phal. 1980, "Britain in the decade of the three economies", New Society, January.

Giddens, Anthony. 1973, *The Class Structure of the Advanced Capitalist Society*, New York: Harper & Row.

_____, 1986, *Durkheim on Politics and the State*, London: Polity.

_____, 2002, *Sociology*, Cambridge: Polity Press.

Goldthrope, John. 2000, *On Sociology*, Oxford University Press.

Goldthorpe, John and Gordon Marshall. 1992, "The promising future of class analysis", *Sociology* 26: pp.382~400.

Harris, C. C. and R. M. Lee. 1989, "Conceptualizing the place of redunt steelworkers in the class structure", in *Social Stratification and Economic Change*, ed. by David Rose, London: Hunchinson, pp.174~192.

Hart, Keith. 1973, "Informal income opportunities and urban employment in Ghana," *Journal of Modern African Studies*, 11, pp.61~89.

Hellevik, Ottar. 1984, *Introduction to Causal Analysis*, London: George Allen & Unwin.

Hout, Michael. 1983, *Mobility Tables*, Beverly Hill: Sage.

Hout, Michael. Clem Brooks and Jeff Manza. 1993, "The Persistence of Classes in

Post-Industrial Societies," *International Sociology*, Vol. 8, No. 3: pp.259~278.

Kingston, John. 2000, *The Classless Society*, Stanford: Stanford University Press.

Jones, Leroy P. and Sakong Il. 1980, *Government, Business and Entrepreneurship in Economic Development: The Korean Case*, The Council on East Asian Studies, Harvard University.

Johnson, Chalmers. 1982, *MITI and the Japanese Miracle*, Stanford: Stanford University Press.

_____, 1987, "Political Institutions and Economic Performance: The Government-Business Relationship in Japan, South Korea and Taiwan", in Drederic Deyo(ed.), *The Political Economy of the New Asian Industrialization*, Ithaca: Cornell University Press.

Kim, Eun Mcc. 1988, "From Dominance to Symbiosis: State and Chaebol in Korea", *Pacific Focus* Vol. III, No. 2, pp.105~121.

Koo, Hagen. 1990, "From Farm to Factory: Proletarianization in Korea", *American Sociological Review*, 55: pp.81~669.

Koo, Hagen and Hong Doo-Seung, "Class and Income Inequality in Korea", *American Sociological Review*, Vol. 45: pp.610~626.

_____(ed.), 1993, *State and Society in Contemporary Korea*, Ithaca: Cornell University Press.

Kwon, Tai Hwan. 1977, *Demography of Korea: Population Change and Its Components 1925~1966*, Center for International Research, U.S. Bureau of Census, Washington D. C.

Little, Daniel. 1989, *Understanding Peasant China: Case Studies in the Philosophy of Social Science*, New Heaven: Yale University Press.

LLyod, Peter. 1982, *A Third World Proletariat?*, London: Allen & Unwin.

Marwick, Arthur. 1990, *Class: Image and Reality*, London: Macmillan.

Meacham, Stewart. 1946, *Labor Report*, 미군정청.

McDermott, John. 1991, *Corporate Society: Class, Property, and Contemporary Capitalism*, Boulder: Westview Press.

Millett, Kate, 1990, *Sexual Politics*(「성의 정치학」, 1990, 현대사상사).

Nielsen, Kai and Robert Ware. 1997, *Exploitation*, New Jersey: Humanities Press.

Pakulski, Jan. 1993, "Mass social movement and Social Class", *International*

Sociology, Vol. 8, No.2, pp.131~158.

_____, 1996, "The reshaping and dissolution of social class in advanced society", *Theory and Society*, Vol.25 No.5

_____, 2001, Anti-class analysis: social inequality and post-modern trends.

Parkin, Frank. 1979, *Marxism and Class Theory*, New York: Columbia University Press.

Perrone, Luca. 1979, "Positional Power and Worker's Strike", *Politic and Society*.

Popkin, Samuel. 1979, *The Rational Peasants*, Berkeley: University of California Press.

Poulantzas, Nicos. 1973, "On Social Class", *New Left Review*, 78, pp.27~54.

_____, 1975, *Classes in Contemporary Capitalism*, London: New Left Books.

Rawls, John. 1971, *A Theory of Justice*(「정의론」, 황경식 역, 이학사, 2003).

Roberts, Bryan, Ruth Finnegan, Duncan Gallie. 1985, *New Approaches to Economic Life: Economic restructuring: unemployment and the social division of labour*, Manchester: Manchester University Press.

Roemer, John. 1982, *A General Theory of Exploitation and Class*, Cambridge Mass.: Harvard University Press.

Rose, David (ed.), 1989, *Social Stratification and Economic Change*, London: Hutchinson.

Rosenberg, Morris. 1968, *The Logic of Survey Analysis*, New York: Basis Books.

Santos, M. 1979, *The Shared Space: The Two Currents of the Urban Economy in Underdeveloped Countries*, London: Methuen.

Sassen, Saskia. 1988, *The Mobility of Labor and Capital: A Study in International Investment and Labor Flow*, Cambridge: Cambridge University Press.

Shin, Gi-Wook. 1998, *Peasant Protest and Social Change in Colonial Korea*, Seattle: The University of Washington Press.

Shin, Kwang-Yeong. 1998, "The Political Economy of East Asian Economic Growth: South Korea and Taiwan", in Eun-Mee Kim(ed.), *The Asian Four Tigers*, New York: Academic Press.

_____, 2003, "Democratization and the Capitalist Class in South Korea", *Korean Journal of Political Economy* 1, 1: pp.131~175.

Sklair, Leslie. 2001, *The Transnational Capitalist Class*, London: Rougeledge.

Slozman, Kay Lehman and Sydney Verba. 1979, *Injury to Insult: Unemployment, Class, and Political Response*, Cambridge Mass. : Harvard University Press.

Sokolov, Natalie, 1990, *Between Money and Love: the dialectics of Women's home and market work*(『여성노동시장이론』, 이효재 역, 이화여대 출판부, 1990).

Stone, Katherine. 1974, "The Origins of Job Structures in the Steel Industry", *Review of Radical Political Economics* 6, No. 2, pp.61~97.

Strange, Susan. 1997, *Mad Money: When Markets Outgrow Government*, Minneapolis: The University of Minnesota Press.

Sullivan, Teresa and Elizabeth Warren and Joy Westbrook, 2000, *The Fragile Middle Class in America: The Americans in Debt*, New Heaven: Yale University Press.

Thompson, E. P. 1993, *Customs in Commons: Studies in Traditional Popular Culture*, New York: The Free Press.

Tilly, Charles. 1997, *Roads from Past to Future*, Lanham: Rowman & Littlefield.

Wade, Robert. 1990, *Governing the Market: Taiwan and South Korea*.

Walby, Sylvia. 1990, *Patriarcy*(『가부장제이론』, 유희정 역, 이화여대 출판부, 1996). 이화여대 출판부.

Westergaard, John. 1995. *Who Get Whats*, London: Polity Press,

World Bank, 1999, World Development Report.

Woo, Jung-En. 1991, *Race to the Swift: State and Finance in Korean Industrialization*, New York: Columbia University Press.

Wood, R. 1994, *Foreign Aid and Developmental Choice in the World Economy*, Berkeley: University of California Press.

Worsley, Peter. 1972, "Franz Fanon and the lumpen proletariat", in Ralf Miliband and John Savile(eds.), *The Socialist Register 1972*, London: Merlin Press.

Wright, Erik Olin. 1976, *Class, Crisis and the State*, London: New Left Books.

_____, 1979, *Class Structrure and Income Determination*, New York: Academic Press.

_____, 1985, *Classes*, London: Verso.

_____, 1994, *Interrogating Inequality: Eassays on Class Analysis, Socialism and Marxism*, London: Verso.

_____, 1997, *Class Counts*, Cambridge: Cambridge University Press.